Jürgen Fuchs (Hrsg.) · Das biokybernetische Modell

Jürgen Fuchs (Hrsg.)

Das biokybernetische Modell

Unternehmen als Organismen

CIP-Titelaufnahme der Deutschen Bibliothek

> Das biokybernetische Modell: Unternehmen als Organismen /
> Jürgen Fuchs (Hrsg.). – 2. Aufl. – Wiesbaden : Gabler, 1994
> ISBN 3-409-29167-9
> NE: Fuchs, Jürgen [Hrsg.]

1. Auflage 1992
2. Auflage 1994

Der Gabler Verlag ist ein Unternehmen der Verlagsgruppe Bertelsmann International.

© Betriebswirtschaftlicher Verlag Dr. Th. Gabler GmbH, Wiesbaden 1994
Lektorat: Ulrike M. Vetter

Das Werk einschließlich aller seiner Teile ist urheberrechtlich geschützt. Jede Verwertung außerhalb der engen Grenzen des Urheberrechtsgesetzes ist ohne Zustimmung des Verlages unzulässig und strafbar. Das gilt insbesondere für Vervielfältigungen, Übersetzungen, Mikroverfilmungen und die Einspeicherung und Verarbeitung in elektronischen Systemen.

Höchste inhaltliche und technische Qualität unserer Produkte ist unser Ziel. Bei der Produktion und Verbreitung unserer Bücher wollen wir die Umwelt schonen: Dieses Buch ist auf säurefreiem und chlorfrei gebleichtem Papier gedruckt. Die Einschweißfolie besteht aus Polyäthylen und damit aus organischen Grundstoffen, die weder bei der Herstellung noch bei der Verbrennung Schadstoffe freisetzen.

Die Wiedergabe von Gebrauchsnamen, Handelsnamen, Warenbezeichnungen usw. in diesem Werk berechtigt auch ohne besondere Kennzeichnung nicht zu der Annahme, daß solche Namen im Sinne der Warenzeichen- und Markenschutz-Gesetzgebung als frei zu betrachten wären und daher von jedermann benutzt werden dürften.

Umschlaggestaltung: Schrimpf und Partner, Wiesbaden
Satz: SATZPUNKT Ewert, Braunschweig
Druck und Bindung: Lengericher Handelsdruckerei, Lengerich/Westfalen
Printed in Germany

ISBN 3-409-29167-9

Vorwort: Ein Plädoyer für mehr Persönlichkeit

Hierarchy or not hierarchy – that is here the question! Diese Frage – frei nach Shakespeare – wird heute landauf, landab diskutiert. Es ist Mode geworden, sich gegen Hierarchie und Bürokratie auszusprechen. Doch man macht sich selten die Wurzeln dieser Begriffe klar. Hierarchie heißt wörtlich übersetzt „Priesterherrschaft" oder „die heilige Ordnung". Bürokratie meint die Herrschaftsausübung durch hauptamtliche Beamte und ist gewissermaßen die profane Fortsetzung der heiligen Ordnung. Der Sinn all dieser Ordnungen war es, die Gedanken und das Handeln des einzelnen in die Ordnung des Ganzen zu bringen – zum Wohle des Ganzen und auch (ein bißchen) zum Wohle des Herrschers.

Das typische Sinnbild dieser Herrschaftsstrukturen ist die Pyramide. Sie diente zum Beispiel den Paraonen als Grabstätte („Pharao" heißt wörtlich übersetzt „Herr der Geheimnisse") und den Inkas als Kult- und Opferstätte. Sind die Strukturbilder der großen Wirtschaftsunternehmen, die starren und festgefügten Pyramiden ebenfalls Grab-, Kult- und Opferstätten? Bestanden die Unternehmenspyramiden der Industriegesellschaft nicht aus Menschen, die in ihren festen Stellen wie in Kaninchenställen eingesperrt werden als Untergebene, die unten sind und geben? Waren Unternehmen nicht durchkonstruiert als starre Maschinen, die funktionierten, mit Managern als Funktionären und Mitarbeitern als Rädchen im Getriebe?

Bei der heutigen Dynamik von Märkten und Technologien haben sich die starren Leitbilder überlebt. Aus Dinosauriern müssen Vogelschwärme werden. Unternehmen und Unternehmer sind gefordert, etwas zu unternehmen und nicht dauernd zu unterlassen. Büßen müssen diese Unterlassungen die Untergebenen. Sie werden entlassen, und das Management bleibt. Unsere Bilanzrichtlinien honorieren dieses Verhalten sogar noch, weil der Schreibtisch eines Konstrukteurs oder Verkäufers zum Anlage-Vermögen zählt. Die Menschen selbst sind aber nur Kosten in der Gewinn- und Verlustrechnung.

Eigentlich müßten alle „Stellen abgebaut werden", denn in Zukunft zählt nicht mehr die Stelle, sondern nur noch die Person. „Der Mensch ist das Maß aller Dinge", sagte schon der Grieche Protagoras. Nicht die Stelle dürfte bewertet und bezahlt werden, sondern der Mensch mit seiner ganzen Persönlichkeit, mit seinen Kenntnissen, Fähigkeiten, Leistungen und Leistungspotentialen. Kurz gesagt: die Person mit ihrem ganzen Vermögen, dem, was sie vermag. Die deutschen Unternehmen müssen erkennen, daß ihr wichtigstes Vermögen das ist, was ihre Mitarbeiter vermögen! Dann werden sie merken, daß sie durch Entlassungen und Frühpensionierungen ihr Vermögen verlieren und damit ihr Vermögen, am Weltmarkt zu bestehen. Wir müssen in Deutschland lernen, unser Human-Vermögen zu aktivieren und es nicht in starren Strukturen und festen Stellen verkümmern zu lassen. Gruppenarbeit und Projektteams fordern und fördern Mehrfachqualifikationen und soziale Kompetenz. Gruppenarbeit ist ein erster Schritt in die richtige Richtung. Job-Rotation ist der nächste. Doch dazu müssen die Manager „ihre" Mitarbeiter aber auch loslassen. Sie müssen die „Lern- und Wanderjahre" fördern. Sie müssen „ihre" Mitarbeiter befördern: nicht nach oben, sondern ins nächste Projekt, in die Nachbarabteilung, in das andere Vorstandsressort. Denn Reisen bildet – auch im eigenen Unternehmen!

Das vorliegende Buch handelt nicht von Pharaonen oder anderen gottgleichen Herrschern. Es ist kein Buch zur Kulturgeschichte. Es handelt vielmehr von der Ablösung der sozialen Pyramide durch organische Netzstrukturen, von der Überwindung der Hierarchie durch menschliche Netzwerke, von der Beendigung der Fragmentierung, die im politischen, wirtschaftlichen und organisatorischen Bereich soviel Feindschaft und Kriege verursacht und die so viel Vermögen vernichtet hat, Finanz- und Human-Vermögen.

In der Wirtschaft und Politik zeigt die Bereitschaft zum Gespräch, zur Zusammenarbeit und zur Achtung der gegenseitigen Interessen deutliche Erfolge. Der beginnende Europäische Binnenmarkt, der florierende Welthandel und die Beendigung des Ost-West-Konflikts wären allerdings unmöglich gewesen, wenn nicht drei Faktoren zusammengekommen wären:

1. Die Bereitschaft derjenigen, die heute für die Fragmentierung zuständig sind, die Fragmentierung aufzuheben. In der Europäischen Gemeinschaft mußten und müssen die Länderregierungen bereit sein, auf Einfluß, Rechte und Kompetenzen zu verzichten.
2. Die Entwicklung der Menschen vom Untertan (Er ist „unten" und „tut".) zum mündigen Bürger.
3. Die wachsende Freizügigkeit der Informationen durch Presse und Fernsehen und die globale Beweglichkeit der Menschen durch Flugzeug, Bahn und Auto. Der Globus wird zum Dorf.

Ähnliche Entwicklungen *innerhalb* der Organisationen, bei Behörden und Unternehmen stehen heute noch aus. Solange der Mitarbeiter noch als Untergebener (Er ist „unten" und „gibt".) bezeichnet und auch so gesehen wird, ist der Weg zum mündigen Mitarbeiter noch weit. Solange verfassungsmäßige Grundrechte wie Meinungsfreiheit, Redefreiheit und freie Wahl des Arbeitsplatzes nur *außerhalb* der Unternehmen gelten, solange Feindschaft und Krieg herrschen zwischen den Abteilungen, die sich ab-teilen und sich als Konkurrenten befehden, solange wir Organisationen nicht als Organismen sehen, werden wir die Fragmentierung innerhalb der Unternehmen, die tayloristische Arbeitszerlegung, nicht aufheben können. Nur wenn wir Abschied nehmen von den Konzernen als exakt geplante Uhrwerke, bei denen alles funktionieren muß, und wenn wir uns bei der Gestaltung lebendiger und lebensfähiger Organisationen an Leitbildern aus der Natur orientieren, werden unsere Unternehmen von ihren Kunden und Mitarbeitern wieder akzeptiert. Die standardisierte Massenfertigung hat unwiderruflich ihren Leitbildcharakter verloren, weil Massenprodukte nicht mehr gefragt sind. Auch der Kunde ist mündiger geworden und will die Individualität.

Die Massenproduktionsökonomie mit der magischen „Economy of scale" ist am Ende. Sie lebte ja von der Reduktion des Außergewöhnlichen auf das Gewöhnliche. Heute sind Flexibilität, Schnelligkeit und Individualität gefordert. Computer und Kommunikationsnetzwerke helfen, Informationen an jeden Arbeitsplatz zu bringen, direkt an die sogenannte Basis. Am Vorgesetzten vorbei. Informations- und Entscheidungsmonopol der Manager werden durchbrochen, die Abteilungswände durchlässig. Die Hierarchiepyramide beginnt zu bröckeln. Es bewegt sich was in den Unternehmen. Die Mitarbeiter erwachen aus ihrer Lethargie und wollen etwas unternehmen. Die Innovationsprozesse, die durch und mit Informationstechnik ausgelöst werden, erfassen das Unternehmen als Ganzes. Die wachsende Freizügigkeit von Informationen macht die Organisationen lebendiger, natürlicher. Die Informatik-Netze und die menschlichen Netze werden zum Nerven- und Hormonsystem in einem komplexen Organismus.

Nicht mehr alles im Griff, aber alles im Verbund, alles im Wandel. Vorausgesetzt, daß die Fragmentierung und Starrheit in den Unternehmen von denjenigen aufgehoben wird, die sie heute betreiben: die Geschäftsleitungen und die Gewerkschaften. Erste Schritte werden schon gemacht. Opel und Mercedes-Benz sind stolz auf die Einführung von Gruppenarbeit in der Produktion. Heiner Tropitzsch, Vorstandsmitglied für das Personalwesen bei Mercedes-Benz, sagt: „Der Mitarbeiter als ‚Rädchen im Getriebe' gehört der Vergangenheit an." Einige Gewerkschaften fordern die Entkoppelung der Bezahlung der Mitarbeiter von der Bewertung des jeweiligen Arbeitsplatzes. Alle suchen plötzlich den „mündigen Mitarbeiter". Die fleißigen, folgsamen Mitarbeiter sind heute die Roboter und Computer.

In diesem Buch finden Sie weitere Beispiele, die Mut machen können und sollen: Mut zu ein bißchen mehr Chaos neben der Ordnung, Mut zu mehr Regelkreisen statt Regeln, Mut zur natürlichen Organisation. Denn die Natur zeigte und zeigt uns, wie man Millionen von Jahren überlebt:

– In der Natur ist nichts gerade, aber alles gerade richtig.

– In der Natur ist nichts starr, aber alles stabil.

– In der Natur ist nichts geregelt, aber alles regelt sich, solange der Mensch nicht eingreift.

In dem einleitenden Beitrag versuche ich zu beschreiben, „wie das Leben leben lernte", um daraus abzuleiten, wie wir lernen können zu lernen und zu leben – auch in unseren Organisationen. Mit vielen bildhaften Vergleichen, die zum Beispiel Unternehmen als Baum, Fischschwarm, Organismus, Autobahn oder Fußballmannschaft darstellen, möchte ich Ihre Phantasie anregen. Ich hoffe, daß diese und andere Ideen Ihnen Impulse zum Umdenken geben und daß die Praxisbeispiele aus Firmen wie ABB, Hewlett-Packard, Endenburg oder Ploenzke Ihnen Mut machen, sich selbst – bildlich gesprochen – umzusetzen, damit Sie dann neue Gedanken und Konzepte in Ihrem Unternehmen umsetzen können.

Hartmut Scholz und *Heinz Fischer* stellen das bei Hewlett-Packard entwickelte Konzept der Personalentwicklung vor. Es basiert auf den Grundsätzen, die die Firmengründer schon 1957 entwickelt haben: Team- und partnerschaftliches Management haben Priorität. Titel und Hierarchie sind nebensächlich. Die individuelle Persönlichkeit des Mitarbeiters ist die eigentliche schöpferische Kraft im Unternehmen. Wie die Autoren darlegen, hat eine zukunftsorientierte Personalführung aus den kulturellen Veränderungen im Unternehmensumfeld praktische Konsequenzen zu ziehen. Sie zeigen, wie Hewlett-Packard den Weg von der Organisation zum Organismus geht: Projektteams statt starrer Strukturen, ein offenes Informationsklima, hierarchiefreie, kommunikationsfördernde Büros und eine äußerst individuell gestaltbare Lebensarbeitszeit.

Hansruedi Schiltknecht beschreibt die Umstrukturierung bei ABB im Jahre 1989 aus der Sicht der am stärksten betroffenen Einheiten der BBC in der Schweiz. Innerhalb von 12 Monaten entstanden eine Vielzahl eigenständiger Gesellschaften. Die BBC-Zentrale in Baden/Schweiz wurde tiefgreifend in kundennahe und wertschöpfungsorientierte Einheiten umgestaltet, so daß von ehemals 4 300 Mitarbeitern jetzt nur noch 800 in der ABB-Holding tätig sind. Menschliche Netze und Informatiknetze halfen und helfen, flexibel, lernfähig und lebenstüchtig am Markt zu agieren.

Tom Sommerlatte entwirft ein Konzept der lernenden Organisation. Er schlägt eine Brücke von der Darwinschen Evolutions- zur Schumpeterschen Innovationstheorie. Er vertritt die Meinung, daß es heute bei der globalen Wirtschaftsvernetzung nicht mehr genügt, wenn ein einzelner Unternehmer innovativ ist. In einer komplexen, dynamischen Welt vermag der Gestaltungswille einer einzelnen Unternehmerpersönlichkeit allein nicht mehr alles zu richten und auszurichten. Die Unternehmen als Ganzes und in den Unternehmen jeder einzelne müssen lernbereit, lernfähig und innovativ sein. Dr. Sommerlatte fordert „Organisation learning": Alle lernen gemeinsam!

Gerhard Schwarz rekonstruiert die Entstehung der Hierarchie aus einem grundlegenden kulturellen Konflikt: Die frühen Hochkulturen sahen sich genötigt, eine Art von Kooperation zu erzwingen, die es zuvor nicht gegeben hat, weder in menschlichen noch in tierischen Gesellschaften, nämlich die Kooperation zwischen Gruppen. Diese Perspektive regt ihn dazu an, die sattsam bekannten Abteilungsegoismen als unternehmensinterne Stammesfehden wahrzunehmen. Der Ausweg aus dem Dilemma heißt Konfliktmanagement, das der Autor freilich als Chancenmanagement und nicht als Risikomanagement verstanden wissen will.

Gerard Endenburg stellt das in seinem Unternehmen entwickelte Modell der Soziokratie vor. Der Konsens regiert in seinem Rotterdamer Unternehmen, weil menschliche Netzwerke hierarchische Strukturen überlagern. Soziokratie könnte man als eine Art Anti-Struktur verstehen. Jedenfalls scheint sie eine Dynamik freizusetzen, derzufolge Prozesse vor jeglicher Struktur den Vorrang genießen. Ein bißchen Chaos neben der Ordnung.

Klaus Christian Plönzke lebt und fördert in seinem Unternehmen „Management by Service". Menschliche Netze und die auf dem Kopf stehende Dienstleistungspyramide sind die wesentlichen Erfolgsfaktoren in der Ploenzke-Gruppe.

Knut Bleicher zeichnet den Wandel vom technokratischen zum evolutionären Führungsverständnis und fächert ihn in vielfältigen Facetten auf. Der Begriff des „Paradigmenwechsels", der die wissenschaftstheoretische Kontroverse der sechziger und siebziger Jahre geprägt hat, steht im Mittelpunkt seines Aufsatzes.

Die andere Karriere, lebenslange Lern- und Wandeljahre in einem Beratungsunternehmen, werden von Karl Besier, dem Betriebsratsvorsitzenden bei Ploenzke, und mir beschrieben. Dabei werden lineare Vorstellungen vom Aufstieg in die Perspektivlosigkeit über Bord geworfen zugunsten einer Karriere zum „Lebensunternehmer".

Bernhard Dorn zielt auf eine Symbiose zwischen Informationstechnik und Unternehmensorganisation. Im schroffen Gegensatz zu der vergangenen EDV-Ideologie, die sich nur um technische Lösungen scherte und das kurzfristig realisierbare Rationalisierungspotential im Auge hatte, zeichnet der Autor ein Modell der Unternehmenskommunikation, in welchem nicht der Mensch der Maschine angepaßt wird, sondern eher umgekehrt. Das so oft diskutierte Problem der Akzeptanz gegenüber der Informationstechnik erweist sich auf dem Hintergrund dieses Modells als lösbar.

In einem *EPILOG* schlage ich den Bogen von dem Mitbegründer der deutschen Betriebswirtschaftslehre, Konrad Mellerowicz, zu den vorangehenden

Gedanken. Er sprach schon 1952 vom „Betrieb als Organismus und Organ". Zur Verwirklichung dieser Idee fehlten damals die Nervensysteme: die moderne Informations- und Kommunikationstechnik.

Mein ganz persönlicher Dank gilt all den Lesern, die durch ihr Feedback zur ersten Auflage Mut machen, den Wandel vom „anorganischen" Uhrwerk zum „organischen" Unternehmen konsequent zu beschleunigen. Die Zukunft gehört der Organisation als lebendem Organismus, der flexibel, schnell und lebendig am Markt agiert, bei dem die rechte Hand weiß, was die linke tut, und der fit ist – nicht nur schlank (engl.: lean).

Überleben werden nicht diejenigen Unternehmen, die besonders schlank sind, sondern diejenigen, die das Know-how ihrer Mitarbeiter durch flexible und kundenorientierte Strukturen mobilisieren können, die nicht amputieren, sondern aktivieren.

Wiesbaden, Oktober 1993   JÜRGEN FUCHS

Inhalt

Vorwort 5

1. Kapitel
Das Unternehmen – lebender Organismus oder tote Institution? 13
Jürgen Fuchs

2. Kapitel
Innovationsfördernde Unternehmenskultur und zukunftsorientierte Personalführung bei Hewlett-Packard 75
Hartmut Scholz/Heinz Fischer

3. Kapitel
Organisationen im Wandel am Beispiel der Asea Brown Boveri Schweiz 93
Dr. Hansruedi Schiltknecht

4. Kapitel
Lernende Organisationen 113
Dr. Tom Sommerlatte

5. Kapitel
Hierarchie – Sackgasse der Evolution? 123
Dr. Gerhard Schwarz

6. Kapitel
Soziokratie – Königsweg zwischen Diktatur und Demokratie? 135
Gerard Endenburg

7. Kapitel
Führen in Netzwerken – Der Manager als Dienstleister 149
Klaus Christian Plönzke

8. Kapitel
Haben heutige Organisationen noch Zukunft? 161
Prof. Dr. Knut Bleicher

9. Kapitel
Personalentwicklung mit Perspektive 181
Jürgen Fuchs/Karl Besier

10. Kapitel
Informatik als Motor für Organisationsänderungen 205
Bernhard Dorn

Epilog 227

Die Autoren 231

1. Kapitel

Das Unternehmen – lebender Organismus oder tote Institution?

Jürgen Fuchs

> Es ist nicht das Wissen, sondern das Lernen,
> nicht das Besitzen, sondern das Erwerben,
> nicht das Da-Sein, sondern das Hinkommen,
> was den größten Genuß gewährt.
>
> Carl-Friedrich Gauß

1. Große Tradition – gefährdete Zukunft

> Verlorenes Tao wird ersetzt durch Tugend,
> Verlorene Tugend wird ersetzt durch Güte,
> Verlorene Güte wird ersetzt durch Recht,
> Verlorenes Recht wird ersetzt durch Ritual.
> Doch da Ritual nichts weiter als des Glaubens Hülle ist,
> bildet es der Verwirrung Anbeginn.
>
> Lao-tse

1.1 Das Ende des Taylorismus?

Die hierarchischen und tayloristischen Organisationsleitbilder der Industriegesellschaft stoßen schon heute bei den schnellen Innovationszyklen, der Dynamik und der Globalisierung der Märkte und bei unserem beschleunigten Wandel in eine Informations- und Dienstleistungsgesellschaft an ihre Grenzen. Wir haben mit Entscheidungen nicht mehr viel Zeit – wie beim Schach. Unsere Gegenspieler lassen uns nicht nach- bzw. vordenken. Wir können nicht viele Alternativen durchspielen, weil wir nicht mehr an alle notwendigen Informationen kommen, weil man uns nicht die Zeit läßt und weil sich die Spielregeln dauernd ändern. Wir können nur noch ungefähr richtig entscheiden, und wir müssen kleine Entwicklungstendenzen spüren und mögliche Auswirkungen mit berücksichtigen, obwohl wir sie noch nicht kennen und wissen.

Die enorm wachsende Komplexität können wir nicht mehr in den Griff bekommen durch noch mehr Spezialisierung, durch noch mehr Regeln, noch mehr Kontrolle und noch mehr Bürokratie. Welche Chancen haben wir noch? Welche Organisationsleitbilder helfen uns, bei wachsender Dynamik und Komplexität zu überleben? Wie kann man ein Unternehmen als Ganzes sehen und begreifen?

In diesem Buch möchten mehrere Autoren versuchen, für unsere Unternehmen Organisationsleitbilder zu entwerfen, die nicht dem Militär, dem preußischen Beamtentum, der Monarchie bzw. der Kirche entlehnt sind, sondern der lebendigen Natur – Unternehmen als lebendige Organismen! Denn das Leben hat nicht Millionen von Jahre dadurch überstanden, daß es sich an starre Strukturen geklammert, sondern weil es sich ständig geändert, gewandelt. weiterentwickelt und flexibel den Umweltbedingungen angepaßt hat.

Wenn einzelne Arten dies versäumt haben, sind sie ausgestorben, wie z. B. die Dinosaurier. Sie waren so groß, unflexibel und gewichtig geworden, daß sie nur noch im Wasser leben konnten und dauernd fressen mußten, wie einige Großkonzerne, die auch nur noch unbeweglich in Liquidität überleben können und ständig neue Firmen kaufen. Wenn die Liquidität allerdings absinkt, kommt es zu gigantischen Zusammenbrüchen, wie z. B. bei den amerikanischen Eisenbahngesellschaften in den 30er Jahren und den Automobilkonzernen in den 70er Jahren.

1.2 In der Natur ist nichts gerade – aber alles gerade richtig

Im Gegensatz zu der üblichen Darstellung eines Unternehmens mit stabilen und starren Strukturen, klaren Zuständigkeiten und fest definierten Arbeitsplätzen vergleiche ich es gerne mit einem komplexen Organismus, das heißt mit einem Verbund von Organen und Zellen, die über ein Netzwerk von Nerven und Hormonen miteinander kommunizieren. Beim lebendigen Organismus wird echte Arbeitsteilung praktiziert in einer echten „Vertrauensorganisation". Jedes Organ arbeitet im Vertrauen darauf, daß auch die anderen „ihren Job tun". Kein Organ fühlt sich einem anderen überlegen, keines ist wertvoller. Ob Herz, Lunge, Niere, Augen, Gehirn oder die Haut – alle sind gleichrangig. Keiner kann ohne den anderen existieren. Die einzelnen Organe haben auch kein Interesse, übermäßig zu wachsen – außer bei Krebs. Und bei Störungen, Angriffen und Gefahren wird nicht erst ein Schuldiger gesucht, der gegen eine Regel verstoßen hat. Über Regelkreise gesteuert, versuchen vielmehr alle gemeinsam, das Problem zu lösen. Hier gibt es keinen obersten Befehlshaber, dem alle zu gehorchen haben, auch kein Ordnungsprinzip mit oben und unten und keine Abteilungen, die sich ab-teilen. Netzwerke, Rückkopplung und Selbstorganisation sind die Geheimnisse des dynamischen Gleichgewichts in der Natur. So bleiben beispielsweise Körpertemperatur, Blutdruck und der Salzgehalt in den Zellen konstant. Die lebenswichtigen Funktionen sind stark dezentralisiert in Organe, die weitgehend autonom arbeiten. Jedes Organ ist für sich eine Einheit, aber gleichzeitig auch Teil des gesamten Körpers, und das Ganze ist mehr als die Summe der Teile. Nach klassischer Organisationslehre gibt es sozusagen drei Hierarchieebenen: Zellen, Organe und der Organismus.

Hormone, Blutbahnen und das Nervensystem sorgen dafür, daß alles verbunden ist und der Organismus als Ganzes agieren und reagieren kann – und zwar schnell und „unbürokratisch". Um die Wirksamkeit dieser Netzwerkorganisation im Gegensatz zu hierarchischen Organisation zu verdeutlichen, bitte ich Sie, sich folgende fiktive Situation vorzustellen:

Sie begegnen auf der Straße einem Betrunkenen. Ihr Auge sieht, wie der Mann mit der Faust ausholt. In einer heute üblichen Unternehmensorganisation würde sich dann in etwa folgendes abspielen. Das Auge schickt ein Telefax an seinen zuständigen Vorstand und entschuldigt sich zunächst für die Störung mit dem Hinweis auf die Gefährlichkeit und Einmaligkeit der Situation:

Auge an Vorstand:

1) Eine Faust kommt auf uns zu!
2) Erbitte, das Lid schließen zu dürfen.
3) Empfehle Ausweichschritt und gegebenenfalls Flucht.

Vorstand an Auge:

Ich möchte keinen Präzedenzfall schaffen. Legen Sie mir deshalb bitte einen Investitionsantrag für das Schließen des Lides mit Aufwand und Nutzen vor. Wie Sie wissen, bin ich für Punkt 3 nicht zuständig. Machen Sie mir bitte eine Vorstandsvorlage. Ich werde Ihr Anliegen dann im Gesamtvorstand vortragen.

Auge an Vorstand:

zu 1) Die Faust kommt immer näher!
zu 2) Der Aufwand für das Schließen des Lides beträgt circa 1,7 Kalorien. Der Nutzen ist nicht quantifizierbar.
zu 3) Für die Vorstandsvorlage brauche ich mindestens zwei Tage. Befürchte, dann ist es zu spät. Empfehle dringend, etwas zu unternehmen.

Vorstand an Auge:

Was heißt immer näher? Bitte exakte Angaben!

Angesichts der begrenzten Investitionen könnte ich zustimmen, wenn der Aufwand durch das Budget gedeckt ist. Der Gesamtvorstand tagt erst nächste Woche Dienstag. Bis dahin erwarte ich Ihre Vorlage.

Auge an Vorstand:

Ich ziehe meine Anträge zurück. Bestellen Sie bitte einen Krankenwagen.

1.3 Management – alles im Griff?

Ähnlichkeiten mit Dialogen in Ihrem Unternehmen sind nicht zufällig, denn sie ergeben sich durch die Grundmuster hierarchischer Organisationen. Sie wurden entwickelt, um Komplexität zu reduzieren, sie handhabbar zu machen und soziale Systeme wie Staaten, Militär, Behörden oder Unternehmen in den „Griff zu bekommen". Der Begriff Management ist bezeichnenderweise abgeleitet von „maneggiare" (ital.) und bedeutet: handhaben. In Meyers Lexikon (1985) findet man unter Management:

> „Das Management ist der Inbegriff der Ausübung von Leitungsfunktionen. Er kennzeichnet einen Tätigkeitsbereich, der das Treffen von Entscheidungen und die Durchsetzung durch Erteilen von Anweisungen (Befehlen) und die Kontrolle umfaßt".

Manager im heutigen Sinne gibt es allerdings erst seit etwa 150 Jahren. Bis dahin lagen Produktion und Handel in der Hand von Unternehmern, die ihren Handwerksbetrieb, ihren Laden im wahrsten Sinne des Wortes noch überblickten. Damals wurde noch echte Arbeitsteilung praktiziert – wie in einem Organismus. Ob Schmied, Bäcker, Schneider, Metzger, Schreiner oder Amtsschreiber, sie waren autonome, nicht zentral gesteuerte Profit-Centers, die in eigener Verantwortung, aber im Verbund der Dorfgemeinschaft bzw. der Stadt agierten. Es gab kaum hierarchische Strukturen. Zünfte und Stadtverwaltungen waren Selbstverwaltungs*organe*. Jobrotation und Traineeprogramme kannte man schon damals: Die Wanderjahre der Gesellen.

Als die ersten Großbetriebe und Industriekonzerne entstanden, wurden sie gemäß der „wissenschaftlichen Betriebsführung" von W. F. Taylor (1856 bis 1915) in der Art einer Maschine durchkonstruiert. Die Vorbilder waren u. a. der Beamtenapparat, die Militär-Maschinerie und die Lehnspyramide. Dabei löste die Herrschaft des Kapitals die Königsherrschaft ab. Statt des Königs als Lehnsgeber herrschte der Unternehmer als Geldgeber. Der Produktionsfaktor Boden verlor an Bedeutung zugunsten des Kapitals.

Um rationell und wirtschaftlich zu produzieren, ließ man viele Menschen gleichartige, einfache Tätigkeiten verrichten. Man reduzierte die Komplexität des Fertigungsprozesses, indem man ihn in kleinste Elemente zerlegte. Die Arbeitsgänge konnten dann so gestaltet und rationalisiert werden, daß sie auch von ungelernten Arbeitern am Fließband ausführbar waren. Das gleiche galt für die Büroarbeitsplätze. In den Kontoren saß auf erhöhtem Podest der Vorgesetzte vor und kontrollierte die Arbeit. Die Sachbearbeiter bearbeiteten ihre Sache und saßen fast wie „Legehennen" eingeklemmt zwischen ihrem Eingangs- und Ausgangskorb. Die Anklagen von Charlie Chaplins Film „Moderne Zeiten" und der Marxsche Vorwurf, der Kapitalismus verurteile den Menschen zum Werkzeugdasein und entfremde ihn damit von seiner Natur, sind vor diesen Bildern verständlich. Denn alles – auch der Mensch – war exakt festgelegt und genau geregelt. Richt-linien und Vor-schriften stellten sicher, daß alles zusammenpaßt, daß alles „funktioniert". Die Unternehmen waren in mechanistischer Denkart wie Maschinen konstruiert.

Die Abteilungen teilen sich ab. Oben thront der Vorstand. Die Mitarbeiter sind die Untergebenen, und die Kunden werden oftmals „mit Füßen getreten".

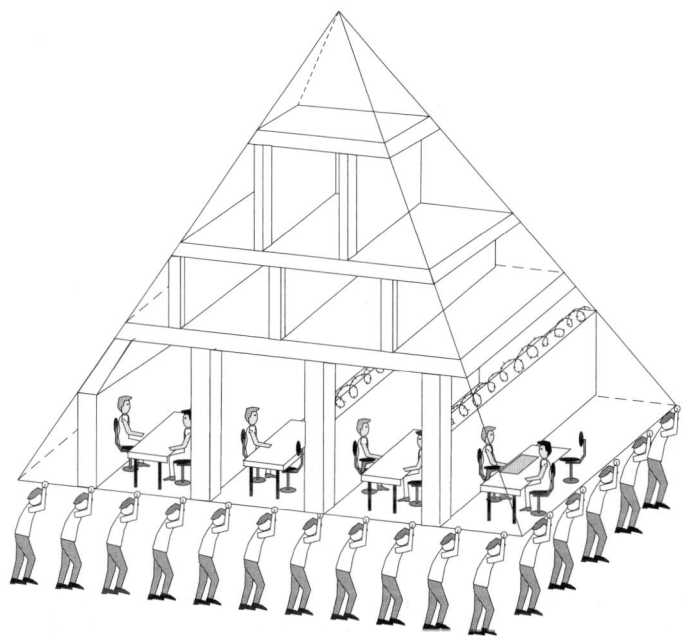

Abb. 1: Das geordnete Unternehmen ruht auf den Untergebenen: sie sind unten und geben

1.4 „Arbeitnehmer" als „Untergebener"

In der Industriegesellschaft wurden die Vorgesetzten ihren Untergebenen vorgesetzt und saßen ihnen dann vor. Oder sie standen ihnen vor – als Vorstand. Derjenige, der sitzen darf, wenn alle stehen, ist der Vorsitzende des

Vorstandes. Die Menschen waren zwar politisch keine Untertanen mehr. In den USA und in vielen Staaten Europas gab es eine Verfassung, die die Grundrechte des Bürgers garantierten: z. B. Menschenwürde, freie Entfaltung der Persönlichkeit, Meinungsfreiheit, Informationsfreiheit, Selbstbestimmung und Freizügigkeit. Aber in den Unternehmen waren die Menschen noch unten und gaben – als Untergebene.

Auch heute noch geben sie ihre Arbeitskraft und bekommen dafür Geld. Sie sind eigentlich der Arbeitgeber. Das übliche Bild, bei dem die Unternehmer Geldgeber und gleichzeitig Arbeitgeber sind und die Menschen Gehaltsempfänger und Arbeitnehmer, bei dem der eine nur gnädig gibt und der andere nur untertänig empfängt, macht die ganze Menschenverachtung des Systems deutlich. Als Arbeitnehmer waren sie den Managern, die Disziplinargewalt besaßen, unter-stellt. Es gab fest in die Unternehmens-Maschine eingebaute Arbeits-Plätze und Positionen, die besetzt wurden. Wenn man keinen Arbeitsplatz hatte, war man arbeits-los. Hatte man eine Stelle inne, war man Stellen-Inhaber und verteidigte sie gegen alle Außen-Stehenden. Für die Menschen innerhalb des Unternehmens gab es meist nur ein Lebensziel: die Leiter aus dem Käfig, die Karriere, den Aufstieg, Vorgesetzter werden, endlich Macht haben – wie beim Militär. Die Größe der Mitarbeiterzahl, die Höhe des Budgets sowie sichtbare Statussymbole, wie großer Schreibtisch, Stuhl mit Lehne, großes Büro oder Dienstwagen, waren Zeichen für Macht und Ansehen. Militärisch war auch der Sprachgebrauch: Man hatte Stab und Linie. Man arbeitete an der Kundenfront – gegen wen eigentlich?

Die Ab-Teilungen teilten sich gegeneinander ab. Sie waren zu-ständig („ständig zu") und achteten argwöhnisch darauf, daß ihnen keiner Arbeit oder Kompetenz wegnahm. Sie kommunizierten per „Mauerwurf", wie man es scherzhaft bei Ford in USA nannte. Die Designabteilung formte ein neues Auto und warf es der Konstruktionsabteilung über die Mauer. Diese konstruierte alle Details und warf das fertige Ergebnis der Produktion über die Mauer. Das Werk veränderte die Pläne so, daß das Auto mit vertretbarem Aufwand gebaut werden konnte, und warf die fertigen Produkte dem Vertrieb über die Mauer. So war es nicht verwunderlich, daß der Vertrieb seine Autos dem Kunden auch nur über die Mauer warf.

Heutzutage versuchen einige Konzerne mit „Gruppentherapie", wie Qualitätszirkel oder Simultaneous Engineering, an den Symptomen einer falsch verstandenen Arbeitsteilung zu kurieren. Eine Studie des MIT (Massachusetts Institute of Technology) aus dem Jahre 1991 weist die positiven Auswirkungen von gruppenorientierter Arbeitsorganisation auf die Wirtschaftlichkeit nach. Daraufhin versuchen gegenwärtig auch deutsche Automobil-Hersteller mit dem sogenannten „Fertigungsgruppenkonzept" ihre Wettbewerbsfähigkeit gegenüber den Japanern zu steigern.

1.5 Hierarchie – die Organisation für Fußgänger

Hierarchische Strukturen sind überall dort zu finden, wo es gilt, einen zentralen Willen bei vielen Menschen durchzusetzen und große Organisationen zentral zu steuern. Der Begriff „Hierarchie" ist aus dem Griechischen abgeleitet (Hieros: heilig, Hierarchia: Priesteramt) und bedeutet ein Herrschaftssystem von vertikal und horizontal festgefügten Strukturen nach übergeordneten und untergeordneten Rängen: die heilige Ordnung.

Alle hierarchischen Strukturen haben die Aufgabe, Arbeitsteilung im Sinne von Arbeitszerlegung handhabbar zu machen, Information zu kanalisieren, Informationsflüsse und Menschen zu beherrschen. Dadurch wurden Informationen zum Machtmittel und zum persönlichen Be-Sitz der Manager. Sie hatten die Planungs-, Dispositions- und Kontrollgewalt bei den zergliederten Arbeitsprozessen der Großbetriebe, die in der Blütezeit der Postkutschen entstanden.

Die hierarchische Struktur von Behörden und Konzernen basierte auf dem Prinzip, daß der Transport von Information mit einer Geschwindigkeit von ca. 5 km/h stattfand: Den Dienstweg ging der Untergebene zu Fuß! Dies galt nicht nur für die Entgegennahme von Anweisungen und Befehlen, sondern auch in der Fabrik für die Weitergabe eines Arbeitsauftrages, einer Materialanforderung oder einer Fertigmeldung. Informationsvorsprung war die Macht der Vorgesetzten. Deshalb achteten sie darauf, daß die geringe Transportgeschwindigkeit von Informationen auch dann noch beibehalten wurde, als die Postkutschen durch Eisenbahnen und Flugzeuge für den Transport von Waren und Personen abgelöst wurden. Die übliche Hauspost und Heerscharen von Boten für den Aktentransport machen dies heute noch manchmal überdeutlich.

1.6 Die Informations-Osmose

Das hierarchische Prinzip begünstigt die „Informations-Osmose". Viele Manager sind vergleichbar mit einer halbdurchlässigen Membran. Informationen lassen sie nur langsam diffundieren, und zwar in eine Richtung – von oben nach unten. Die Signale von unten empfinden sie als Störsignale und filtern sie ab. Starre hierarchische Organisationen befinden sich deshalb bildlich auf dem Evolutionsstand eines niedrigen Mehrzellers, bei dem Osmose das Kommunikationsprinzip zwischen den Zellen war. Diese Wesen konnten nur in Wasser (in Liquidität) leben. Als die Lebensbedingungen in der Natur etwas rauher wurden, entwickelte sich bei den Lebewesen das Prinzip der echten Arbeitsteilung. Die einzelnen Organe sind in einer natürlichen Autonomie tätig. Eingebunden in Netzwerken aus Nerven, Hormonen und Blutbahnen, die den Informations- und Materialtransport übernehmen. Ein hohes Maß an Selbstregulierung, ungehinderter Informationsfluß, viele Rückkopplungen und Regelkreise und ein gemeinsames Ziel zum Überleben machten die höher entwickelten Organismen immer flexibler und überlebensfähiger.

Empfinden Sie Ihr Unternehmen vielleicht auch als einen Organismus mit einer „Osmose-Struktur", oder kennen Sie andere Organisationen, auf die dieses Bild zutrifft? Fragen Sie sich vielleicht, warum diese Organisationen wirtschaftlich erfolgreich sind? Ich glaube, daß sie nicht *wegen*, sondern *trotz* ihrer Struktur überlebt haben. Weil neben den formalen, langsamen Kommunikationswegen informelle Beziehungsgeflechte existieren, weil es immer Menschen gab und gibt, die zwar nicht zuständig sind, aber sich verantwortlich fühlen. Weil einige „tragende Säulen" erst einmal das akute Problem lösten. Entschuldigen konnten sie sich später immer noch. Wie effektiv und effizient könnten die Konzerne sein, wenn sie diese Ausnahmen zur Regel machten, wenn sie statt Informationsbarrieren schnelle unbürokratische Informationsnetze aufbauten, wenn sie zwischen den Menschen nicht Konkurrenz, sondern ein offenes Kommunikationsklima entwickelten, und wenn sie nicht nur auf die fachliche, sondern mehr auf die Kommunikationskompetenz ihrer Menschen achten würden. Wenn in den Unternehmen die Menschen nicht durch Bürokratie, Plan- und Kommandowirtschaft entmündigt und durch die internen Machtkämpfe vom eigentlichen Zweck ihrer Tätigkeit entfremdet würden – ihren Kunden.

1.7 Wer nicht mit der Zeit geht, geht mit der Zeit

Heute zwingen die häufig zitierte Dynamik der Märkte, die wachsende Komplexität der Aufgaben und die globale Konkurrenz die Unternehmen dazu, quasi aus dem Wasser an das unwirtliche Land zu klettern und den Kunden als König mühsam wiederzuentdecken.

„Der Kunde ist König!" Wie leicht ist dieser Satz gesagt, wie schwer gelingt es, ihn täglich in die Tat umzusetzen. Bisher haben viele Unternehmen dieses Geheimnis wirtschaftlichen Erfolges vergessen und beschäftigen sich mehr mit sich selbst als mit ihren Kunden. Abteilungsegoismus, Informationsbarrieren und überdimensionale Verwaltungsapparate begünstigen Starrheit und Selbstzufriedenheit. Die Manager, aber auch die Mitarbeiter verstehen ihr Unternehmen nicht mehr als Ganzes im Beziehungsnetz zu den Lieferanten, Mitbewerbern und Kunden, und sie erkennen nicht mehr ihren eigenen Beitrag zur Erreichung eines gemeinsamen Zieles, weil tayloristisch zerlegte Arbeitsprozesse und zentralistisch organisierte Arbeits- und Machtstrukturen die Kunden und auch die Mitarbeiter entmündigt haben. In der Blütezeit der Industriekonzerne bis etwa Ende der 70er Jahre verteilten sie ihre Produkte an die Kunden.

Damals kaufte man nicht einfach ein Auto. Man stellte einen Kaufantrag an den Autokonzern. Die Lieferung wurde dann mit entsprechenden Wartezeiten gnädig gewährt. Noch heute schließt man keinen Versicherungsvertrag, man stellt einen Antrag. Man kauft sich nicht einfach Geld bei der Bank zu einem bestimmten Preis, sondern man stellt einen Kreditantrag.

Aber seit etwa zehn Jahren rütteln zwei weltweite Trends an den starren Strukturen und den Glaspalästen der Konzerne:

– die wachsende Freizügigkeit der Informationen und
– der Wandel der Industrienationen in Dienstleistungs- und Kommunikationsgesellschaften.

2. Unser globales Dorf

*Am ersten Tag deutete jeder auf sein Land.
Am dritten oder vierten Tag zeigte jeder auf seinen Kontinent.
Ab dem fünften Tag achteten wir auch nicht mehr auf die Kontinente.
Wir sahen nur noch die Erde als den einen, ganzen Planeten.*

Zitat des Astronauten
Sultan Ben Salman al Saud,
Königreich Saudi-Arabien

2.1 Freiheit durch Informationen

Unsere heutige Generation erlebte und erlebt eine faszinierende Entwicklung bei der Aktualität von Informationen und der Geschwindigkeit des Informationstransportes: von der „Fox Tönenden Wochenschau" über die „Tagesschau" zur „Sekundenschau". Moderne Informations- und Kommunikationstechnik dringt in alle Lebensbereiche vor und transportiert Informationen nicht mehr mit Fußgänger-, sondern mit Lichtgeschwindigkeit.

Die moderne Kommunikationstechnik erleichtert die Freizügigkeit der Information. Satelliten ermöglichen es, heute wirklich fernzusehen. Wir sind zeitgleich bei wichtigen Ereignissen sozusagen „hautnah" dabei: beim Weltrekord im Sport oder der Wahl eines Politikers, beim Start einer Rakete, bei den ersten Schritten eines Menschen auf dem Mond, beim Fällen eines Baumriesen im Regenwald, bei einer Ölkatastrophe, beim Sturz des Diktators in Rumänien oder beim Bombenangriff auf Bagdad. Informationen können heute in den meisten Staaten nicht mehr von den Machthabern manipuliert werden. Die Welt wird zum Dorf. Das Wohnzimmer wird zum Marktplatz, auf dem Journalisten als moderne Bänkelsänger abends im Fernsehen ihre Moritaten zum besten geben. Sogar den Golfkrieg konnte man sozusagen vom Balkon aus verfolgen.

Der freizügige Austausch von Informationen macht die Menschen mündiger, weckt Verständnis für globale Wirtschafts- und Umweltzusammenhänge. Er ist eine Basis für wirtschaftliches Wachstum und Völkerverständigung, und er fördert den Zerfall von Diktaturen. Die Entwicklung in Osteuropa einerseits und das Zusammenwachsen der Europäischen Gemeinschaft andererseits wären ohne die Freizügigkeit der Information, ohne die Begegnung der

Menschen, ohne Informationsaustausch und ohne ein engmaschiges Kommunikationsnetz nicht denkbar. „Communicare" heißt: sich besprechen mit, Mitglied in einer Gemeinschaft sein. Technische Netze helfen der Kommunikation. Sie verbinden Menschen. Sie sind die Basis für unsere Kommunikationsgesellschaft der neunziger Jahre. Wie rasant diese Entwicklung vonstatten geht, kann man sich an einem kleinen Gedankenspiel deutlich machen:

Stellen Sie sich bitte vor, Sie seien Astronaut in einer Kapsel und überfliegen gerade den Teil der Erde, auf dem es Abend bzw. Nacht ist. Und stellen Sie sich vor, jedes Telefongespräch zwischen Menschen wäre ein Lichtblitz, die Ausstrahlung einer Fernseh- oder Rundfunksendung, jede Abfrage an einem Computer, jede Datenübertragung wäre ein Lichtblitz. Versetzen Sie sich dabei bitte in das Jahr 1950. Damals arbeiteten die allerersten Computer mit Lochkarten, der Fernsehapparat war Statussymbol für die Reichen. Ferngespräche wurden noch handvermittelt, und das Telefon war ein Luxusartikel. Versetzen Sie sich bitte nun in einen Astronauten, der diese Beobachtung 1991 macht. Bei diesem Gedankenspiel wird deutlich, daß das Bild vom „globalen Dorf" in vielen Bereichen schon Wirklichkeit geworden ist oder wir auf dem besten Weg sind, es zur Wirklichkeit zu machen. Dazu gehört auch die Bewegungsfreiheit, die uns das gerade 100 Jahre alte Auto und besonders die zivile Luftfahrt seit etwa 60 Jahren ermöglicht. 1930 nahm die Lufthansa ihr erstes ziviles Großraumflugzeug in Dienst, das nicht mehr 4, sondern 20 Passagiere befördern konnte.

2.2 Mündige Mitarbeiter für mündige Kunden

Im Brockhaus-Lexikon von 1992 findet man unter dem Begriff „Kunde": „Abnehmer von Waren und Dienstleistungen". Dies ist – leider – noch das übliche Verständnis bei vielen Unternehmen. Der Kunde ist passiver Antragsteller, Zielkunde oder Abnehmer. Henry Ford sagte: „Bei mir kann der Kunde jede Farbe haben, vorausgesetzt, sie ist schwarz." Heute wird der Kunde aber kundig. Er erkundigt sich und kundschaftet im „globalen Dorf" die besten Bedingungen aus. Dann gibt der Kunde – eine Nachricht per Fax. Er erteilt einen Auftrag, eine Order, d. h. wörtlich übersetzt einen Befehl.

Die wachsende Freizügigkeit der Information unterstützt nicht nur den politischen Demokratisierungsprozeß. Sie macht nicht nur den Menschen als Bürger mündiger, sondern auch als Kunden und als Mitarbeiter. Der selbstbewußte Kunde vergleicht Preis und Leistung, er entscheidet sich für die beste Lösung und für den besten Service. Die Einkaufsabteilungen der Konzerne machen internationale Ausschreibungen und betreiben „Global Sourcing". Weltweite Einkaufs- und Logistik-Netzwerke sind nicht nur bei Automobilherstellern Standard geworden. Der Kunde setzt sich heute wieder die Krone auf und verlangt nicht nur von einem italienischen Restaurant, sondern auch von großen Unternehmen – und diese wiederum von ihren Lieferanten ohne Flexibilität, schnelle Reaktion auf geänderte Anforderungen, Bereitschaft zu Service und exaktes Einhalten von Terminen. „Just in Time" und „Total Quality" werden zu Erfolgsrezepten nicht nur in der Produktion – sondern erst recht beim Dienst am Kunden. Unternehmen und die Mitarbeiter in den Unternehmen müssen lernen, „hart am Kunden zu segeln", nicht zu verwalten, sondern etwas zu unternehmen.

Dazu bedarf es schneller Entscheidungen, eindeutiger Befugnisse an der sogenannten Basis, an der Schnittstelle zum Kunden. Zur Entscheidung gehören aber Informationen und Kompetenzen. Wenn ein Verkäufer Liefertermine für ein Auto, eine Maschine oder eine Kücheneinrichtung nennen will, muß er per Computernetz sozusagen direkt ins Lager und in die Produktion „sehen können". Und er braucht die unternehmerische Kompetenz, um eine verbindliche Aussage zu machen. Das gleiche gilt für den Finanzberater, der in einer Bankfiliale eine Anlageempfehlung gibt oder eine steuerlich günstige Finanzierung anbietet. Mündige Kunden erwarten und fordern mündige Mitarbeiter, die sich als Unternehmer in ihrem Unternehmen verstehen.

Die wachsende Freizügigkeit von Informationen hebt die Informationsmonopole der Vorgesetzten und der Konzernzentralen auf. Sie emanzipieren nicht nur die Kunden, sondern auch die Mitarbeiter. Sie verbinden die Menschen an der sogenannten Basis direkt miteinander. Computer, Datenbanken und Netzwerke übernehmen die Planung und die Disposition der Produktionsabläufe und der logistischen Kette. Sie machen damit die alten Führungspositionen und deren Platzhalter überflüssig. Sie erlauben Dezentralisierung der Verantwortung und ein Abflachen der Hierarchien. Der ungehinderte Informationsfluß verkürzt die traditionellen Karriereleitern und macht die Menschen mündiger. Die offene Kommunikation durchbricht Abteilungsschranken und Hierarchieebenen. Sie macht Unternehmensgrenzen durchlässig und läßt Diktaturen zerbrechen, die auf Informationsmonopolen und Informationsmanipulationen beruhen. Die Auflösungserscheinungen der kommunistischen Machtstrukturen und der östlichen Kommando- und Planwirtschaften machten dies überdeutlich. Wie lange aber wird sich in vielen unserer Konzerne noch das Prinzip der hierarchischen Kommandowirtschaft und der budgetgesteuerten Planwirtschaft halten bzw. halten können?

3. Von der Industrie- zur Dienstleistungsgesellschaft: eine Kulturrevolution

> Das Leben bewegt sich viel schneller als jemals zuvor
> – manifestiert in der Wachstumsrate von
> Fakten, Wissen, Technik und Erfindungen.
>
> Wir brauchen einen neuen Typ von Menschen, der fähig ist,
> in einer Welt des ständigen Wandels zu leben,
> der in der Lage ist, mit Situationen plötzlichen Wandels
> ohne jedwede Vorwarnung zurechtzukommen.
>
> Überleben werden die Gesellschaften,
> die solche Menschen hervorbringen können,
> die, die es nicht können, werden sterben.
>
> Abraham Maslow 1976

3.1 Der Mensch – die neue Quelle der Wertschöpfung

Die Industrienationen wandeln sich in zunehmendem Tempo in Dienstleistungs- und Kommunikationsgesellschaften. Dabei treten greifbare Produkte immer mehr in den Hintergrund. Service und Dienstleistung rund um die Produkte oder sozusagen als Produkt bestimmen den Wettbewerb. Die Quelle der Wertschöpfung verlagert sich dabei von der Fabrik nahe an den individuellen Kunden. Der größte Teil der Wertschöpfung entsteht nicht mehr in der Fabrik, sondern beim Dienst am Kunden. Als Dienstleistung, die der Mitarbeiter für den Kunden erbringt, in der Kommunikation zwischen Mitarbeiter und Kunde. Die Dienstleistungskultur ist geprägt durch die Tatsache, daß nicht ein Produkt im Vordergrund steht, sondern der Mensch, der Dienst am Kunden leistet.

Die beiden Trends, die wachsende Freizügigkeit der Information und der steigende Anteil der Dienstleistungen, bedingen einander und verstärken sich gegenseitig.

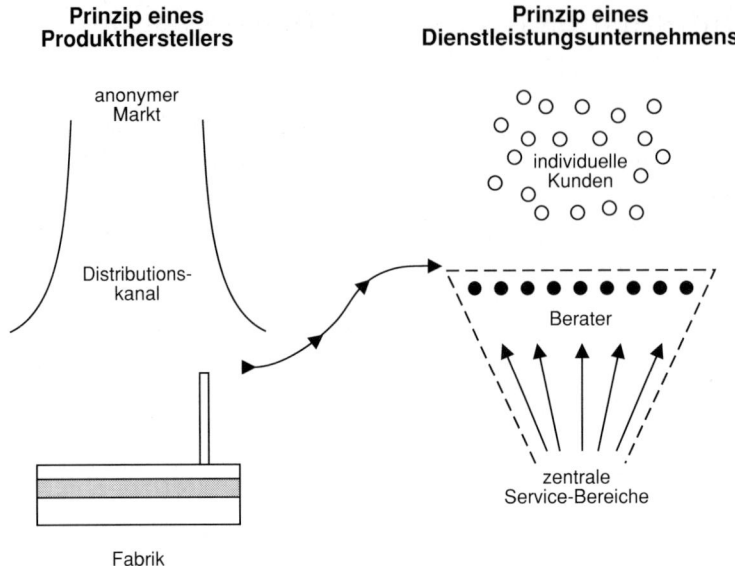

Abb. 2: Die Quelle der Wertschöpfung verlagert sich von der Fabrik nahe zum Kunden

Wenn ein Musikfreund für einen Besuch in Salzburg ein Flugticket, ein Hotelzimmer, einen Mietwagen und zwei Logenplätze sucht, möchte er nicht vier verschiedene Ansprechpartner koordinieren, sondern in wenigen Minuten bei seinem Reisebüro sämtliche Unterlagen in der Hand halten. Moderne und umfassende Computernetzwerke machen dies möglich. Sie erleichtern die Kommunikation innerhalb der Unternehmen und mit den Kunden. Sie ermöglichen auch den Beratern der Bank den Zugang zu Informationen. Sie sind Voraussetzung dafür, daß der Steuerberater, das Reisebüro, der Arzt, der Verkaufsberater und der Wartungstechniker die Wünsche und die Probleme der Kunden schnell und sicher bearbeiten können.

Gleichzeitig erhöhen sie allerdings die Ansprüche der Kunden. Um diesen Anforderungen gerecht zu werden, bedarf es kundenorientierter, kreativer, kommunikativer und kompetenter Mitarbeiter mit der notwendigen fachlichen und menschlichen Kompetenz, aber auch mit Entscheidungskompetenzen. Die Menschen, die ihren Kunden Dienstleistungen erbringen, brauchen Befugnisse, Informationen, die Unterstützung durch ihre Führungskräfte und der Zentralfunktionen in der Hauptverwaltung. Sie müssen kreativ und kommunikativ sein, d. h. den Kunden und sein Anliegen verstehen, die Probleme des Kunden zu eigenen Aufgaben machen, Verbindungen schaffen. Kommunikativ heißt nicht, daß sie nur ein Terminal bedienen können.

3.2 Information als vierter Produktionsfaktor?

Computertechnik kann und soll das Gespräch und die Begegnung zwischen Menschen nicht ersetzen, sie kann sie aber unterstützen. Die Computerhersteller bezeichnen häufig die Information als vierten Produktionsfaktor neben Arbeit, Kapital und Boden. Dieser Faktor soll verarbeitet, verwaltet, gespeichert, vernetzt werden, und das natürlich mit Maschinen des jeweiligen Herstellers. Ich glaube, hier werden Subjekt und Objekt verwechselt. Denn noch ist es der Mensch, der Produkte erfindet, Märkte erschließt, im Wettbewerb gewinnt oder verliert, und der Dienst am Kunden leistet, der die Wertschöpfung erwirtschaftet. Die Computer verwalten also keinen vierten Produktionsfaktor, sondern sie fördern und verstärken die Fähigkeiten des Menschen: seine Kreativität, seine Initiative, sein Wissen und seine Kommunikationsfähigkeit ähnlich wie Maschinen die Muskelkraft verstärken. Unternehmensweite und unternehmensübergreifende Informationssysteme und Netzwerke helfen somit, die Innovationskraft und die Wettbewerbsfähigkeit der Unternehmen zu steigern.

Zusammen mit Telefon und Fernsehen machen Computernetze Informationen zu jedem Zeitpunkt für alle überall verfügbar. Jeder ist mit jedem verbunden. Weltumspannende Netze lassen Entfernungen schrumpfen, Wartezeiten entfallen. Die Netzwerke wirken wie ein Nervensystem, das alle Zellen miteinander verbindet. Durch Austausch von Informationen entstehen neue Informationen. Assoziationen schaffen neue Ideen, Kreativität wird gefördert: Das „Humanvermögen" des Unternehmens kann so erhöht werden.

3.3 Das Humanvermögen wächst durch Kommunikation

Das Humanvermögen kann aktiviert oder besser gesagt reaktiviert werden. Dazu genügt es allerdings nicht, mit Computern „zu klotzen" oder jedem Mitarbeiter einen Bildschirm auf den Tisch zu stellen. Viel wichtiger ist es, die Organisation und Führungskonzepte der Industriekultur drastisch zu ändern mit dem Ziel, ein offenes Kommunikationsklima zu schaffen und zu sichern. Denn nur in kommunikationsfreundlichen Unternehmensstrukturen können kommunikationsfähige Menschen ihr Potential voll entfalten. Und nur Manager, die sich als Dienstleister ihrer Mitarbeiter verstehen und die sich vom Kontrolleur zum „Animateur" entwickeln, können die Arbeitsfreude und die Leistungslust fördern, ihren Mitarbeitern den Sinn des Tuns verdeutlichen, ihnen zumindest nicht den Spaß an der Leistung durch Bürokratie und Starrheit verleiden.

So können Mitarbeiter mündiger werden. Und mündige Kunden mögen mündige Mitarbeiter mit Kompetenz und Know-how. Für diese Mitarbeiter und deren Dienstleistung sind sie bereit, viel Geld zu bezahlen. Im Zweifel entscheiden sie sich für die Produkte, die von kreativen, gut informierten und kompetenten Mitarbeitern vertreten, gewartet oder verkauft werden. „Humanvermögen", das Vermögen unserer Mitarbeiterinnen und Mitarbeiter, ist schon heute der entscheidende Produktions- und Wettbewerbsfaktor. Je komplexer das Problem, je dynamischer das Kunden bzw. Beratungsumfeld, desto individueller und aufwendiger ist die Leistung, die der Mitarbeiter erbringen muß, desto höher ist die Wertschöpfung. Denn Unikate sind wertvoll! Und Unikate entstehen im Dialog zwischen Mitarbeiter und dem Kunden, als individuelle Dienstleistung.

Damit steigen aber auch die Anforderungen an die dienstleistenden Mitarbeiter, an ihre fachliche und persönliche Qualifikation, an ihre Leistungsbereitschaft, ihre Umsicht und an ihr Verantwortungsbewußtsein. Denn sie übernehmen mit ihrem Tun viel Verantwortung für ihre Kunden und für ihr Unternehmen. Wer Verantwortung übernehmen soll, braucht Freiheit und Informationen. Aber wer Freiheit und Informationen bekommt, muß auch Verantwortung übernehmen. Die Menschen müssen sich zu Unternehmern im Unternehmen entwickeln – aber auch entwickeln können! Der Kunde erwartet einen Partner mit der nötigen fachlichen und unternehmerischen Kompetenz, der nicht nur in Produkten denkt, die er verkaufen soll, sondern der alle Ressourcen seines Unternehmens auf die spezifische Kundensituation quasi wie mit einem Brennglas fokussiert.

3.4 Die neuen Machthaber – die Know-how-Träger

„Der Mensch steht im Mittelpunkt – und damit jedem im Weg!" – wie häufig sehen die Unternehmen der Industriekultur den Mitarbeiter (leider) nur als Kostenfaktor und als Rationalisierungspotential. Kein Wunder, denn das Personal erscheint nur als Kostenfaktor in der Gewinn- und Verlustrechnung, aber nicht als Vermögen in der Bilanz! Schon im Studium wird sehr detailliert gelehrt, wie der Kostenfaktor Mensch finanztechnisch zu messen, zu planen, zu steuern und zu kontrollieren ist. Abrechnungs- und Buchhaltungssysteme erleichtern es dem Management, die Unternehmensressourcen

Maschinen und Menschen, die Investitionen und die Arbeitskraft vergleichbar, meßbar und bewertbar zu machen – in Maßstäben der Controller. Denn Kennzahlen wie Kapitalrendite, Kurs-Gewinnverhältnis oder Cash-flow sind die Zauberworte der Industriekultur, bei der das Kapital Engpaßfaktor und die Kapitalgeber die Machthaber waren.

Aber wie bewertet man in einer Dienstleistungskultur die weichen Faktoren wie z. B. Unternehmensklima, Innovationsfähigkeit, Verantwortungsbereitschaft, das Know-how der Mitarbeiter, Flexibilität der Organisation oder die soziale Kompetenz des Managements?

Mit welchen Leitbildern, Wertevorstellungen, Strukturen, Verfahren und mit welchen Führungskräften organisiert und führt man den „neuen Machthaber" den mündigen, kreativen, verantwortungsbewußten, anspruchsvollen Mitarbeiter – den Know-how-Träger?

	Agrargesellschaft	Industriegesellschaft	Informationsgesellschaft
Ziele	(Über-)Lebensmittel	Produkte	Dienstleistungen
Engpaßfaktor	Boden	Kapital	Know-how
Machthaber	König und Lehnsherren	Kapitalgeber und Manager	Know-how-Träger
Managementstil	by „Peitsche"	by „Portemonnaie"	by Partizipation
Organisationsform	Monarchie	Hierarchie	Netzstrukturen

Abb. 3: Die neuen Machthaber: die Know-how-Träger

Betrachten wir dazu die drei Wirtschaftsfaktoren Boden, Kapital und Menschen in den drei großen volkswirtschaftlichen Epochen, der Agrar-, der Industrie- und der Kommunikationsgesellschaft. Bei der Agrargesellschaft war der Boden das Knappheitsgut, und der wesentliche Wirtschaftsfaktor. Der König vergab die Nutzungsrechte innerhalb seiner Lehnspyramide an seine Lehnsherrn an die Kronvasallen und diese wieder an die Aftervasallen.

„Management by Peitsche" war das vorrangige Führungskonzept, weil der Bauer als faul und arbeitsscheu angesehen wurde.

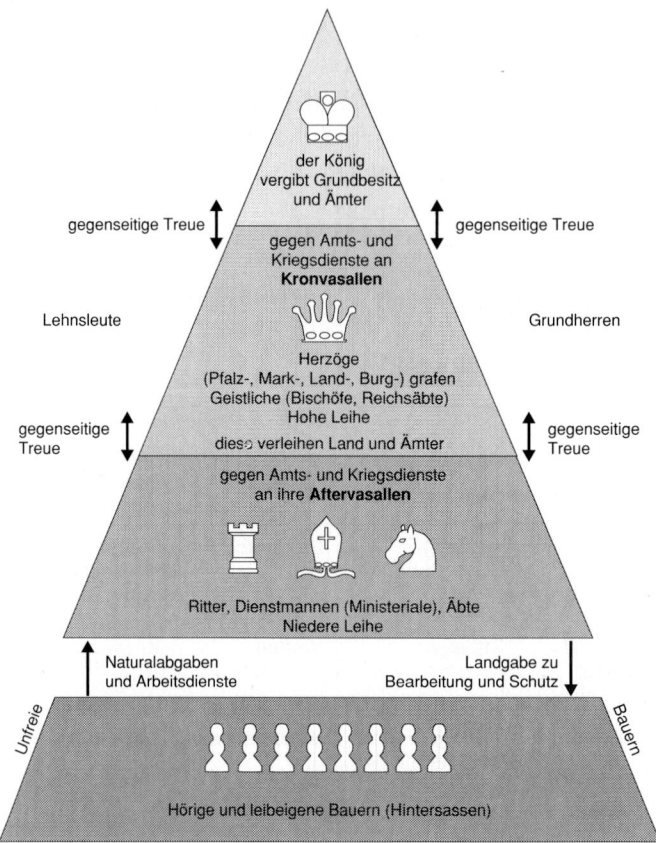

Abb. 4: Die Lehnspyramide

In der Industriegesellschaft rückte das Kapital als knappes Gut in den Vordergrund, mit dem Fabriken und Maschinen gebaut werden konnten. Mit diesem Kapital hat man den Menschen ihre verfassungsmäßigen Grundrechte wie Meinungsfreiheit, freie Wahl des Arbeitsplatzes oder Redefreiheit gegen „das Linsengericht" des (sicheren) Arbeitsplatzes abgekauft. Die Vorgesetzten hatten die Aufgabe, die Menschen in den Arbeitsprozeß einzugliedern und darauf zu achten, daß alle gut funktionieren. Gesteuert wurde das Unternehmen mit hierarchischen Strukturen als verlängerte Arme der Kapitaleigner, die den zentralen Willen überall durchsetzen sollten. Zu dieser Zeit war „Management by Portemonnaie" der übliche Führungsstil. Denn der Mensch war bereit, die Arbeit zu ertragen, wenn der Lohn stimmte. Vermeintliche Sicherheit und Geld waren die Gegenwerte für Freiheit und Arbeitskraft.

In der heute sich entwickelnden Dienstleistungs-, Kommunikations- und Know-how-Gesellschaft tritt der Mensch in den Vordergrund. Qualifiziertes Personal mit viel Wissen, Können, mit seinen Erfahrungen und Kommunikationsfähigkeiten ist die eigentliche Quelle der Wertschöpfung geworden. Es ist heute der Engpaßfaktor. Seitdem sich die Finanzströme von den Warenströmen abgekoppelt haben, „umrunden" heute täglich rund 600 Milliarden Dollar den Globus. Das Kapital ist nicht mehr das alles entscheidende knappe Gut, wohl aber der Mensch mit hoher fachlicher und persönlicher Kompetenz. Die Macht von Boden und Kapital wird abgelöst durch die Macht des Know-hows von Menschen. Die neuen Machthaber sind die Know-how-Träger. Diese Erkenntnis muß zwangsläufig zu neuen Organisations-, Leitungs- und Karrierekonzepten führen. „Management by Partizipation" und „Führen als Dienstleistung" sind heute angesagt.

Eine Auswirkung dieses Trends erkennt man deutlich, wenn man mit Personalchefs oder Unternehmern spricht und wenn man die Personalanzeigen analysiert: Die Unternehmen suchen heute weniger den fleißigen Mitarbeiter. Fleißig sind die Maschinen, die Roboter und die Computer. Gesucht ist der umsichtige, kompetente und erfahrene Mitarbeiter, der schon viel gesehen und vieles getan hat, der viel „er-fahren" hat. Die Zukunft gehört den Menschen, die nicht den Kopf verlieren, wenn es einmal Probleme gibt, die nicht nur ihre Abteilung sehen und kennen, die am Problem dran bleiben, auch wenn es ihre formalen Kompetenzen überschreitet, denen der Kunde und die Qualität der Arbeit heilig sind. So schreibt eine deutsche Großbank in ihrer Personalanzeige: „In einer Bank, die auf Köpfe setzt, können Sie auch Ihren eigenen Kopf besser einsetzen. Die Hypo-Bank setzt auf die Köpfe ihrer Mitarbeiter – ihren Einfallsreichtum und die gute Idee mehr, die unseren Ruf als kreative Bank begründet hat. Wenn das auch Ihren Voraussetzungen entspricht, sollten Sie auf uns setzen."

3.5 Der Mitarbeiter als Kunde der Führungskräfte

Wenn in einer Volkswirtschaft wie der unseren die Ausbeutung von Bodenschätzen und die Erzeugung von Massenprodukten in den Hintergrund treten, wenn der Trend zu differenzierteren, komplexeren, individualisierten Produkten geht und wenn der Anteil der Dienstleistungen rund um Produkte oder quasi als Produkt ständig wächst, dann hat dies gravierende Auswirkungen. Zunächst auf das Selbstverständnis der Menschen, die nicht mehr in der Fabrik am Fließband, sondern jetzt als Dienstleister arbeiten, aber auch auf die Rolle der Führungskräfte der Industriekultur. In der Industriegesellschaft war das Produkt die Quelle der Wertschöpfung, das kostengünstig produziert und verteilt werden mußte, damit „die Zahlen stimmten". Die Unternehmensleitung entschied über die Gestaltung des Produktes, über Ort der Produktionsstätten, über Preis- und Distributionskanäle. Für Innovation gab es eine eigene Abteilung: Forschung und Entwicklung.

In der Dienstleistungskultur dagegen steht der Mensch im Vordergrund – als Kunde und als Mitarbeiter. Denn nur in der Kommunikation zwischen diesen beiden entsteht die Wertschöpfung, durch den Dienst, den der Mitarbeiter am Kunden leistet. Service erbringen heißt Informationen austauschen, Beratung und Unterstützung geben. Probleme des Kunden zu seinen eigenen Aufgaben machen. Dem Kunden nützlich sein, von Wert sein. Dann sind die Dienstleistungen und die Mitarbeiter dem Kunden auch „was wert".

Wenn der Mitarbeiter einziger Umsatzerbringer ist, was machen dann die anderen Mitglieder eines Unternehmens, die Manager, die Stäbe und die Unternehmensleitung? Ganz einfach, auch sie erbringen Dienstleistungen. So wie der Mitarbeiter für die Kunden da ist, sind die Führungskräfte für ihre

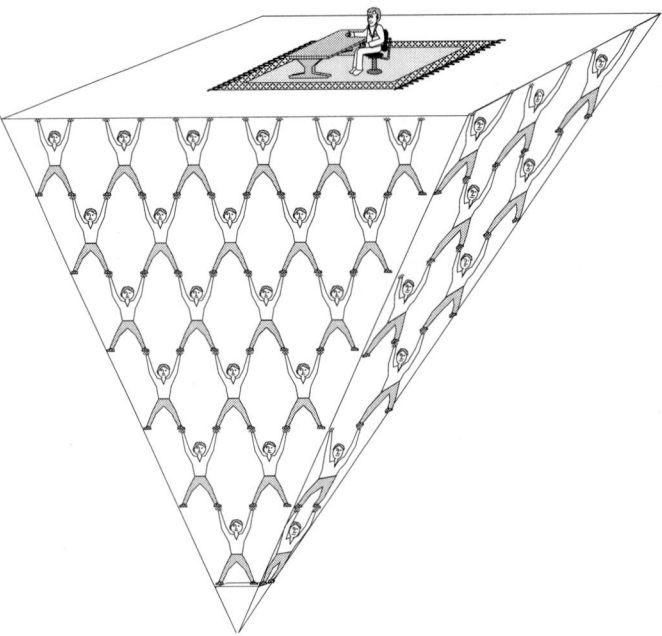

Abb. 5: Die Dienstleistungspyramide

Mitarbeiter da. Sie schaffen ein Umfeld, in dem die Mitarbeiter schnell, unbürokratisch und selbständig auf die Anforderungen der Kunden reagieren, in dem sie kreativ und unternehmerisch agieren können, in dem sie sich entfalten und Verantwortung übernehmen können. Gemäß dem Leitsatz von Lenin „Vertrauen ist gut, Kontrolle ist besser" wurden die Menschen in der Industriekultur häufig entmündigt. Heute ist es die Aufgabe der Manager, ihren Mitarbeitern Mut zu machen, sie zu coachen, ihnen Orientierung zu geben und für ihre fachliche und persönliche Entwicklung zu sorgen, sie zu emanzipieren. Und dabei gilt: „Kontrolle ist gut, Vertrauen ist viel besser".

Für diese Dienstleistung werden die Führungskräfte ja schließlich von ihren Mitarbeitern bezahlt – als Dienstleister für Dienstleister. In der Dienstleistungskultur wird die übliche Hierarchiepyramide gleichsam auf den Kopf gestellt. Sie wird zur „Dienstleistungspyramide".

Ganz oben sitzt der Kunde, der Service von den Mitarbeitern erhält. Diese haben Anspruch auf Unterstützung und Dienstleistung von ihren Führungskräften. Die Unternehmensleitung schließlich ist der „oberste Diener" in einem Dienstleistungsverbund. Sie steht nicht mehr auf der Kommandobrücke eines Schlachtschiffes, wie sie es in der Produktkultur gewohnt war. Sie hat jetzt die Aufgabe, einem wendigen, flexiblen Flottenverband die gemeinsame Zukunft, das Ziel als Leitstern, die Unternehmensvision leuchten zu lassen und so den Mitarbeitern Orientierung zu geben. Sie kann und sollte auch nicht mehr mit eiserner Hand den exakten Kurs halten, sondern einen Zielkorridor beschreiben, der jedem Mitarbeiter die Möglichkeit läßt, seinen eigenen Weg zu gehen, seine eigenen Erfahrungen zu machen, zu experimentieren und auch mal Fehler zu machen. Allerdings innerhalb des Netzes eines Teams, damit die Wirkung von Fehlern abgefedert werden kann – wie durch ein Sicherheitsnetz bei Artisten. Und damit alle daraus lernen können. Nur so läßt sich unternehmerisches Handeln fördern. Wissen und Qualifikation des gesamten Unternehmens können sich nur erweitern, wenn Möglichkeiten zur Selbstkontrolle und Selbstkorrektur, wenn Fehlertoleranz statt Fehlerfreiheit und ein offenes Kommunikationsklima zum Austausch von Erfahrungen gegeben sind. Die Unternehmensleitung ist für diese Rahmenbedingungen verantwortlich, für die „weichen" Faktoren im Unternehmen, für die Gemeinsamkeiten wie Corporate Identity, Führungsgrundsätze, Verhaltensgrundsätze und Qualitätsbewußtsein, kurz gesagt – für das Unternehmensklima. Für diesen Service werden sie ja schließlich von jedem Mitarbeiter bezahlt.

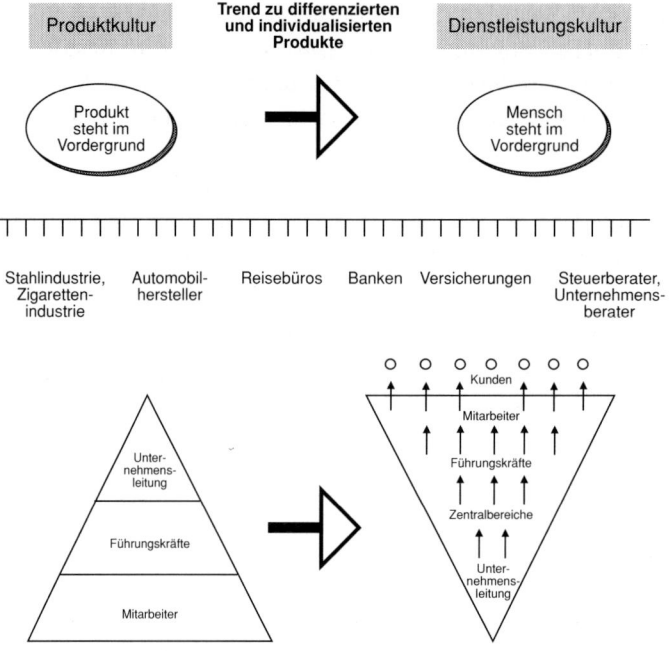

Abb. 6: Der Wandel von der Produkt- zur Dienstleistungskultur

Zwischen Produkt- und Dienstleistungskultur gibt es keine klaren Abgrenzungen. Die Übergänge sind fließend. Auf einer willkürlich gewählten Skala könnte man allerdings Branchen lokalisieren, die eher produktdominiert, und andere, die eher dienstleistungsdominiert sind. Typische Unternehmen der Produktkultur sind z. B. Zigarettenproduzenten, die ein wenig differenziertes Produkt für einen anonymen Markt erzeugen. Beratende Berufe, wie z. B. Steuerberater, Anwälte, Unternehmensberater, leben dagegen nur von der individuellen Dienstleistung an individuellen Klienten.

Auf dieser Skala ist gegenwärtig vieles in Bewegung. So drängen die Automobilhersteller deutlich von der Produktkultur in die Dienstleistungskultur. Dienstleistungen rund ums Auto, wie Finanzierung, Leasing, Versicherungen, Pannenservice, widmen die Konzerne größte Aufmerksamkeit. Die Gründung von debis (Daimler-Benz Interservice) mit ca. 5 000 Mitarbeitern ist nur ein Beispiel für diese Entwicklung.

Auf der anderen Seite zeigt sich bei den großen Finanzinstituten, die sich jetzt schon Finanzdienstleister nennen, ein großes Problem. Die Banken waren es gewohnt, Geld zu verdienen, indem sie „gnädig" Kredite gewährten. Durch die gestiegenen Ansprüche der Kunden und den verschärften Wettbewerb beginnt sich die Lage zu ändern. Deshalb verlangt z. B. Ulrich Weiss, der Personalvorstand der Deutschen Bank, von seinen Mitarbeitern, „daß sie die Haltung eines Bankbeamten ablegen, der sich hinter seinem Tresen verschanzt und wartet, bis der Kunde auf ihn zukommt. Die Mitarbeiter müssen sich heute darum bemühen, einen Kredit zu verkaufen. Anders als bei Unternehmen der Industrie, wo auch der Glanz des Produktes den Kunden zum Kauf treibt, muß bei einem Finanzinstitut der Käufer an erster Stelle von der Souveränität, dem Geschick und Wissen der Mitarbeiter überzeugt werden."

Will der Kunde aber eigentlich bei der Bank Produkte kaufen? Sucht er nicht vielmehr die kompetente und faire Lösung eines Finanzproblems? Will er nicht die steuerlich günstige Finanzierung für sein Haus, eine fundierte Anlageberatung, die schnelle Abwicklung eines Devisengeschäftes oder eines Wertpapierkaufs? Möchte er eigentlich Produkte oder vielmehr Dienstleistungen: Finanzdienstleistungen? Dominiert bei den Banken nicht häufig Produktdenken vor Servicedenken? Haben die Mitarbeiter an der sogenannten Basis schon die nötigen fachlichen und persönlichen Entscheidungskompetenzen? Achten nicht viele Vorgesetzte argwöhnisch darauf, daß ihre Mitarbeiter diese Kompetenzen auch nicht erlangen? Viele Banken versuchen gegenwärtig mit Unternehmensorganisationen, Führungsphilosophien und Unternehmenskulturen, die aus dem Industriezeitalter stammen, Dienstleistungen zu erbringen. Einerseits beginnt man, den Mitarbeiter als Quelle der Wertschöpfung zu entdecken, aber andererseits wehrt man sich mit Macht dagegen, die Pyramide konsequenterweise auch auf den Kopf zu stellen. Aber vielleicht wird der europäische Binnenmarkt diese Perestroika beschleunigen.

Die Schwierigkeiten mit der Umgestaltung haben aber nicht nur die Banken, denn für (fast) alle etabilierten Unternehmen gilt: „Wir arbeiten in Strukturen von gestern mit Methoden von heute an Problemen von morgen vorwiegend mit Menschen, die die Strukturen von gestern gebaut haben und das Morgen innerhalb der Organisation nicht mehr erleben werden" (Prof. Knut Bleicher). Aber die Mitarbeiter, die ihre Führungskräfte bezahlen, die Know-how-Träger als die neuen Machthaber und der Kunde, der sich wieder die Krone aufsetzt, sie alle rütteln an dem Kartenhaus der Hierarchiepyramide. Wie lange wird es den Windstößen noch standhalten?

4. Organisationen als lebendige Systeme

> „Panta rhei: Alles fließt",
> habe ich mir in der Jugend zum Wahlspruch gemacht.
> Ein Unternehmen muß sich auf ständige Veränderungen
> seiner Umwelt einstellen.
>
> Werner Otto
> Gründer und Chef des Otto-Versandkonzerns

4.1 Stabilität durch Wohlfühlen

Wie sehen Alternativen zu Strukturen der Industriekultur aus? Welche Organisationen eignen sich für die Dienstleistungskultur? Kann die umgedrehte Pyramide denn überhaupt stabil sein? Ich behaupte ja, wenn sich die Menschen wohlfühlen, wenn sie miteinander im Verbund sind, wenn sie schnell und unbürokratisch miteinander kommunizieren. Die Hierarchiepyramide ist zwar im statischen Gleichgewicht, aber sie ist starr. Die Menschen werden durch Wohl*stand* zusammengehalten. Die Dienstleistungspyramide dagegen erhält ihre Stabilität durch Wohl*fühlen*. Das macht sie flexibler und beweglicher. Sie ist sozusagen im dynamischen Gleichgewicht, allerdings nur, wenn das Unternehmensklima stimmt. Wenn man sich „riechen kann".

Mir ist bewußt, daß dieses Bild Widerspruch provoziert, daß es manchmal heißt: „Das ist ja unnatürlich!" Aber ganz im Gegenteil. In der Natur gibt es viele Pyramiden, die auf dem Kopfe stehen. Fast alle Bäume und Pflanzen weisen diese Struktur auf. Es ist eine lebendige Form. Ganz im Gegensatz zu den Pyramiden in Ägypten, die als Grabstätten dem Pharao (wörtl.: Herr der Geheimnisse) huldigen sollten. Und im Gegensatz zu den Pyramiden der Inkas, die als Kult- und Opferstätten dienten, auf denen man Götter und Götzen verehrte und Menschenopfer brachte.

Bei der Dienstleistungspyramide sitzt der Vorstand allerdings nicht ganz oben. Er wird nicht getragen wie in einer Sänfte. Er ist jetzt unten und trägt viel Verantwortung. Dafür wird er ja bestellt und bezahlt. Aber wer hält den Vorstand? Es sind die Aktionäre, bildhaft die „Wurzeln des Unternehmensbaumes." Human-Vermögen und Finanz-Vermögen bilden keine Gegensätze. Sie können eine lebendige Einheit sein.

Abb. 7: Der „Unternehmensbaum"

Der Baum ist nicht nur das einzige Leitbild aus der Natur, das zu Assoziationen reizt. Das höhere Lebewesen mit seinen Organen und Zellen ist ein weiteres Beispiel für lebensfähige und überlebensfähige Organisationen. Die Mitarbeiter entsprechen den Zellen, in denen sozusagen als Chromosomen die gemeinsame Vorstellung ihrer Unternehmensziele und der Sinn des Unternehmens vorhanden sind. Diese Zellen sind alle durch Nerven, Blutbahnen und Hormone miteinander verbunden. Vernetztes und ganzheitliches Denken und Handeln bleiben dann keine Schlagwörter. Sie sind Überlebensgarantie.

In einigen Unternehmen zeichnen sich erste Schritte in Richtung solcher lernenden Organisationen durch die Einführung von Key-Account-Management oder Netzwerk- und Projektstrukturen ab. Dabei ist vorrangig nicht der Perfektionsgrad von Bedeutung, mit dem sich die Unternehmen neu formieren. Vielmehr ist entscheidend, daß die Kulturrevolution von der Unternehmensleitung gewollt und gelebt wird, daß alle die Unnatürlichkeit der industriellen Organisationsstrukturen einsehen und daß die Vorteile biologischer Systeme erkannt werden:

- In der Natur ist nichts gerade, aber alles gerade richtig!

- In der Natur ist nichts starr, aber alles stabil!

- In der Natur ist nichts gleich, aber alles im Gleichgewicht!

- In der Natur ist nichts geordnet, aber alles ist in Ordnung (wenn der Mensch sie nicht stört)!

4.2 Die Evolution frißt ihre Kinder – wenn sie nicht gut geraten sind

Bäume und komplexe Organismen haben trotz all ihrer dynamischen Stabilität, trotz all ihrer Regelkreise und all ihrer Kreisläufe, trotz ihrer Nervensysteme und ihrer dezentralisierten Verantwortung eine „Achillesferse":

Die einzelnen Zellen sind an einen *festen Platz gebunden*! Sie haben sozusagen einen festen Arbeitsplatz, für den sie optimal „ausgebildet" sind.

Diese Unbeweglichkeit ist das Todesurteil für das Lebewesen oder die ganze Rasse, wenn die Umwelt zu turbulent oder unwirtlich wird. Die fest definierte Arbeitsteilung wird zum Verhängnis. Vielleicht nicht für die neue Generation, wenn einzelne Nachkommen zufälligerweise besser ausgestattet sind. Das eherne Gesetz der Evolution bestraft Unbeweglichkeit – genau wie bei unseren Unternehmen. Sie gibt allerdings den Kindern eine neue Chance. Doch welches überlebt, ist nicht planbar oder steuerbar. Die Natur lernt durch „trial" und „error" – und das nur von Generation zu Generation.

In den meisten Unternehmen ist das heute noch ähnlich. Solange sie gut am Markt liegen, solange die Zahlen stimmen, ist man mit sich selbst und dem Unternehmen zufrieden. Man plant in die Zukunft, indem man die Vergangenheit exakt analysiert und dann nach vorne projiziert. Nach dem gefährlichen Motto: „Don't change a winning team" versucht man den unbequemen Wandel zu vermeiden. Und wenn dann die Umwelt dynamisch oder turbulenter wird, sind häufig weder die Unternehmensleitung noch die Mitarbeiter in der Lage, ihre Einstellung und ihren Platz zu ändern, um schnell und unbürokratisch zu handeln. Ziellos und hektisch wird reagiert. Wer kennt nicht den Spruch: „Nachdem wir das Ziel aus den Augen verloren hatten, verdoppelten wir unsere Anstrengungen." Verluste, Konkurs, Firmenverkäufe oder Fusionen sind dann die übliche Folge. Die nächste Generation schafft es dann – vielleicht –, wenn sie sich auf die neuen Bedingungen besser eingestellt hat.

4.3 Unternehmen als „bewußter Organismus"

Wenn Unternehmen bei schnell veränderten Bedingungen überleben wollen, müssen sie den stetigen Wandel als das Normale ansehen. Die Unternehmen und die Mitarbeiter, aber allen voran die Führungskräfte müssen den Wandel lieben. Sie müssen ihr Unternehmen sehen wie einen Fisch- oder Vogelschwarm: als einen „sozialen Organismus". Vogel- oder Fischschwärme zeigen mit ihren eleganten Bewegungen, wie sich große soziale Organisationen schnell und flexibel bewegen können, wie sie auf Hindernisse oder Gefahren elegant und effektiv reagieren können, ohne daß (oder besser gesagt: weil nicht) ein Vorgesetzter Anweisungen oder Befehle gibt. Alle Mitglieder des Schwarmes sind gleichrangig und selbständig. Sie halten den nötigen Abstand zueinander, um ihre eigenen Bewegungen machen zu können. Aber sie wirken doch als Ganzes zusammen. Intuitiv weiß jeder, „wo es langgeht".

Die Löwen als starke Individualisten lehren uns eine andere erfolgreiche Form des Überlebens: Teamwork. Zwar gibt es einen Rudelführer. Aber bei der wichtigsten Tätigkeit, dem Beutemachen, gilt „Managen wie die Löwen". Sie analysieren vor Jagdbeginn genau die Angriffssituation. Dann übernimmt intuitiv das am besten geeignete Tier die Führung.

Ein anderes Beispiel ist der Ameisenstaat, ein sozialer Organismus, der durch kooperative Arbeitsteilung und vielfältige Kommunikation zwischen den Individuen unglaubliche überindividuelle Aufgaben erfüllen kann. Dabei entwickeln sich spezialisierte „Arbeitskräfte" für kritische Aufgaben, wie Larvenfütterung, Nahrungstransport oder Wachdienst. Experimente haben allerdings gezeigt, daß die „Facharbeiter" im Notfall sofort andere Aufgaben übernehmen, damit der „Unternehmensprozeß" nicht gestört wird.

Die Fähigkeit, trotz sich ständig verändernder Umwelt ein hohes Maß innerer Ordnung zu bewahren, kennzeichnet lebende Systeme. Maschinen können dies alles nicht. Sie verschleißen, nutzen ab und werden verschrottet, wie erstarrte Institutionen.

Unternehmen, die sich die Natur als Vorbild nehmen, und die darüber hinaus den stetigen Wandel suchen, solche lebendigen Organisationen, haben die Chance,

– nicht wie eine Maschine verschrottet zu werden,

– nicht wie ein biologischer Organismus dem Gesetz der Evolution ausgeliefert zu sein und sich erst in der nächsten Generation strukturell verändern zu können,

– nicht wie ein sozialer Organismus, z. B. wie ein Fischschwarm zufällig seinen Weg zu finden und seine Form anzupassen.

4.4 Überlebensstrategie innovativer Unternehmen: Bewußte Metamorphose statt zufälliger Evolution!

Unternehmen können sich ihrer Ziele, ihrer Stärken und Schwächen bewußt werden. Sie können ihre Strukturen, ihre Abläufe, ihre Geschäftsprozesse *bewußt* verändern. Und sie können die Folgen ihres Handelns ein- und abschätzen. Sie können *selbst-bewußte Organismen* sein. Dazu müssen sie sich allerdings der Stärken sowohl von biologischen als auch von sozialen Organismen bedienen: Kommunikationsnetze und flexible Teamstrukturen.

In einem lebendigen Unternehmen gibt es wie in einem biologischen System Verbindungen zwischen den Menschen. Netze, die allerdings nicht „von oben" gemacht werden, sondern spontan und freiwillig entstehen, wie die Nervenverbindungen im Gehirn. Im Gegensatz zu tradierten Organisationsformen sind solche Netze selbsterzeugende und selbstorganisierende, lockere Zusammenschlüsse, deren Verbindung durch gemeinsame Werte und Ideen wachsen. Sie entwickeln sich ohne feste Führung, vorausgesetzt, die Unternehmensleitung läßt dies zu und erstickt sie nicht durch Bürokratie und starre Ordnungsprinzipien. Solche menschlichen Netze verändern sich dauernd, um trotz Änderungen des Umfeldes ein gemeinsames Ziel zu erreichen, eine Idee zu verwirklichen oder einem Ideal, einer Vision etwas näher zu kommen. Vorausgesetzt, der Unternehmensleitung gelingt es, solche Ziele und Visionen zu vermitteln und den stetigen Wandel von Strukturen, Aufgaben und Teams zu fördern.

Solche Unternehmen, bei denen in jedem einzelnen das Bewußtsein für die Gemeinsamkeit und das Ganze lebendig ist, befinden sich in einer *bewußten Metamorphose*. Sie haben als „bewußte Organismen" die Chance, sich selbst zu verändern, dauernd zu lernen und lernfähig zu bleiben. Sie lieben den Wandel und können sich selbst unaufhörlich anpassen. Ein bewußter Organismus unterliegt nicht dem tödlichen Gesetz der Evolution. Er muß nicht wie ein biologischer Organismus erst sterben, damit die neue Generation lernen kann.

Allerdings nur, wenn jede Zelle, jedes Mitglied der Organisation mitmacht. Wenn jeder Mensch im Unternehmen seine eigene Metamorphose, seinen Wandel, seine persönliche Entwicklung bewußt vollzieht. Denn nur „das Vergangene ist unabänderlich geschehen. Das Zukünftige ist mehr unbestimmt und durch unseren Willen beeinflußbar" (Carl Friedrich von Weizsäcker).

Von diesen Gedanken ist es nicht mehr weit zu den faszinierenden Vorstellungen von Peter Russel, die er in seinem Buch „Die erwachende Erde", 1982, entwickelt hat. Er beschreibt die Erde als lebendes System, als Lebewesen. Die Menschheit sieht er auf dem Weg zu einem sozialen Superorganismus – als das Globalhirn. Die Zahl der Menschen auf dem Planet (ca. 6 Mrd.) ist nicht weit entfernt von jener der Zellen im menschlichen Gehirn (ca. 10 Mrd.). Ferner zeigt die rapide Entwicklung weltweiter Kommunikationsnetze, daß sich die Menschheit immer schneller einem ähnlichen Grad an Verbundenheit nähert, wie er im Gehirn anzutreffen ist. Wird beides erreicht, so macht Russel uns Hoffnung und Mut, könnte die Menschheit in das Stadium des selbstreflektierenden Bewußtseins treten. Zwar entsteht alleine dadurch, daß Milliarden von Menschen sich zu einem globalen Nervensystem verbinden, noch kein gesunder sozialer Superorganismus. Die Entscheidung für die Zukunft und zum Überleben liegt bei uns. Aber wir haben die Chance, bewußt die Zukunft zu gestalten.

In einem bewußten Organismus gibt es vorrangig horizontale informelle Verbindungen zwischen den Partnern und weniger vertikale formale Abhängigkeiten von Vorgesetzten und Untergebenen. Die Netze sind nicht statisch oder starr. Sie befinden sich dauernd „im Fluß", in einem ständigen Veränderungsprozeß. Solch ein Verbund bietet den Menschen fachliche und moralische Unterstützung, Rückkopplung und die Möglichkeit zur gegenseitigen Bekräftigung, zur Ungezwungenheit und zum Austausch von Erfahrungen Es schafft einen „angstfreien Raum", in dem Fehlertoleranz und lebenslanges Lernen möglich werden. Denn jeder kennt jeden, jeder redet mit jedem und jeder hilft jedem. Dann kann auch jeder lernen und sich verändern, ohne daß er Angst vor dem Risiko der Änderung haben muß. Denn Leben ist Kontinuität *und* Veränderung, Ordnung *und* Chaos, statisches *und* dynamisches Gleichgewicht, Verstand *und* Gefühl. Es ist Entwicklung mit Risiko Organisationen als Organismen existieren nur in einem instabilen Gleichgewicht, um sich Entwicklungsmöglichkeiten zu wahren.

Abb. 8: Die Metamorphose von Escher (Ausschnitt)

5. Die Gestaltung von neuen Organisationen

*Immer streben zum Ganzen,
und kannst Du selber kein Ganzes werden,
als dienendes Glied schließ an ein Ganzes Dich an!*

Friedrich Schiller

5.1 Das Primat des Wandels

Alle Anzeichen deuten darauf hin, daß starre Strukturen ausgedient haben: in der Politik und in der Wirtschaft.

Soziale Systeme, ob Staaten, Unternehmen oder Abteilungen, können und müssen nicht mit fester Hand im statischen Gleichgewicht gehalten werden. „Ordnung ist das halbe Leben!" sagt der Volksmund – aber auch *nur* das halbe. Dies wird leider gerne vergessen.

Gerade die politischen Entwicklungen in der ehemaligen DDR und in Osteuropa zeigten deutlich, daß starre Strukturen, übertriebene Ordnungsprinzipien und Mißtrauensorganisationen am Ende sind. Der Wunsch nach Mündigkeit und die wachsende Freizügigkeit von Informationen bringen allerdings auch bei uns tradierte Organisations- und Führungsleitbilder ins Wanken. Dieser Prozeß wird durch das Eindringen von Informations- und Kommunikationstechnik in Form von PCs, Telefon, Telefax, Videokonferenzen bis hin zu Satelliten in alle Lebensbereiche immens beschleunigt. Unternehmensweite und unternehmensübergreifende Kommunikationssysteme ermöglichen und erleichtern es, Verantwortung zu dezentralisieren, Geschäftsprozesse quer durch hierarchische Strukturen zu beschleunigen und Menschen miteinander in Verbindung zu bringen. Sie ersetzen nicht die Kommunikation zwischen Menschen. Technische Netzwerke unterstützen aber die menschlichen Netze und fördern eine neue Gesellschaft: die Kommunikationsgesellschaft.

Dadurch kommt eine Welle völlig neuer Anforderungen auf die Führungskräfte zu. Wie steuert man flexible Netzwerkorganisationen? Wie hält man kreatives Chaos auf Kurs? Wie wird man mit wachsender Komplexität und steigender Dynamik der Märkte fertig? Wie fördert man Innovation und Innovationsbereitschaft? Eins wird uns allen langsam klar: Mit Management nach „Gutsherrenart", mit Verboten, Kontrollen und starren Grenzen (politischen Grenzen, Abteilungs- und Unternehmensgrenzen) ist diese Welle nicht aufzuhalten. Wer sich gegen sie stemmt, wird von ihr überrollt. „Wer zu spät kommt, den bestraft das Leben!" sagte Gorbatschow im Sommer 1989 zu Honecker. Bei solchem Seegang hilft eins: Wellenreiten:

Die anrollende Bewegung spüren. Sich mit Entschlossenheit an die Spitze der Entwicklung setzen und die natürliche Kraft der Welle nutzen – mit Mut, Geschick, Gefühl und der Fähigkeit zum Ausgleich.

5.2 Prozesse vor Strukturen

Übertragen auf die Führung von Unternehmen heißt dies: Wir sollten den Wandel als das einzig Stabile anerkennen und nicht die Struktur in den Vordergrund stellen.

Die Unternehmensprozesse müssen vor den Unternehmensstrukturen dominieren. Die Geschäftsprozesse wie z. B. Kundenauftragsabwicklung, Produktentwicklung, Personalentwicklung, die logistische Kette oder der gesamte Produktionszyklus von der Idee über die Montage und die Wartung bis hin zum Recycling müssen innerhalb des Unternehmens und mit den Unternehmenspartnern reibungslos fließen können und dürfen nicht durch Strukturen behindert werden. Die Herausforderungen der neunziger Jahre, z. B. der globale Produktionsverbund, die neuen Gesetze zur Produzentenhaftung und Umweltschädenhaftung oder die Anforderung der Kunden an Flexibilität, Qualität, Termintreue und Service, lassen sich nicht mehr durch starre Strukturen und Organigramme lösen, nicht durch Zuständigkeiten, sondern durch Verantwortlichkeiten, nicht durch Abteilen, sondern durch Mitteilen, nicht durch Informationsmonopole, sondern durch Informationsflüsse nicht durch starre Regeln, sondern durch Regelkreise.

5.3 Alles im Verbund

Der Mitarbeiter, der Bereich, das Unternehmen und der Konzern müssen im Verbund gesehen werden, mit ihren Kunden, Lieferanten, Wettbewerbern, mit Banken, Versicherungen, Transportunternehmen, mit dem Staat und der Gesellschaft.

Jeder ist mit jedem verbunden. Nicht nur über den Austausch von Waren und Informationen. Der Kunde ist auch Lieferant, die Spedition ist auch Kunde, die Bank ist Dienstleister und gleichzeitig Anteilseigner. Jeder ist von jedem abhängig.

Wir sollten uns alle als Teile eines Ganzen verstehen. Jeder ist Verantwortlicher, Beteiligter und Betroffener eines ökonomischen, ökologischen und politischen Ganzen. Ob die Brasilianer den Regenwald abholzen oder in Rußland ein Kernkraftwerk explodiert, wir sind zwar nicht direkt beteiligt, aber direkt betroffen. Wenn die Amerikaner wirtschaftliche Probleme haben, wenn das Ozonloch wächst oder der Treibhauseffekt droht, begreifen wir langsam, daß wir alle davon betroffen und auch daran beteiligt sind. Wir wissen es zwar nicht wissenschaftlich exakt, aber wir beginnen an Gesamtzusammenhänge zu glauben und uns als Weltbevölkerung zu fühlen. Die täglichen Nachrichten in den Medien, die Bilder der Erdkugel aus der Sicht der Astronauten helfen uns dabei.

Fühlen wir aber auch unser Unternehmen als Ganzes? Helfen wir denen in der Nachbarabteilung, obwohl unsere Chefs nicht miteinander sprechen? Betrachten wir nicht häufig den Kunden als Störfaktor, obwohl wir von ihm leben? Weiß die Hauptverwaltung überhaupt noch, was ein Kunde ist und wie ein Kunde aussieht? Es wäre schon ein Fortschritt, wenn über Abteilungsgrenzen hinweg gedacht und gehandelt würde, wenn man die Unternehmensprozesse als Ganzes sehen würde und Information nicht als Machtmittel benutzt, sondern wenn erkannt würde, daß Information der einzige Rohstoff ist, der sich durch Austausch vermehrt.

Um das Unternehmen als Ganzes im wahrsten Sinne des Wortes zu „begreifen", müßte man das Unternehmen so beobachten wie Astronauten die Erde. Die kamen nämlich als andere Menschen zurück. So sagte Donald Williams (USA) nach seiner Rückkehr: „Für diejenigen, die die Erde aus dem Weltraum gesehen haben, und für die hunderte und tausende, die es noch tun werden, verändert das Erlebnis ihre Weltsicht. Die Dinge, die wir auf der Erde miteinander teilen, werden viel wertvoller als jene, die uns trennen." Oder Edgar Mitchell: „Wir kamen zum Mond als Techniker; wir kehrten zurück als bewußte Menschen."

5.4 Das „schlanke" Unternehmen: Leistungszentren im Verbund

Rationalisierung wird üblicherweise gleichgesetzt mit Personalabbau. Wenn man aber dem Wort auf den Grund geht, erkennt man die Wurzel des Begriffs: Ratio, die Vernunft. Rationalisierung heißt eigentlich, Menschen vernünftig machen, damit sie mehr vermögen und mehr verdienen für das Unternehmen – bei seinem Kunden. Wir brauchen den ganzen Menschen im Büro und in der Fabrik, sein ganzes Know-how, sein „Gewußt-wie". Auch das Gewußt-wie des Kollegen am Band oder am Bankschalter wird benötigt, um den Kunden zufriedenzustellen. Wir brauchen nicht nur die Hand der Mitarbeiter, sondern auch deren Verstand. Wir können nur wettbewerbsfähig werden und bleiben, wenn wir die Menschen vernünftigt machen – und wenn wir dies vernünftig machen. Dafür sind drei Schritte notwendig:

1) Der Übergang von einem starren Stellenaufbau zu einer flexiblen Teamstruktur. Es hat sich nicht nur in japanischen Unternehmen gezeigt, sondern auch in Europa und Amerika, daß die Produktivität der Mitarbeiter drastisch steigt, wenn man die stellenbedingten Schnittstellen aufhebt und Fremdsteuerung durch Manager reduziert. Das Humanvermögen kann durch selbstorganisierende Teams aktiviert werden. Die Kommunikation unter den Beteiligten wird gefördert, und Vorgänge werden ganzheitlich abgeschlossen. So hat das Team – und der Mitarbeiter innerhalb des Teams – die Chance, sich mehr mit einem „Gewerk" zu identifizieren.

2) Zusammenführen von Aktivitäten, Verantwortung und Kompetenzen an die sogenannte Basis, in Teams und selbstverantwortliche Leistungszentren, die wie ein Unternehmen im Unternehmen agieren. Solche Leistungszentren können beispielsweise die Vormontage, Lackiererei, Fertigungsinseln, Geschäftsstellen, Niederlassungen, Service-Centers, aber auch die Datenverarbeitung, die Buchhaltung und der Personalbereich sein. Bei dem Zuschnitt dieser Leistungszentren kommt es darauf an, daß sie ein klares Profil innerhalb der „Dorfgemeinschaft" eines Unternehmens haben. Sie müssen ein klares Leistungsangebot vertreten und verantworten. Nach der Profilierung kommt die Professionalisierung, und danach kann man darüber nachdenken, ob man die Leistungszentren zu Profit-Centers macht. Die Einführung von internen Kunden- und Lieferantenbeziehungen und marktwirtschaftlichen Gestaltungsregeln sind Voraussetzung für den dritten Schritt.

3) Vergrößerung der „Kundenoberfläche", d. h. Vermarkten des Knowhows interner Leistungszentren zu externen Kunden, um den Umsatz für

1. Von der Stelle zum Team

2. Von der Ab-Teilung zum Leistungszentrum

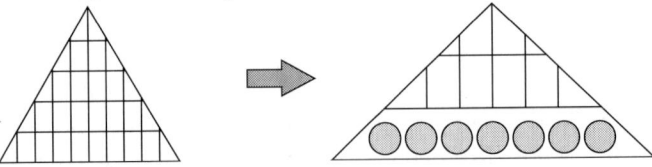

3. Von den indirekten Tätigkeiten zu kundenorientierten Leistungen

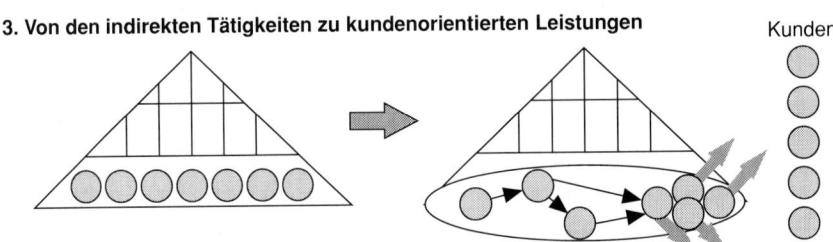

Abb. 9: Drei Schritte zum kundenfreundlichen, flexiblen und schlanken Unternehmen

das Unternehmen zu erhöhen, um bisher „unproduktive" Mitarbeiter zu „produktiven" Mitarbeitern zu machen und die Marktwirtschaft stärker in das Unternehmen hineinzuholen.

Bei der Darstellung eines Unternehmens empfiehlt es sich, auf die klassischen Kästchen und Matrizen zu verzichten, die den „geregelten Betrieb von Amtsgeschäften" (Max Weber) beschreiben. Besser geeignet ist die Darstellung eines Unternehmens als Verbund von Leistungszentren mit ihren definierten Leistungen für ihre externen und internen Kunden. Dabei sollte Wert darauf gelegt werden, die Leistungsbeiträge des einzelnen Mitarbeiters zu der Leistungskette transparent zu machen. So wird es möglich, daß das Management und alle Mitarbeiter das Unternehmen als Ganzes sehen, verstehen und begreifen. Jetzt haben alle das *ganze* Unternehmen im Blickfeld. Die Leistungsprozesse quer durch das Unternehmen bis hin zum Kunden werden erkennbar. Dies fordert und fördert ganzheitliches Denken als Voraussetzung für die längst überfällige Flexibilisierung. Der Blick aufs Ganze hilft der Organisationsentwicklung auf dem Weg zu kundenorientierten, lebenden und lebendigen Organisationen, bei denen alles im Verbund arbeitet und die rechte Hand weiß, was die linke tut.

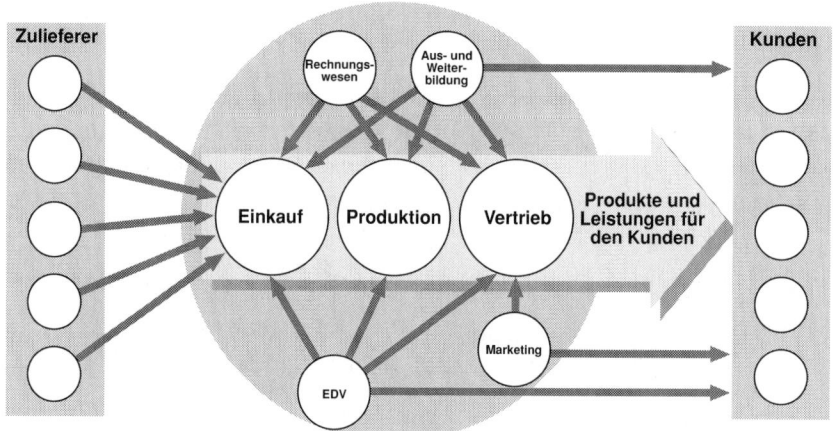

Abb. 10: Das Unternehmen als Verbund von Leistungszentren für externe und interne Kunden

5.5 Das Prinzip Verantwortung: Gezielte Erhöhung der Komplexität

In einer Kommunikationsgesellschaft mit einer Dienstleistungskultur kann man Komplexität nicht mehr durch Zergliederung und Bürokratisierung reduzieren bzw. beherrschbar machen. Die Lösung gelingt nur noch durch gezielte *Erhöhung* der Komplexität in spezialisierten, autonomen und überschaubaren Einheiten: „Small is beautiful". Diese Einheiten arbeiten in eigener Verantwortung unter dem Dach einer gemeinsamen „Unternehmensverfassung" nach wenigen Grundregeln. Alle wirken zusammen für das gemeinsame Ziel, die Lebens- und Überlebensfähigkeit des gesamten Unternehmens. Ein hohes Maß an Handlungsfreiheit und Verantwortung ist die einzige Chance für innovative Unternehmen. Trotz aller Risiken. So hat z. B. ABB entschieden, nach der Fusion 3 500 eigenständige Profit-Centers zu bilden, die am Markt sehr selbständig agieren und bei denen sich die zentralen Konzerndienste ihren unternehmensinternen Markt suchen müssen.

Solche Unternehmen lassen sich bildhaft mit einer Autobahn vergleichen, deren Richtung durch Visionen und gemeinsame Ziele bestimmt wird. Auf dieser Autobahn fahren die Menschen in eigener Verantwortung. Netze bilden sozusagen die Leitplanken, rechts und links. Zum einen das Netz der formellen und informellen Kommunikation zwischen den Menschen – das „Unternehmensklima", und zum anderen das technische Netz auf gemeinsamer Daten- und Informationsbasis.

Das Gespräch zwischen den Menschen, den Mitarbeitern, den Kunden und Lieferanten ist und bleibt allerdings das Wesentliche in der Unternehmens-

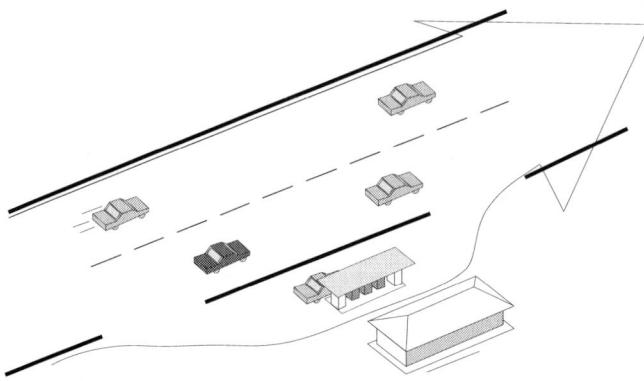

Abb. 11: Das Unternehmen als Autobahn für seine Mitarbeiter

kommunikation. Digitale Netzwerke können und sollen das Klima einer offenen Kommunikation nicht ersetzen, sie können es aber verstärken. Die Führungskräfte sorgen – um im Bild zu bleiben – für die Infrastruktur: Sie betreiben die Tankstellen und Raststätten. Sie geben den Mitarbeitern Orientierungshilfen, indem sie die Unternehmensvision täglich lebendig werden lassen. Sie sind gelegentlich die „gelben Engel" und greifen auch ein, wenn gegen den Paragraphen 1 der „Straßenverkehrsordnung" verstoßen wird.

Organisationen, denen die Verwirklichung dieses Bildes gelingt, werden die Zukunft besser meistern können als solche mit traditionellen Führungskonzeptionen, bei denen der Chef die „Lokomotive" des Abteilungszuges ist, der auf festgelegten Gleisen (Geschäftsverteilungsplan) und nach definiertem Fahrplan (Organigramm) fährt. Denn innovationsfreudige Menschen gehen zu innovativen Firmen, die sich am Markt besser behaupten werden als Unternehmen mit bürokratischen Mitarbeitern.

5.6 Ganzheitlich – Das Zauberwort der 90er Jahre

Viele Hochschulen, Politiker und Unternehmen fordern, viele Menschen suchen

> ganzheitliches Denken,
>
> ganzheitliche Politik,
>
> ganzheitliche Medizin,
>
> ganzheitliches Management,
>
> ganzheitliche Unternehmensführung.

Das Top-Management der Unternehmen sucht Visionen. Gefühle, Intuition und die rechte Gehirnhälfte werden wiederentdeckt. Asiatische Kulturen werden als neue Heilslehren gelobt. Die bestehende Disharmonie von Ökonomie und Ökologie und die Überbetonung der sogenannten männlichen Eigenschaften werden als Problem erkannt. Die Dominanz von *Yang*, d. h. rational, analytisch, wettbewerbsorientiert, aggressiv und fordernd, wird allmählich verringert gegenüber den weiblichen Eigenschaften *Yin*, d. h. intuitiv, nach Synthese strebend, kooperativ, konsensorientiert und bewahrend.

Geschieht diese Suche nach dem Ganzen – auch dem ganzen Menschen – aus der Erkenntnis, daß wir am Ende des mechanistischen Weltbildes von Newton und Descartes angelangt sind? In dem nur das gilt, was meßbar, logisch, rational begründbar, exakt und „wissenschaftlich beweisbar" ist. In dem alles, die Erde, die Natur, selbst der Mensch und auch soziale Systeme, z. B. Unternehmen und Märkte, als berechenbare und lenkbare Maschinen gesehen werden, als Objekte, die man beobachten, messen und studieren kann.

Oder sucht man das Heil in Konvergenztheorien von westlicher Wissenschaft und asiatischer Philosophie, weil die sogenannten exakten Wissenschaften, wie z. B. die Physik, immer weniger exakt werden? In der Newtonschen Physik gab es noch eindeutig richtig oder falsch, heute gilt „sowohl als auch": sowohl Welle als auch Korpuskel, sowohl Energie als auch Materie. Ein Teilchen hat keinen festen Platz mehr, es ist nur noch statistisch mit einer bestimmten Wahrscheinlichkeit an einem Ort anzutreffen. Raum und Zeit sind nicht statisch: „Alles fließt, nichts besteht" (Heraklit). Das Universum befindet sich in einem Prozeß des dauernden Fließens und des stetigen Wandels, den die Chinesen *Tao*, den Weg nannten. Einstein, Heisenberg und Capra mit seinen Büchern „Das Tao der Physik" und „Wendezeit" seien hier als beispielhaft für Physiker benannt, die das Ende ihrer exakten Wissenschaft und die Grenzen des linearen Denkens deutlich gemacht haben.

Oder geschieht dies, weil bei uns die ganzheitliche Medizin asiatischen Ursprungs der Schulmedizin zunehmend den Rang abläuft? Denn die sogenannte wissenschaftliche Medizin sieht vor lauter Spezialisierung den Menschen nicht mehr als Ganzes, nicht mehr die Wirkzusammenhänge der verschiedenen Organe und nicht mehr die Einheit von Psyche und Körper.

Oder erkennt man, daß der asiatische Wirtschaftsraum die „alten" Industrienationen, allen voran die USA, zu überrollen droht?

5.7 Die zweite Aufklärung

Basis der Kommunikationsgesellschaft und einer selbstbewußten Metamorphose der Unternehmen ist die Vision des mündigen Menschen. Die wachsende Freizügigkeit der Informationen ermöglicht Freiheit und Mündigkeit, verpflichtet aber auch zur Verantwortung und Mündigkeit. Die modernen Informations- und Kommunikationssysteme bewirken heute und besonders in der Zukunft eine „zweite Aufklärung".

Die erste Aufklärung hat die Welt entmystifiziert, die Natur verständlich, mit dem Verstand begreifbar und erklärbar gemacht. Logik und Verstand rückten in den Vordergrund. „Cogito, ergo sum!" bestimmte die folgenden 200 Jahre. 1784 formulierte Immanuel Kant die Errungenschaften der Aufklärung: „Sie ist der Ausgang des Menschen aus seiner selbstverschuldeten Unmündigkeit. Unmündigkeit ist das Unvermögen, sich seines Verstandes ohne Leitung eines anderen zu bedienen. Selbstverschuldet ist diese Unmündigkeit, weil die Ursache desselben nicht an Mangel des Verstandes, sondern des Mutes liegt, sich seiner ohne Leitung eines anderen zu bedienen. Sapere audi! Habe Mut, dich deines eigenen Verstandes zu bedienen, ist also der Wahlspruch der Aufklärung."

In der heutigen Zeit, die ich als „zweite Aufklärung" bezeichnen möchte, muß man den Menschen Mut machen, sich nicht nur ihres Verstandes, sondern auch ihres Gefühls und ihrer Intuition zu bedienen und sich ihrer nicht zu schämen. Denn beides zusammen macht erst den *ganzen* Menschen aus, nicht nur im Privatleben, sondern auch im Beruf.

Hatte die erste Aufklärung die Natur, den Menschen und die Gesellschaft wissenschaftlich, d. h. naturwissenschaftlich und mechanistisch erklärt und oft als Maschinen behandelt, führt die „zweite Aufklärung" zu ganzheitlichem Begreifen globaler Natur- und Wirtschaftszusammenhänge. Unternehmensprozesse, das Unternehmen und auch der Mensch selbst werden jetzt langsam als Ganzes nicht nur verstanden, sondern auch erlebt und gefühlt. Das Pendel schlägt zurück. Der Mensch ist nicht nur Verstand und die Natur nicht nur Maschine. Ordnung ist nur das halbe Leben. Chaos ist natürlich bei lebendigen Systemen. Die Grundideen des Taoismus, das „Sowohl-Als-auch", der Gleichrang und Gleichklang von *Yin* und *Yang* und die Harmonie von Verstand und Gefühl, von Ratio und Emotio werden heute wiederentdeckt. Diese Renaissance ist die Lebens- und Überlebensvoraussetzung auch für soziale Systeme wie unsere Unternehmen.

Wollen Sie – der Kunde – nicht auch als *ganzer* Mensch geschätzt werden und nicht nur als Abnehmer von Produkten, als Teil der Zielgruppe einer Marketingkampagne oder als Objekt der Reklame?

Gehen Sie nicht gerne in das Restaurant, in das Hotel, wo Sie zuvorkommend als Gast behandelt werden, wo man Ihnen Ihre Wünsche vom Gesicht abliest, wo man Sie mit Ihrem Namen anredet, wo Sie schnell und gut bedient werden? Wo Sie ein gutes Betriebsklima spüren? Wo sich auch die Mitarbeiter wohlfühlen? Spielt dann der Preis noch die ausschlaggebende Rolle, wenn Sie abends einen Tisch reservieren? Und gilt dies nicht auch für die Geschäfte, in denen Sie einkaufen, für die Bankfiliale, der Sie Ihre Finanzangelegenheiten anvertrauen, für das Reisebüro, in dem Sie Ihre Urlaubsreise buchen? Ich bin sicher, dort, wo Sie sich wohlfühlen, fühlen sich auch die Angestellten wohl. Dort ist der Chef kein Diktator, er gibt seinen Mitarbeitern Freiräume. Er mag Menschen – seine Mitarbeiter und Sie als Kunde. Bei ihm sind Sie keine Nummer, er begrüßt Sie mit Ihrem Namen. Denn er weiß, nur von Ihnen läßt sich der Sinn seines Unternehmens ableiten. Auch für die Mitarbeiter, die das Unternehmen ausmachen, sind *Sie* der Sinn ihrer Tätigkeit.

6. Gesellschaftliche und soziale Innovation – Schrittmacher der Zukunft

> Ein Unternehmen ist kein Zustand,
> sondern ein Prozeß.
>
> Ludwig Bölkow, ehemaliger Vorsitzender der Geschäftsführung
> der Messerschmidt-Bölkow-Blohm GmbH, Grünwald

6.1 Soziale Innovation vor technischer Innovation

In der heutigen Kommunikationsgesellschaft gilt das Primat des Menschen vor Produkten. Nicht mehr die Technik ist der dominierende Wettbewerbsfaktor, sondern der Mensch. Nicht mehr innovative Produkte und Verfahren, sondern innovative Menschen und innovationsfördernde Strukturen und Führungskulturen entscheiden über Erfolg und Mißerfolg des Unternehmens. Für Innovation ist nicht mehr die Forschungs- und Entwicklungsabteilung alleine zuständig. Die Unternehmensleitung und das Management sind für ein innovationsfreundliches Unternehmensklima verantwortlich. Soziale Innovation dominiert in der Kommunikationsgesellschaft vor der technischen Innovation.

6.2 Produkte läßt man sterben

Jeder kennt den für Produkte üblichen Lebenszyklus. Wenn ein Unternehmen nur *ein* Produkt entwickeln und verkaufen würde, wäre dieser Kurvenverlauf auch kennzeichnend für das ganze Unternehmen.

Je nach Verlauf der Folgekosten würde es früher oder später in Konkurs gehen oder vom Markt verschwinden – wie sein Produkt. Deshalb entwickelt das Management neue Technologien, neue Fertigungsverfahren, Vertriebswege und natürlich neue Produkte – die alten läßt man sterben.

Das Unternehmen entwickelt sich, grob gesagt, wie die Summe seiner Produkte. Je nach Geschick des Managements, den Bedürfnissen des Marktes

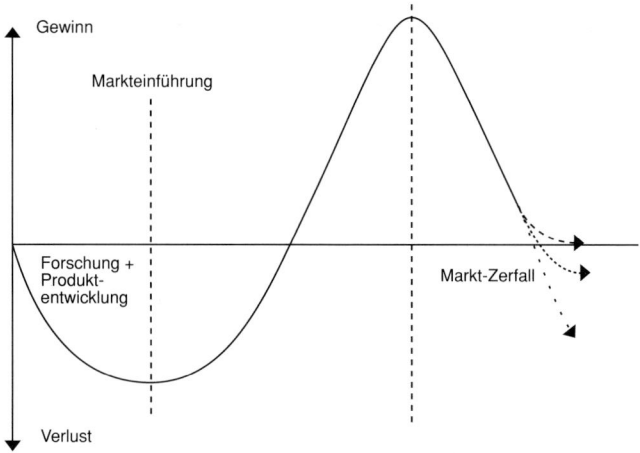

Abb. 12: Die Cash-flow-Kurve eines Produktes

und dem Ungeschick der Konkurrenz ergibt sich aus der Innovationsgeschwindigkeit attraktiver Produkte eine stetig wachsende, eine stabile stagnierende oder eine sterbende Entwicklung des Unternehmens.

6.3 Alte Karriere: Aufstieg in die Perspektivlosigkeit?

Welche Konsequenzen leiten sich aus dem Wandel von der Industrie- in die Kommunikationsgesellschaft ab? Wenn nicht mehr die Produkte die Wertschöpfung erbringen, sondern die *Menschen*? Und wenn dies in einer sich dynamisch, z. T. hektisch verändernden Technologie-, Kunden- und Marktsituation geschieht.

Man kann nicht dauernd „neue Menschen entwickeln", passend für jede neue Markterfordernis, für jede neue Problemsituation im Reisebüro, bei der Bank, in der Versicherung oder beim Steuerberater, im Verkaufsgespräch oder bei der Unternehmensberatung. Man kann nicht für jedes neue Produkt neue Wartungstechniker sozusagen mitliefern. Die Mitarbeiter müßte man wegen der schnellen Innovationszyklen schnell einstellen und auch schnell wieder entlassen. Oder man müßte sie schon mit 40 in Pension schicken, sozusagen von der Universität gleich in die Rente. Diese Gedanken sind zwar wirtschaftlich nicht sehr sinnvoll. Sie entsprechen aber den „normalen" Vorstellungen vieler Manager, Gewerkschaften und sogar der traditionellen Bildungseinrichtungen. Der junge Mensch wird für *einen* Beruf qualifiziert und ausgebildet. Mit Brief und Siegel hat er dann die Befähigung für bestimmte Arbeitsplätze erlangt. Er empfindet jetzt sein Recht und sieht die Wirtschaft und den Staat in der Verpflichtung, eine solche Position auch zu bekommen. Ist er dann Inhaber einer Stelle geworden, will oder muß er Karriere machen. Er selbst und häufig auch sein privates Umfeld möchten ihn auch möglichst schnell „oben" sehen – mit vielen Menschen unter sich.

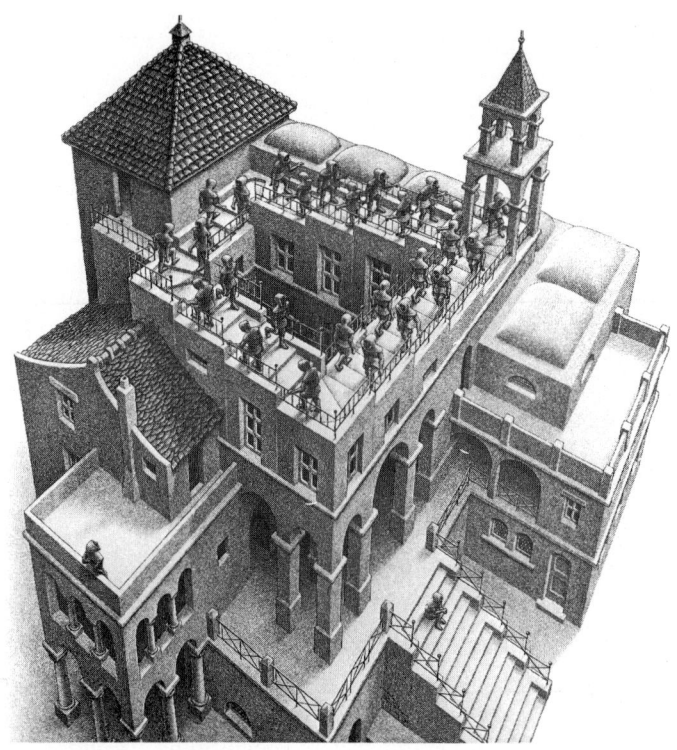

Abb. 13: Die „Karriereleiter" von Escher (Ausschnitt)

Um dieses zu erreichen, darf er sich keine Fehler erlauben. Nur keine Experimente, im richtigen Augenblick dem Chef vom Chef auffallen – natürlich positiv und besser als die Kollegen, die internen Konkurrenten. Dann ist die Beförderung sicher. Die Ergebnisse dieser „Schornsteinkarrieren" kennt jeder:

– Menschen, die „oben" sind, aber nichts mehr überblicken, weil sie ja nur ihren Bereich, ihre Sparte, ihr Werk, ihren Kundenkreis kennen, und das seit 25 Jahren. Deren Gesichtskreis sich in ihrem Schornstein verengt.

- Die Menschen, die „aufgestiegen" sind: in die Isolation, in die Angst, in die Unfähigkeit und in die Perspektivlosigkeit.

- Menschen, die bis zur Inkompetenz befördert wurden und keinen Boden mehr unter den Füßen haben. Die neue Aufgaben ablehnen, weil sie dazu „von ihrer Leiter herunterklettern" müßten. So versagen viele gute Fachleute als Führungskräfte. Sie finden den Weg auch nicht mehr zu neuen Fachaufgaben zurück, weil sie dann nicht mehr im Organigramm auftauchen würden, keine Personalverantwortung und weniger Statussymbole hätten.

- Menschen, die Angst vor jeder Änderung, allem Neuen haben. Die nichts mehr unternehmen, nur noch unterlassen. Denn gemachte Fehler werden bestraft, nicht gemachte Fehler aber nicht.

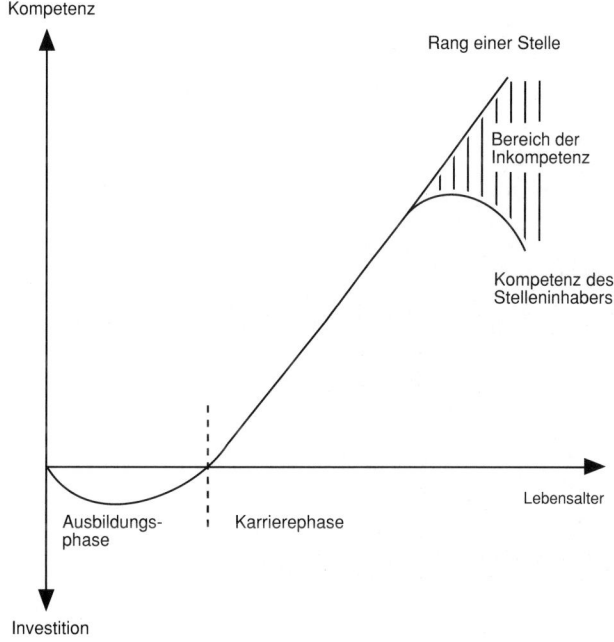

Abb. 14: Der alte Karrierebegriff führt zur Diskrepanz zwischen dem formalen Rang einer Stelle und der persönlichen Kompetenz des Stelleninhabers

Die Folgen dieser traditionellen Karrierevorstellung zeigen Parallelen zu dem Produktlebenszyklus.

Starke Arbeitsteilung, enges Spezialistentum und die Fehlleitung von Menschen durch einen Karrierebegriff mit Laufbahnen und Diensträngen wie bei der Behörde oder im Militär (Karriere: franz. Laufbahn) führte in der Industriegesellschaft zu Starrheit, Konkurrenzdenken, Engstirnigkeit, Angst und zu mangelnder fachlicher und persönlicher Flexibilität. Die Folgen sind als Karriereknick, Beförderung bis zur Inkompetenz und Midlife-Crisis hinlänglich bekannt.

6.4 Die neue Karriere: lebenslange Lern- und Wandeljahre

Was einige innovative Unternehmen begonnen haben, müssen besonders alle dienstleistungs- und kommunikationsorientierten Unternehmen, bei denen nur die Menschen die Quelle der Wertschöpfung sind, als Überlebensstrategie forcieren:

– Den Menschen den Mut und die Möglichkeit zum lebenslangen Lernen und Umlernen geben.

– Die fachliche und persönliche Kompetenzentwicklung fördern, insbesondere Kreativität, Initiative, Lernfähigkeit und den Mut zu Neuem.

– Die Menschen neu-gierig machen. Als „rerum novarum cupidus" – gierig nach Neuem – hat ein römischer Dichter den Menschen beschrieben.

Wenn ein Unternehmen seine Mitarbeiter „rerum novarum cupidus" macht, braucht es um seine Zukunft nicht zu bangen. Aber dann darf Karriere auch nicht Aufstieg auf einer fiktiven Leiter bedeuten, sondern sie muß Kompetenzentwicklung sein, das heißt Erweiterung der fachlichen, methodischen, sozialen Kompetenz und der Persönlichkeitskompetenz.

Diese Kompetenzen werden allerdings nicht „von oben" verliehen wie Beförderungen und Titel in den Hierarchien der Industriekultur. Sie müssen erarbeitet werden durch kontinuierliche Verbreiterung der Wissensbasis, den Aufbau eines großen Erfahrungsschatzes, das Knüpfen vieler Kommunikationsbeziehungen zum Austausch von Informationen und natürlich lebenslanges Lernen. Die Lehr- und Wanderjahre der Handwerksgesellen sind heute die „Lern- und Wandeljahre". Aber sie dauern jetzt ein Leben lang. Man hat nicht *einen* Beruf. Man wird während seines Lebens in 3–5 Berufen tätig. So werden die Menschen und auch ihre Unternehmen nicht hilflos dem Gesetz der Evolution unterworfen. Sie sind zur selbst-bewußten und zielgerichteten Metamorphose fähig, zur sozialen Innovation.

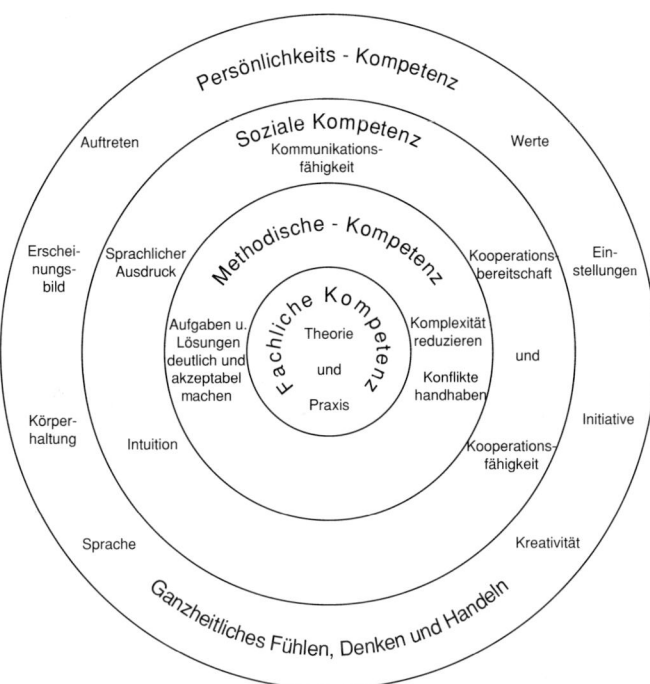

Abb. 15: Die Kompetenzkreise: Das Ganze nennt man Bildung

Die „Sägezahn-Entwicklung", die wir von Unternehmen mit einer optimalen Produktinnovation kennen, muß in der Dienstleistungs- und Kommunikationsgesellschaft *jeder* Mitarbeiter durchlaufen. D. h. neue Dienstleistungen werden nicht von neuen Mitarbeitern erbracht. Hier gilt nicht das in der Industriekultur so bewährte Prinzip: „Hire and fire". Sondern alle Menschen müssen neue Aufgaben, Themen und Dienstleistungen lernen und lernen wollen.

Sie betreten dauernd Neuland und übernehmen in wechselnden Teams neue Aufgaben. Dazu muß das Unternehmen in Schulung und Einarbeitung investieren. Und der Mitarbeiter muß bereit und fähig sein, sich schnell in ungewohntem Umfeld zurechtzufinden und auch Fehler zu riskieren, um Erfahrungen zu machen. Dazu gehört auch, keine Angst vor Veränderung zu haben, sondern die Veränderung als das einzig Stabile anzuerkennen und die Chancen zu sehen, die in jeder Umgestaltung liegen. So erreicht man die Fähigkeit zur Mündigkeit und auch das Recht auf Mündigkeit.

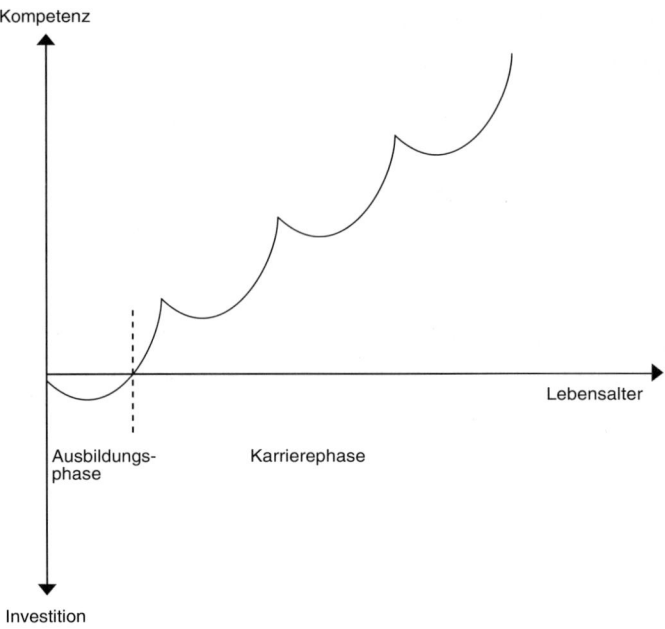

Abb. 16: Der neue Karrierebegriff: bewußte und zielgerichtete Metamorphose

6.5 Karriere heißt Kompetenz und Ansehen erlangen

In diesen innovativen Unternehmen zählen dann nicht mehr der hierarchische Rang und der Wert einer Stelle, nicht das Durchsetzungsvermögen, sondern die Teamfähigkeit und Zielstrebigkeit auf ein gemeinsames Ergebnis hin. Karriere bedeutet dann nicht mehr, auf symbolischen Leitern hochzuklettern, auch nicht äußere Rangabzeichen wie beim Militär zu erreichen oder Quasi-Rangabzeichen wie einen Schreibtisch mit Holzplatte, einen Stuhl mit Armlehne, ein Büro mit zwei Fenstern oder ein Büro mit Sekretärin im Vorzimmer. Karriere bedeutet auch nicht mehr, zehn, zwanzig oder hundert Mitarbeiter „unter sich zu haben". Karriere heißt Kompetenz und Ansehen erlangen:

– Man fragt Sie!

– Man holt Ihren Rat!

- Man gibt Ihnen Informationen!
- Man läßt Ihnen viel Spielraum!
- Man weiß, daß Sie etwas bewegen, und man läßt Sie etwas bewegen!

Kurz, Ihre Dienstleistung ist gefragt, bei Kollegen, bei Führungskräften und bei Kunden – nicht wegen Ihres Ranges, sondern wegen Ihrer Kompetenz und Ihrer Persönlichkeit.

Karriere wird sicher nicht erreicht, indem man eine Ausbildung macht und danach nur noch sein Wissen verwaltet. Die nötigen Fähigkeiten erlangt man nur durch ständig neue Erfahrungen, durch Experimentieren und durch die Bereitschaft, Verantwortung zu übernehmen. Ausgebildet wird man in der Schule; gebildet wird man im Leben.

6.6 Erfolgsfaktoren für soziale Innovation

Die Chefs von Dienstleistungs- und Know-how-Unternehmen sind nicht nur dem Kapitalgeber gegenüber verpflichtet, mit dem Finanzkapital sorgsam zu wirtschaften und es zu entwickeln. Sie sind auch gegenüber den Mitarbeitern, den neuen „Machthabern", verpflichtet, das Humanvermögen wachsen zu lassen. Die Geschäftsleitung ist dafür verantwortlich, daß das Unternehmen als Organismus, als lebendiges Wesen eine bewußte und zielgerichtete Metamorphose, eine stetige Verwandlung erlebt. So kann es auch im turbulenten Umfeld überleben, Entwicklungsprozesse kommen in Gang und werden erleichtert, und das Unternehmen bleibt lebendig. Die Entwicklung des Unternehmens ist dann mindestens die Summe der Kompetenzentwicklungen der einzelnen Mitarbeiter. Deshalb muß die Unternehmensleitung dafür sorgen, daß die Mitarbeiter wertvoller werden. So kann das Unternehmen für Kunden mehr wert sein. Dazu müssen Rahmenbedingungen geschaffen und erhalten werden, die

- *Kompetenzentwicklung* der Mitarbeiter ermöglichen,
- *Kommunikation* zwischen allen Beteiligten erleichtern und
- *Kooperation* statt Konfrontation fördern.

Aber wie erreicht man dies bei lebendigen Systemen, die letztlich nicht determinierbar sind wie Maschinen, deren Wirkzusammenhänge nicht völlig durchschaubar und nicht steuerbar oder lenkbar sind? Maschinen sind

Abb. 17: Das Netz der sozialen Innovation

manchmal sehr kompliziert, aber sie sind in ihrem Verhalten vorhersehbar. Lebende Organismen und auch die Unternehmen der Kommunikationsgesellschaft sind jedoch komplex. Sie entziehen sich dem einfachen Ursache-Wirkungs-Denken, weil sie in ständiger Veränderung begriffen sind, selbststeuernd, kreativ und spontan.

Will man solche Systeme beeinflussen, so muß man die üblichen Vorstellungen von Macht und Kontrolle über Bord werfen. Man muß sich bewußt werden, daß nicht Gebäude, Werkshallen oder Maschinen das Kapital des Unternehmens sind, sondern die Menschen. Man muß versuchen, die fünf Grundelemente sozialer Innovation in die Tat umzusetzen, um „kreatives Chaos" zu unterstützen und doch auf Kurs zu halten.

Organisationen als Netzwerke

Ein Unternehmen als lebendiger, bewußter Organismus braucht keine exakten „Baupläne" wie bei einer Maschine, keine Stellenbeschreibungen, keine umfassenden Regelwerke und keine starren Strukturen. Es benötigt aber organisatorische *Netzwerke* für die Kommunikation, die Zusammenarbeit und das dynamische Gleichgewicht sowie einige Spielregeln für echte Arbeitsteilung. Hier haben sich Projektstrukturen statt Abteilungsstrukturen bewährt. Und das Zusammenarbeiten auf Basis von marktwirtschaftlichen Verträgen zwischen Zentralbereichen und Außenstellen, die in voller Verantwortlichkeit arbeiten. Beispiele wie ABB, Endenburg und Ploenzke werden in diesem Buch beschrieben.

Unternehmensverfassung und Regelkreise

In innovationsfördernden Unternehmen sind Regelkreise und Rückkopplungsmöglichkeiten eingeführt. Sie sind sogenannte offene Systeme. Sie werden lebendig gehalten durch ein offenes Unternehmensklima, bei dem Vertrauen vor Kontrolle und Verantwortlichkeit vor Zuständigkeit gehen. Eine „Unternehmensverfassung" im Sinne von Unternehmens-, Führungs- und Verhaltensgrundsätzen bilden einen Ehrenkodex, an dem sich Denken, Handeln und Fühlen aller Mitarbeiter, auch der Führungskräfte, im Unternehmen ausrichten. Sie ersetzt umfangreiche und starre Regelwerke.

Vernetztes Führen mit Visionen

Der Mensch und das Unternehmen als selbstbewußte soziale Organismen müssen nicht zwangsläufig dem „Trial-and-Error-Prinzip" blind folgen. Im Gegensatz zu Tieren und Pflanzen, zu Schwärmen und Tierstaaten können sie frei, bewußt und in Verantwortung entscheiden und handeln, etwas unternehmen. Sie können die Folgen ihres Handelns im vorhinein einschätzen, manchmal sogar abschätzen. Vorausgesetzt, sie sind in der Lage, ganzheitlich zu denken, handeln und fühlen. Und sie sind ausreichend erfahren, haben den nötigen Weit-Blick, Über-Blick und das Gespür für das vernetzte Ganze, das durch ihr Handeln in Bewegung gerät: Bei ihnen selbst, ihren Kollegen, ihren Kunden, in ihrem Unternehmen, am Markt und in der Umwelt. Menschen und Unternehmen sind fähig und verpflichtet zum verantwortlichen Handeln, zum zukunftsorientierten Wandel und zur bewußten Metamorphose – und nicht nur zur blinden Evolution.

Dazu kann man sie aber nicht wie in der Industriekultur mit Geld motivieren, sondern in erster Linie durch Begeisterung, Gefühl, Glaubwürdigkeit und Visionen. Nur so kann man etwas bewegen und in Bewegung halten, nicht wie ein Maschinist, sondern wie ein Trainer, ein Coach, der es schafft, seiner Mannschaft Erfolgserlebnisse zu vermitteln, der dann erfolgreich ist, wenn sein Team Erfolg hat. Er macht sich überflüssig! „Nur der ist ein guter Führer, von dem man am Ziel sagt: Wozu haben wir ihn eigentlich gebraucht?" (Lao-tse)

Die neue Karriere: Der Weg ist das Ziel

Unternehmen der Dienstleistungs- und Kommunikationsgesellschaft werden nur erfolgreich sein, wenn sie Abstand nehmen von traditionellen Karrierebildern und der Vorstellung, daß Führen mehr wert ist als Ausführen. Gerade dieser Satz gilt ja bei Dienstleistungsunternehmen nicht mehr, da die Ausführenden die einzige Quelle der Wertschöpfung sind. Innovative Karrierekonzepte versuchen deshalb, Gleichrangigkeit von Fach- und Führungsaufgaben zu erreichen und die individuelle Entwicklungs- und Lebensplanung der Mitarbeiter in den Vordergrund zu stellen. Leistung und Wert des Mitarbeiters für seine Kunden, Kollegen und das Unternehmen werden nicht nach scheinobjektiven Kriterien gemessen. Es wird nicht die Stelle bewertet und bezahlt, sondern die individuelle Person. Schon Protagoras sagte: „Der Mensch ist das Maß aller Dinge." Die Einschätzung geschieht durch die Führungskräfte subjektiv unter Berücksichtigung und Bewertung der gesamten Persönlichkeit. Dabei sollte die Bezahlung einerseits eine Honorierung der individuellen Fähigkeiten und Erfahrungen enthalten und andererseits eine finanzielle Beteiligung am Erfolg, nicht nur an dem eigenen, sondern an dem des gesamten Teams. (Siehe „Personalentwicklung mit Perspektive" in diesem Buch.) Wer viel und vielen dient, soll auch viel verdienen!

Der Mensch als „Lebensunternehmer"

Durch die wachsende De-Industrialisierung unserer Gesellschaft rückt der Mitarbeiter in das Zentrum allen Bemühens. Von ihm hängt das Wohl und Wehe des Unternehmens ab. Der Mitarbeiter ist nicht mehr im traditionellen Sinne ein Arbeitnehmer. Er ist eigentlich Arbeitgeber. Er gibt seine Arbeit, seine Leistung, seine Dienstleistung dem Kunden. Das Leitbild für den Mitarbeiter in der Kommunikationsgesellschaft ist das eines kommunikativen, selbstbewußten, ganzheitlich orientierten, mündigen Menschen, der sein Leben und sein Umfeld aktiv gestaltet. Der sich fachlich und persönlich weiterentwickeln will – im Verbund mit anderen Menschen. Der sich als Teil eines bewußten Organismus sieht und sich sowohl für seine eigene als auch für die Gesamtentwicklung verantwortlich fühlt. In diesem Sinne hat jeder Personalverantwortung – und zwar für sich selbst!

Jeder hat etwas zu sagen, wenn er wirklich etwas zu sagen hat. Man hat allerdings nur etwas zu sagen, wenn man etwas weiß oder kann, wenn man welche kennt, die etwas wissen oder können, wenn man etwas überblickt. Überblick bekommt man aber nicht, indem man auf die Karriereleiter steigt, sondern indem man sich bildet, indem man etwas erfährt. Reisen bildet – auch das Reisen im eigenen Unternehmen!

Es gilt, Menschen zu begegnen, mit ihnen zu kommunizieren, Netzwerke zu knüpfen, Unternehmensprozesse als Ganzes zu begreifen (im wahrsten Sinne des Wortes) und natürlich Stimmungen und Strömungen zu spüren. Iacocca propagierte „Management by walking around". Dics gilt nicht nur für die Manager, sondern für *alle* Mitarbeiter. In einem Dienstleistungs- oder Know-how-Unternehmen sitzen die Menschen nicht auf einem festen Arbeitsplatz in der Fabrik oder im Büro. Das Unternehmen ist für die Mitarbeiter da, denn sie *sind* das Unternehmen. Und wenn sie sich gut entwickeln, wird sich auch das Unternehmen gut entwickeln. Denn für die Menschen und Unternehmen gilt:

Das ganze Leben sind Lern- und Wandeljahre in unserem globalen Dorf.

7. Barrieren der Kulturrevolution

>Wenn Sie ganz zufrieden sind,
>dann ist es Zeit,
>den Sargdeckel zuzumachen.
>
>Prof. Rolf Sammet,
>Vorsitzender des Vorstandes
>der Hoechst AG, Frankfurt a. M.

7.1 Die Feudalstrukturen in den Unternehmen

Warum dominieren bei uns manchmal noch die Feudalstrukturen der Industriekultur, die unsere Umwelt zerstört mit ihren autoritären Managern, die auch das Humanvermögen vernichten? Warum sieht man die Mitarbeiter immer noch als Untergebene an? Warum haben so wenige Manager den Mut, ein Unternehmensbild zu entwerfen und auch zu realisieren wie es die Firma Franz Haniel & Cie. GmbH, Duisburg, in einer Image-Anzeige vom 12.12. 1990 formuliert hat: „Immer mehr Unternehmern wird klar, daß es in unseren Zeiten Wichtigeres zu tun gibt, als Hierarchien zu stabilisieren und Erbhöfe zu sichern. Statt dessen zerbrechen sich immer mehr kompetente Leute den Kopf darüber, wie man Innovationen forcieren kann, wie man die Widersprüche der Märkte beherrscht, wie man das immer höher schwappende

Informationsangebot bändigt und nutzt, wie man möglichst viele Mitarbeiter an diesen unterschiedlichen Prozessen beteiligt und nicht zuletzt, wie man anregende Visionen schafft und Möglichkeiten, daraus die betriebliche Wirklichkeit von morgen zu machen und so die guten Leute an sich zu binden. Folgerichtig haben wir Haniel eine dezentrale Organisation gegeben. Sie ermöglicht Selbständigkeit und Spezialisierungen, also eine Vielzahl von individuellen Nischen. Sie fördert Unternehmertum für die Mitarbeiter, denn sie bietet Raum für Eigendynamik, für eigene Ideen, für innovative Versuche. Sie ist gedacht für Mitarbeiter, die Arbeit nicht nur als Broterwerb verstehen – aber auch nicht als brotlose Kunst."

Welche Barrieren hindern die Umsetzung solcher Konzepte? Ich glaube, gegen die so notwendige soziale Innovation existieren noch vier starke Kräfte:

7.2 Die Doppelrolle der Hierarchie

Hierarchische Strukturen wurden eigentlich nur entwickelt, um Informationen zu transportieren und komplizierte Gebilde wie Behörden-Apparate, Militär-Maschinerie oder Industrie-Produktion zu steuern. Unglücklicherweise wurde und wird der Aufstieg auf der Hierarchieleiter als sozialer Aufstieg, als Lebens-Karriere angesehen. Sichtbare Rangabzeichen und Titel sicherten Ansehen und Sozialprestige und führten zur gigantischen Fehlsteuerung von menschlicher Energie und zum nutzlosen Aufblähen von Institutionen.

Das Establishment im Management wehrt sich heute mit aller Kraft gegen ein Abflachen der Strukturen, obwohl moderne Informations- und Kommunikationstechnik den Informationstransport ohne viele Hierarchiestufen ermöglichen.

7.3 Das klassische Karrierebild

Solange der Mensch Angst davor hat, auf dem Tennisplatz zu sagen, daß er nicht fünfzig Mitarbeiter „unter sich hat", sondern daß er „nur" Berater ist, der sein Wissen weitergibt, anderen hilft oder sie schult, solange er sich nicht traut, seiner Frau zu sagen, daß er im neuen Projekt nicht der Leiter, sondern „nur" Mitarbeiter ist, solange die Übernahme von Fachaufgaben mit sozialem Abstieg gleichgestellt wird, solange hat sich die Macht des Know-hows, die Macht des Beraters und der Wert eines einzelnen Menschen noch nicht herumgesprochen. Aber das wird sich ändern. Denn in der Kommunikationsgesellschaft hat nur der etwas zu sagen, der wirklich etwas zu sagen hat. Dazu müssen in den Unternehmen noch attraktive fachliche Karrierekonzepte entwickelt und gelebt werden. Neue Karrieren braucht das Land!

7.4 Die Gewerkschaften und Betriebsräte

Solange Gewerkschaften und Betriebsräte auf starren Stellenplänen, Laufbahnsystemen und Gehaltsstrukturen als Macht- und Mitbestimmungsinstrumente beharren, werden Unternehmen erst zu starren und dann zu toten Institutionen. Wie Maschinen, die sich abnutzen und die man verschrottet, wenn sie veraltet und unrentabel sind, werden diese Unternehmen der Industriekultur verschrottet. Allerdings mit den gesamten Arbeitsplätzen, die in dieser Maschine fest eingebaut sind.

Die Arbeiter und noch mehr die Angestellten spüren dieses Problem auch und stimmen bei den Gewerkschaften schon „mit den Füßen" ab. In einem Arbeitspapier zur programmatischen und strukturellen Erneuerung der Gewerkschaft Handel, Banken und Versicherung (HBV) vom September 1990 wird schon erkannt, daß man zu lange an der „tarifpolitischen Fiktion" normaler Arbeitsverhältnisse festgehalten habe, obwohl sich die Interessenlage großer Teile der Beschäftigten längst in Richtung Flexibilisierung und Individualisierung entwickelt hat. Die Angst der Gewerkschaften vor der Individualität der Beschäftigten sei vergleichbar mit der Angst des Torwarts vor dem Elfmeter. Wörtlich heißt es: „Beherztes Zugehen auf den Schützen bringt oft mehr Erfolg als Verkriechen hinter der Torlinie oder gar das Verschließen der Augen vor dem heranahenden Schuß." Dazu müssen aber liebgewordene Vorstellungen über die Mit-Bestimmung bei der Besetzung und Bewertung von exakt beschriebenen Stellen in einer Unternehmens-Maschinerie nach schein-objektiven Kriterien über Bord geworfen werden. Im Mittelpunkt steht jetzt Mit-Gestalten und Mit-Verantwortung von Regelkreisen in einem lebendigen sozialen Organismus, der sich bewußt und flexibel weiterentwickeln kann. Dies wird aber nur dadurch gelingen, daß sich jeder individuell in Richtung des gemeinsamen Ziels entwickeln kann, aber auch muß.

7.5 Die (Nicht-)Bewertung des Humanvermögens

Die Menschenverachtung vieler Unternehmen und Institutionen (lat.: Anordnung, Einrichtung) spiegelt sich nicht nur darin wider, daß der Mensch als Baustein der Hierarchiepyramide gesehen wird. Die Führungspositionen werden ja häufig danach bezahlt, wie viele Leute sie unter sich haben. Der Headcount bestimmt das Gehalt. Sie zeigt sich auch darin, daß in der Bilanz der Mensch kein Vermögenswert ist, sondern nur ein Kostenfaktor in der Gewinn- und Verlustrechnung. Ebenso wie man Innovation nur als technische, technologische bzw. Produktinnovation versteht und noch nicht als soziale Innovation, spielen bei der Bewertung von Unternehmen nur die sogenannten harten Fakten und harten Faktoren eine Rolle. Es fehlt fast völlig ein Verständnis für Human-Vermögen, Wert des Know-hows (mit Ausnahme von Patenten) und andere weiche Faktoren. Welcher Wirtschaftsprüfer schätzt schon den Wert eines offenen Unternehmensklimas, einer innovationsfördernden Netzwerk- oder Projektorganisation und die Bedeutung kommunikationsfreundlicher Führungskräfte? Neben der Finanz-Bilanz fehlt die Human-Bilanz. Aber das Unternehmenskapital der Zukunft sind weniger Sach- und Anlagevermögen – es sind die Menschen!

7.6 Der Mensch, der als Unikat geboren wird und zu oft als Kopie stirbt

Fragt man die jungen Menschen, warum sie sich für ein Unternehmen entscheiden, so stehen als Gründe ganz oben: interessante Aufgaben, Gestaltungsmöglichkeiten und Spielraum (Raum zum Spielen!). Der Wunsch nach Freiheit, Mitgestaltung und Sich-Verwirklichen-Können wird immer größer.

Aber manchmal fehlen dann im täglichen Arbeitsleben doch der Mut und auch die Bereitschaft, Verantwortung zu übernehmen, Risiko zu tragen, etwas zu unternehmen statt zu unterlassen, etwas zu leisten, etwas zu bewegen, wirtschaftliche Mißerfolge mitzutragen, sein Leben selbst in die Hand zu nehmen.

Wirkliche Lebensunternehmer mit allen Chancen und Konsequenzen wollen nicht viele sein. Ich höre häufig die Aussage: „Meine Mitarbeiter können keine Verantwortung übernehmen. Sie wollen in Ruhe gelassen werden!" Ist diese „Bequemlichkeit" der Grund für straffe Führung – oder ist sie die Folge? Was ist hier die Henne, was ist das Ei? Wenn ein junger Mensch mit ausgeprägtem Wunsch und Willen nach Mitwirkung, Mitgestaltung und Verantwortung, mit Spaß an der Leistung und Mut zum Risiko neu ins Unternehmen kommt, löst er erst einmal Immunreaktionen der gesamten Organisation aus. Hier zeigt sich das Unternehmen schon als Organismus! Wer kennt nicht die Aussagen:

„Dem stutzen wir auch noch die Flügel!"

„Die beruhigen sich auch schon wieder!"

„Das geht bei uns nicht!"

„Der Streber verdirbt unseren Schnitt!"

„Das lassen sie lieber, wenn Sie bei uns was werden wollen!"

„Wozu Innovation, das läuft bei uns schon seit 200 Jahren so!" (Originalzitat in einem Bankhaus)

Das Immunsystem arbeitet mit Erpressung und Angst. Nachdem der Mensch sich seine verfassungsmäßigen Grundrechte gegen die Eintrittskarte für eine Stelle abkaufen ließ, wird ihm Karriere auf der Leiter als der „Platz an der Sonne" vorgegaukelt. Allerdings nur, wenn er sich anpaßt, wohlverhält und keine Fehler macht. Das Ergebnis ist der unmündige Mitarbeiter, für den man ein perfektes System braucht, damit er keine Fehler machen kann. Denn ein perfektes System macht keine Fehler – es ist aber der Fehler! Es erzeugt unmündige Menschen, damit es seine Existenz rechtfertigen kann. Es erzeugt Angst, damit es „als Rettungsring" sich selbst anbieten kann – statt den Menschen schwimmen zu lehren. Das Ergebnis: Die Menschen werden zwar als Unikate geboren, sterben aber meistens als Kopien!

Glücklicherweise zeigen sich auch erste Silberstreifen am Horizont, weil einige Unternehmer und Unternehmen diesen Teufelskreis durchbrechen wollen und durchbrechen. In diesem Buch kommen einige Beispiele zu Wort. Ich bin überzeugt, daß es mehr werden, weil sie letztendlich im rauhen Markt besser bestehen werden. Sie werden erfolgreich sein, weil sie Lebensunternehmer und Intrapreneure fordern und fördern.

8. Erste Schritte zur sozialen Innovation

> Geschrieben steht: „Im Anfang war das Wort."
> Hier stock ich schon! Wer hilft mir weiter fort?
> Ich kann das Wort so hoch unmöglich schätzen,
> ich muß es anders übersetzen,
> wenn ich vom Geiste recht erleuchtet bin.
> Geschrieben steht: Im Anfang war der Sinn.
> Bedenke wohl die erste Zeile,
> daß deine Feder sich nicht übereile!
> Ist es der Sinn, der alles wirkt und schafft?
> Es sollte stehn: Im Anfang war die Kraft.
> Doch auch in dem ich dieses niederschreibe,
> Schon warnt mich was, daß ich dabei nicht bleibe.
> Mir hilft der Geist! Auf einmal seh ich Rat
> und schreibe getrost: Im Anfang war die Tat!
>
> Johann Wolfgang von Goethe
> (in „Faust")

8.1 Von der Feudalstruktur zur föderalistischen Organisation

Die Aufklärung und die Einführung der Pressefreiheit waren der Anfang vom Ende der Monarchien in Europa. Erzwingen heute die mündigen Mitarbeiter die Revolution in den Unternehmen und damit das Ende der Hierarchie? Bringen Computernetze und die wachsende Freizügigkeit auch die „Pressefreiheit" innerhalb der Unternehmen? Wie lange herrscht noch die Macht des Kapitals? Ich glaube, daß wir gerade in Deutschland mit den Prinzipien der sozialen Marktwirtschaft die Chance für einen weichen Übergang, aber auch die Pflicht zur gesellschaftlichen Innovation haben. Und gerade dafür brauchen wir Hierarchien und Hierarchen, die den geordneten Wandel managen, die die Verantwortung für Innovationsprozesse und Unternehmensprozesse übernehmen. Nicht im Sinne einer Aktivitätenverantwortung, sondern als Prozeßverantwortung, nicht durch die Erhaltung von starren Abteilungsstrukturen, sondern durch Einführen von flexiblen Projekt- und Netzstrukturen, nicht durch Konservieren des Bestehenden, sondern durch Bewegung des ganzen sozialen Organismus.

Wie beim Organismus bieten sich drei Verantwortungshierarchien an:

- Die Verantwortung des einzelnen als „Zelle" für seine Aufgabe, sein Handeln, sein Netzwerk und seinen persönlichen Entwicklungsprozeß. Jeder hat für sich Personalverantwortung!
- Die Verantwortung eines Profit-Centers oder einer Business-Unit für umfassende Unternehmensprozesse, Produktgruppen oder Marktsegmente, sozusagen als Organ im Organismus, und
- die Verantwortung der Unternehmensleitung für den Entwicklungsprozeß, für das Bewußtsein des gesamten Unternehmens. Sie bewegt das Ganze in Richtung von visionären Zielen und vermittelt den Menschen den Sinn des Tuns. Die Unternehmensleitung ist verantwortlich für die Kontinuität im Wandel, ist Vertrauensperson bei allen Veränderungen und das „Leuchtfeuer", die Orientierung für die Mitarbeiter im Unternehmen und für die Kunden im Markt.

Das heißt, durch echte Delegation von Verantwortung an die sogenannte Basis können Hierarchien stark abgeflacht werden und Führungskräfte wieder das tun, wofür sie von den Mitarbeitern bezahlt werden – führen!

8.2 Die Marktwirtschaft als Fußballspiel – Vision oder Notwendigkeit?

Der neue Manager agiert wie der Coach einer Fußballmannschaft, der auch nicht mitspielen darf. Er kann nicht jeden Spielzug anweisen. Er kann nicht befehlen, jetzt ein Tor zu schießen. Er kann und muß dafür sorgen, daß sich einzelne Spieler entwickeln. Er muß sie fordern und fördern. Nur wer fordert, kann auch wirklich fördern! Er ist für die Mannschaftsaufstellung und die Mannschaftseinstellung, für die Stimmung in der Mannschaft verantwortlich – auch für die Spielstrategie gegen den Wettbewerber. Der Coach entwickelt sie allerdings klugerweise mit den Spielern gemeinsam. Wenn das Spiel dann läuft, kann und darf er nicht mehr eingreifen, höchstens noch, indem er seine Spieler anfeuert. Er ist dann hilf- und machtlos. Er läßt seinen Mitarbeitern ja Spielräume.

Das Bild des Geschäftsjahres als ein Fußballspiel von 90 Minuten hat etwas Bestechendes:

(1) Die Regeln sind einfach und nicht zu viele. Sie steuern nur das Verhalten der Spieler, aber nicht die einzelnen Aktionen. Sie sind eine Art Spiel-Verfassung.

(2) Die Spieler sind die Hauptakteure, nicht die Manager. Sie sind für ihr Handeln selbst-verantwortlich. Sie müssen kreativ, initiativ und kompetent sein – fleißig alleine genügt nicht.

(3) Der Coach erbringt eine Dienstleistung an den Spielern. Er steuert und kontrolliert nicht jeden Spielzug. Nur so kann der komplexe Spielablauf überhaupt funktionieren. Man stelle sich nur einmal vor, jede Einzelaktion müsse geplant, genehmigt, als Handlungsanweisung gedruckt, bestätigt und nach der Ausführung kontrolliert werden.

(4) Die Organisation ist arbeitsteilig. Jeder hat seine Aufgabe, seinen Verantwortungsbereich. Jeder hat die Pflicht, aber auch das Recht, wenn notwendig andere Aufgaben zu übernehmen. Die Spieler sind für das Gesamtresultat verantwortlich, nicht nur für einen Teil zuständig. Sonst dürfte ein Spieler den Ball nicht im Tor abwehren, wenn der Torwart schon geschlagen ist. Er ist ja für das Tor nicht zuständig! Hier können viele Unternehmen noch etwas vom Fußball lernen.

(5) Die Organisationsstruktur ist die eines Projektes. Alle sind gleich, einer ist gleicher – der Mannschaftsführer, aber auch nur auf Zeit. Der Zusammenhalt klappt nur, „wenn man sich riechen kann", wenn das Spielen noch Spaß macht. Das menschliche Netzwerk ist die Basis des Erfolges.

(6) Die Kunden, die Zuschauer, erwarten, daß die Akteure und der Trainer ihr Bestes geben, nicht nur fleißig sind, sondern etwas leisten, etwas unternehmen. Sie wollen Begeisterung spüren, dann sind sie auch begeistert. Und sie wollen erfolgreiche Mannschaften. Große Tradition zählt nichts mehr, wenn der Erfolg ausbleibt, weil sich Starrheit und Bequemlichkeit breitgemacht haben.

Fragen Sie einmal Ihre Kunden, wie Sie Ihr Unternehmen sehen. Ob man gerne zu Ihnen geht, weil Sie etwas zu bieten haben, auch wenn Sie etwas teurer sind. Fragen Sie auch Ihre Mitarbeiter, ob Sie gerne in Ihrem Team spielen? Ob diese Ihr Unternehmen als Ihr Spielfeld ansehen, wo es sich lohnt, sich einzusetzen, Erfolge zu haben. Fragen Sie auch Ihre Führungskräfte, ob sie das Team auch in Ruhe spielen lassen können, ob sie sich als Coach fühlen oder ob sie alles im Griff haben wollen – wie beim Tischfußball, wo die Spieler alle an ihrer festen Position angeschraubt sind und darauf warten, bewegt zu werden – von ihrem Vorgesetzten. Mit dieser Vorstellung von Führen und Ausführen läßt sich die wachsende Komplexität unseres Umfeldes nicht mehr managen. Wir müssen die Mitarbeiter sozusagen „von der Stange abschrauben", ihnen Spielräume und Verantwortung geben – auch wenn es dabei etwas chaotisch zugeht. Wie beim Fußballspiel.

8.3 Wer tut den ersten Schritt?

Welche Empfehlungen gibt es für soziale Innovation in Organisationen? Welche Unternehmen oder Unternehmensteile eignen sich besonders gut für solche Experimente? Die Eignung ergibt sich durch den Zwang und den Bedarf zur sozialen Innovation überall dort, wo der Mensch die wesentliche Quelle der Wertschöpfung ist. Alle sogenannten Know-how-Unternehmen, z. B. Beratungs- oder Softwarehäuser, sind dafür prädestiniert, da sie (meistens) keine Produkte haben. Das heißt, nur die Mitarbeiter erbringen den Umsatz. Für kommunikations- bzw. know-how-orientierte Dienstleistungsunternehmen, z. B. Reisebüros, Broker, Finanzdienstleister, im Gesundheitswesen sowie bei Hotels und Restaurants, aber auch im Fachhandel zeichnet sich ebenfalls ein starker Innovationsbedarf ab. Bei den Produktherstellern gelten die obengemachten Aussagen analog. Allerdings nicht für das ganze Unternehmen, wohl aber für alle Unternehmensbereiche, die vorwiegend Dienstleistungen erbringen, wie z. B. Forschung, Entwicklung, Vertrieb, Marketing, Konstruktion, Service, und natürlich für die Zentralbereiche, die ja Dienste für die Fabriken, Geschäfts- oder Unternehmenseinheiten leisten.

Deshalb beginnen einige Konzerne die angesprochenen Teile in Profit-Centers umzugestalten oder auszugliedern. Damit jeder den Wert dieser Dienste schätzen lernt. Die Gründung von debis innerhalb des Daimler-Konzerns und die Umgestaltung von ABB (siehe Beitrag in diesem Buch) sind einige spektakuläre Aktionen auf diesem Weg. Es ist aber dringend anzuraten, bei solchen Änderungen die Chancen zur sozialen Innovation auch wirklich zu nutzen und die drei wesentlichen Schritte von der Produkt- in die Dienstleistungskultur auch zu tun. Worte allein genügen nicht!

1) Einführen einer kompromißlosen Projektorganisation, verbunden mit flachen Hierarchien, hohen Berichtsspannen pro Führungskraft und flexiblen Strukturen.

2) Schaffen neuer Karrierekonzepte, die die Know-how-Karriere in den Vordergrund stellen. Dazu müssen Begriffe wie Stelle, Stellenbeschreibung, Laufbahn und Gehaltsrahmen aus dem Unternehmen verbannt werden, Fach- und Führungskräfte müssen gleichrangig behandelt und bezahlt werden (siehe Beitrag in diesem Buch über die Firma Ploenzke).

3) Fördern und Fordern von Lern- und Kommunikationsbereitschaft bei allen Beteiligten. So wird das Unternehmen zur selbst-bewußten Metamorphose fähig, zur stetigen und ständigen Veränderung, auf ein Ziel, eine Vision gerichtet.

Das Bewußtsein eines eigenen Selbstverständnisses und die Vision als Lebensperspektive unterscheiden Unternehmen als soziale Systeme von einem biologischen Organismus, der sich in der Evolution von Generation zu Generation nur zufällig entwickelt. Ein Unternehmen muß nicht erst sterben, damit es die Nachkommen (vielleicht) besser machen. Es kann seine eigenen Ziele, Strukturen und sein eigenes Verhalten beurteilen und verändern. Es kann sich selbst einen Zweck und einen Sinn geben. Ein Unternehmen kann sich bewußt entwickeln und ein Bewußtsein entwickeln – aber es muß es auch tun!

8.4 Ein Unternehmen hat nur einen Sinn: den Kunden

In diesem Buch kommen Unternehmen zu Wort, die schon heute etwas anders sind, die vielleicht beispielgebend sein können mit der Soziokratie bei der Firma Endenburg oder der Arbeitswelt bei Hewlett-Packard und Ploenzke. Aber auch von den Japanern sagt man, daß sie weltweit so erfolgreich sind, weil ihre Organisationen vernetzter arbeiten als bei uns: Hierarchien treten wenig sichtbar in Erscheinung. Der Konsens dominiert als Prinzip. Es wird sehr viel diskutiert, nach unserem Eindruck oftmals viel zu viel. Es gibt auf der anderen Seite wesentlich weniger Anordnungen, Anweisungen und Regeln. Die einzelne Führungskraft hat viel Freiraum. Dabei wird aber erwartet, daß sie ebenfalls nicht anordnet, sondern die Mitarbeiter in den Entscheidungsprozeß einbezieht und von der Richtigkeit der schließlich getroffenen Entscheidung überzeugt.

All dies hört sich plausibel an. Es erscheint einfacher, als es in der Praxis ist, weil viel Zeit, Geduld und Einfühlungsvermögen dazu gehören, weil man bei sich selbst beginnen muß, weil es unbequem und der Erfolg so schwer zu messen ist. Aber nur so findet Rückkopplung statt, so werden gute Entscheidungen getroffen, so verstehen die Menschen den Sinn von Entscheidungen und den Sinn ihres Tuns. Nur so wird und bleibt das Unternehmen, bleiben die Menschen lebendig für die *Kunden*. Denn ohne die Kunden wäre in den Unternehmen „nichts los". Und ohne lebendige Menschen wären sie tote Institutionen.

Woran erkennen Sie, ob Ihr Unternehmen auf dem Weg zum lebendigen Organismus ist? Zum Beispiel dann, wenn folgende Episode auch bei Ihnen „natürlich" ist: Anläßlich einer Werksbesichtigung bei Daimler-Benz in Sindelfingen sprach ich einen Arbeiter an, der mit einem Poliertuch der nagelneuen Limousine den letzten Schliff gab – unter den Blicken der neugierigen „Selbstabholer", die ungeduldig hinter der Scheibe warteten. Ich fragte ihn, was sein Job „beim Daimler" sei. Seine Antwort: „Ich sorge dafür, daß *meine Kunden* das Auto bekommen, das am meisten glänzt."

2. Kapitel

Innovationsfördernde Unternehmenskultur und zukunftsorientierte Personalführung bei Hewlett-Packard

Hartmut Scholz und Heinz Fischer

1. Das Unternehmen Hewlett-Packard

Die Hewlett-Packard GmbH in Böblingen wurde im Jahre 1985 als erstes Unternehmen der Technologie-Branche und als erstes Tochterunternehmen eines ausländischen Großkonzerns mit dem Preis für partnerschaftliche Zusammenarbeit im Unternehmen von der AGP ausgezeichnet. Entscheidende Grundlage dafür war die konkrete Umsetzung unserer Werte und Ziele im Unternehmen, die Innovationskraft unserer Mitarbeiter und die Teamarbeit im Alltag.

Mit dem AGB-Preis wurde eine Unternehmenskultur anerkannt, die zunächst von Bill Hewlett und Dave Packard unbewußt gelebt wurde, als sie die Firma 1939 in Palo Alto, Kalifornien, gegründet hatten. Um diese Vorstellungen auch bei der Expansion zu erhalten, wurden 1957 als Orientierung und Maßstab für das tägliche Handeln der Gemeinschaft aller Mitarbeiter allgemeine Unternehmensziele explizit und bewußt formuliert. Der zentrale Grundwert der Unternehmensphilosophie ist bei Hewlett-Packard das gegenseitige Vertrauen. Damit dieser Wert gelebt und lebendig werden kann, müssen im Umgang miteinander weitere unterstützende Werte wie Sicherheit, Ehrlichkeit, Offenheit, Würde, Partnerschaft und Toleranz geachtet werden. Sie sind die Basis vorgenannter Unternehmensziele und nehmen viel Einfluß auf die Gestaltung der Unternehmensorganisation und die realen Unternehmensprozesse.

Hewlett-Packard entwickelt und fertigt Computer und Computerperipherie, Softwareprogramme, elektronische Test- und Meßgeräte, Systeme für Medizinelektronik und chemische Analysentechnik sowie elektronische Bauelemente. Das Unternehmen feierte 1989 seinen 50. Geburtstag, beschäftigt weltweit 92 000 Mitarbeiter und stellt 10 000 Produkte her. 1990 erzielte der Konzern einen Umsatz von 13,2 Mrd. Dollar. Der Firmensitz befindet sich in Palo Alto, Kalifornien. Die größte Auslandstochter ist die Hewlett-Packard GmbH in Deutschland, Sitz Böblingen, mit einem Umsatz von 4,1 Mrd. DM im Jahre 1990 und 6 200 Mitarbeitern.

2. Der Mitarbeiter als Erfolgsfaktor

Freude an der Arbeit und der Wille zur Auseinandersetzung mit stetigem Wandel, verbunden mit dem Mut zum Risiko, ist ein Schlüssel zum unternehmerischen Erfolg. Von Beginn an haben unsere Unternehmensgründer Dave Packard und Bill Hewlett das Wissen und die Entwicklungsfähigkeiten ihrer Mitarbeiter als größtes langfristiges Vermögen des Unternehmens betrachtet. Diese Einstellung hat sich erhalten und gefestigt. Der Mitarbeiter ist gerade in turbulenten Zeiten unsere wichtigste Ressource und unser Wachstumspotential. Darauf achten wir beim gesamten Prozeß der Mitarbeiterentwicklung, der mit dem Einstellen beginnt und bis hin zur Pensionärsbetreuung geht. Auch andere Unternehmen haben gute und qualifizierte Mitarbeiter. Wir glauben, daß auf lange Frist das Unternehmen mit dem besten Team am erfolgreichsten sein wird. Deshalb genießen Teamgeist und Zusammenarbeit bei Hewlett-Packard einen sehr hohen Stellenwert.

Wir werden immer mit Polaritäten – Ökologie versus Ökonomie, Team versus Institution, Einzelner versus Team, Marktanteil versus Gewinn, zentral versus dezentral – leben müssen, Kategorien von denen Mitarbeiter direkt oder indirekt betroffen sind. So sind z. B. neue Technologien für die Bewältigung der Zukunft unerläßlich. Sie erhalten aber nur dann ihren Sinn, wenn sie sich nicht nur wirtschaftlich rechnen, sondern auch ökologisch vertreten lassen. Unternehmen, die führend und erfolgreich sein wollen, leisten somit einen Beitrag zur Weiterentwicklung von der sozialen zur ökologischen Marktwirtschaft.

Die Evolution des Systems „Arbeit" mit all ihren Ausprägungen wie neue Formen der Beschäftigung und neue Arbeitszeitorganisationen stellt neue Ansprüche an die Führung und an ein neues Selbstverständnis der Unternehmen. Unternehmen dürfen deshalb bei diesem Wandlungsprozeß auf keinen Fall an tradierten Methoden und Verhaltensweisen zur Steuerung und Entwicklung festhalten und damit die Evolution bremsen. Es geht darum, die Dynamik der Evolution als Herausforderung anzunehmen und den Wandel mitzugestalten. Voraussetzung ist das Bewußtsein der Führungskräfte und der Mitarbeiter um die unterschiedlichen Dimensionen unserer Verantwortung.

3. Unternehmerische Verantwortungsfelder

Wenn es richtig ist, daß die nächsten Jahre von zunehmender Dynamik des Wandels gekennzeichnet sein werden, muß sich ein Unternehmen mehr denn je auf seine Grundwerte und Unternehmensziele besinnen. Aus ihnen erwächst die Unternehmenskultur. Es wird wesentliche Aufgabe des Personalmanagements sein, dafür zu sorgen, daß Unternehmenswerte bewußt gemacht, formuliert und kommuniziert werden. Sie sind so wichtig wie Kompaß und Karten auf hoher, erst recht auf stürmischer See.

Die Führungskraft, der Führer oder Manager, werden in heutigen Führungshandbüchern sehr vage und oft mehrdeutig beschrieben. Die Führungskraft schlechthin gibt es nicht, kann es nicht geben, versteht man Führung als ein kulturgebundenes und normatives Konzept. Man kann von einer Führungskraft nicht sprechen, ohne den Geführten, den Mitarbeiter, zu berücksichtigen. Das englische Wort „Followers" verdeutlicht die Aufgabe der Führungskraft. „To follow" beinhaltet Motivation, Verständnis um das Tun, den Sinn der Aufgabe, Freiwilligkeit, Selbständigkeit und auch Verantwortung auf seiten des Mitarbeiters.

Die klassische Trennung zwischen Kapital und Arbeit darf es heute nicht mehr geben. Lange genug hat ein Großteil der Betriebswirtschaftslehre, die den Faktor Kapital bis in die kleinste Finanzkennzahl ausleuchtet und zum Bewertungsmaßstab macht, Führungskräften eine einseitige Richtung gezeigt. Der langfristige Erfolg einer Unternehmung wird nicht nur dadurch gesichert, daß sich Führungskräfte ausführlich Gedanken über Investitionen für Maschinen machen. Vielmehr müssen Motivation und Einstellung der Mitarbeiter berücksichtigt werden. Denn im Gegensatz zum Kapital ist der Mensch der schöpferische, lebendige Teil der Unternehmung, der die wirklichen Voraussetzungen für den langfristigen Erfolg schafft, nämlich Kreativität, Flexibilität und Innovation.

Daraus folgt, daß Personalführung verstärkt dazu beitragen muß, die klassische Trennung, den vermeintlichen Gegensatz zwischen Kapitalinteressen und Mitarbeiterinteressen auszugleichen. Personalführung muß helfen, im Unternehmen aufzuzeigen, daß sich zukünftig der Erfolg für beide Seiten – den Mitarbeiter und das Unternehmen – nur dann in vollem Umfang einstellt, wenn persönliche Ziele und mitarbeiterbezogene Werte im Einklang sind mit Unternehmenswerten, -zielen und -handlungen. Dies bedeutet aktive Förderung des Partnerschaftsgedankens im Unternehmen. Nur aus der Synergie von Arbeit und Kapital können optimale Leistungen für den Kunden erbracht werden und kann ein Unternehmen seinen Verpflichtungen gegenüber der Gesellschaft nachkommen.

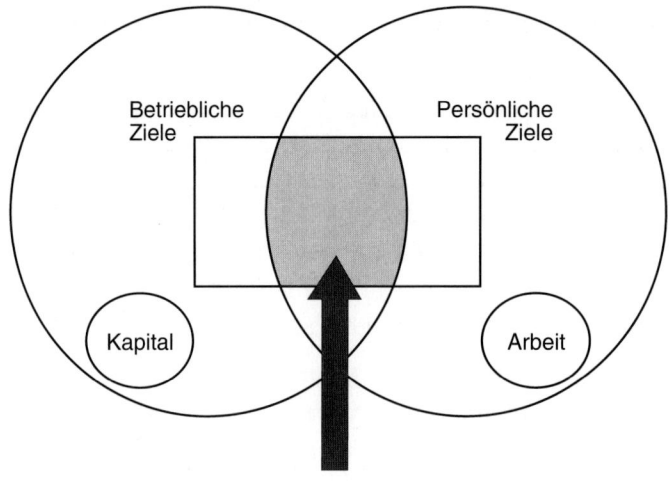

Abb. 1: Werte und Zielkongruenz zwischen Unternehmen und Mitarbeiter

Es sind dies auch die vier unternehmerischen Verantwortungsfelder – Kapital, Arbeit, Kunden und Gesellschaft –, an denen sich zukünftiges Personalmanagement orientieren muß.

4. Wertorientierte Grundsätze und Unternehmensziele

Unternehmenswerte und -ziele sind bei Hewlett-Packard auf die oben benannten unternehmerischen Verantwortungsfelder ausgerichtet. Sie sind gleichzeitig Grundlage der Unternehmenskultur und damit Basis für die Personalführung des Unternehmens. Die wertorientierten Grundsätze, wie schon angedeutet, lauten:

(1) Wir haben Vertrauen in unsere Mitarbeiter sowie Achtung und Respekt vor ihrer Persönlichkeit

Kern und wichtigstes Element der Unternehmenswerte ist Vertrauen und Respekt gegenüber jedem einzelnen Mitarbeiter. Der Umgang miteinander soll geprägt sein von Toleranz und Partnerschaft.

(2) Wir legen besonderen Wert auf das hohe Niveau unserer Leistungen und Beiträge

Unsere Kunden erwarten HP-Produkte und Dienstleistungen von höchster Qualität und technologischem Vorteil. Dies ist nur zu erreichen, wenn unsere Mitarbeiter die Erfüllung der Kundenwünsche als ihre eigene Herausforderung betrachten. Technologien und Führungssysteme, die heute effektiv sind, können morgen überholt sein. Damit wir auch dann noch unseren Ansprüchen gerecht werden können, müssen unsere Mitarbeiter fortwährend neue und bessere Wege zur Erfüllung ihrer Aufgaben suchen.

(3) Wir legen unserem Tun kompromißlose Integrität zugrunde

Um das Vertrauen und die Loyalität unserer Partner zu gewinnen und zu erhalten, erwarten wir Offenheit und Ehrlichkeit von unseren Mitarbeitern. Dies bedingt, daß sie ausschließlich nach den allgemein anerkannten Regeln guten Geschäftsgebarens handeln. Die HP-Geschäftsgrundsätze sind ohne Einschränkung bindend. Integrität kann in der Praxis nicht alleine durch betriebsinterne Vorschriften sichergestellt werden. Sie muß vielmehr tief im Unternehmen verwurzelt und für jeden Mitarbeiter ein persönliches Anliegen sein.

(4) Wir erreichen unsere Ziele im Team

Teamwork ist ein weiteres Element. Fast schon Gemeinplatz, ist es doch von herausragender Bedeutung für unseren Erfolg.

(5) Wir fordern und fördern Flexibilität und Innovation

Hewlett-Packard ist in Märkten tätig, wo der technische Fortschritt rapide ist. Bereitschaft zum Umlernen bei allen Beteiligten, sich weiterzubilden, neue Aufgaben zu übernehmen, mitzuwachsen in dem Maße wie das Unternehmen wächst – diese Bereitschaft ist offensichtlich nicht nur der Schlüssel zum Erfolg des Unternehmens, sondern auch für den ganz persönlichen Erfolg.

Aus diesen Unternehmenswerten ergeben sich die Unternehmensziele. Sie stecken die Richtung ab und bilden den gemeinsamen Rahmen, in dem wir uns bewegen. Sie sind für uns alle verbindlich. Ingesamt sind es 7 Zielsetzungen, die bisher und auch zukünftig Leitlinien unseres Handelns sind. Sie richten sich

- auf einen angemessenen Gewinn
- auf zufriedene, loyale Kunden
- auf ein klar definiertes Betätigungsfeld, was Produkte, Märkte und Dienstleistungen betrifft
- auf ein definiertes Wachstum
- auf Beteiligung der Mitarbeiter in vielerlei Form
- auf einen kooperativen, zielorientierten Führungsstil und nicht zuletzt
- auf die Wahrnehmung von Verpflichtungen gegenüber dem jeweiligen Gemeinwesen, in dem wir tätig sind.

Zukunftsorientierte Personalführung und Personalarbeit ist unmöglich ohne einen entsprechenden Orientierungsrahmen aus Unternehmenswerten und -zielen.

5. Schwerpunkte zukunftsorientierter Personalarbeit

5.1 Integration des Personalmanagements

Mitarbeiter, das war unsere Aussage, bilden die eigentliche schöpferische Kraft im Unternehmen. Kreativität, Flexibilität, Innovation kommen aus ihnen. Nur durch den Menschen wird der langfristige Erfolg gesichert. Daraus ergeben sich eine Reihe von Forderungen zur Integration des Personalmanagements. Aus unserer Sicht sind die wichtigsten:

- Strategisches Personalmanagement muß selbstverständlicher Bestandteil des Gesamtmanagements sein. In allen Management-Teams ist dem Personalmanager gleichberechtigt Sitz und Stimme zu gewähren.

- Qualitative und quantitative Personalplanung müssen integraler Bestandteil taktischer und strategischer Unternehmensplanung sein.

- Verantwortliche im Personalwesen müssen Persönlichkeiten sein, die sowohl bei den Mitarbeitern als auch in ihren Management-Teams akzeptiert sind. Sie müssen die treibende Kraft, Berater und Katalysatoren sein.

5.2 Einige Grundforderungen

Der inzwischen viel zitierte Wertewandel hat zu veränderten Anforderungen besonders der jungen Mitarbeiter an die Unternehmen geführt. Unter anderem wollen Mitarbeiter an Entscheidungs- und Problemlösungsprozessen verstärkt beteiligt sein, sie wollen als mündige Personen behandelt werden. Zukunftsorientiertes Personalmanagement muß sich darauf einrichten. Wo immer möglich, müssen betroffene Mitarbeiter zu Beteiligten an Lösungen und Entscheidungen gemacht werden. Dazu gehört eine offene Informationskultur. Beteiligt-Sein setzt Informiert-Sein voraus. Damit steigen Engagement, Erfolg, Freude an der Arbeit, Motivation, Zielstrebigkeit – ein Zustand, der allen nützt.

Die Dynamik des Wandels fordert in Zukunft von allen Unternehmen zunehmend mehr Flexibilität bei der Bewältigung von Aufgaben (räumliche, zeitliche, organisatorische Flexibilität). Gleichzeitig erwarten Mitarbeiter verstärkt, daß das Unternehmen Voraussetzungen schafft, damit sie auf ihre verschiedenen Lebensphasen flexibel reagieren können (Arbeitszeiten, beruflich sich verschiebende Interessen, Mutterschaftsphasen, Alter). Einige der zukünftigen Schwerpunkte des Personalmanagements lassen sich daraus ableiten.

5.3 Offene Informationskultur

Wenn Besucher zu Hewlett-Packard kommen, gleichgültig an welchem Standort, finden sie Großraumbüros vor. Hier sitzen Mitarbeiterinnen und Mitarbeiter aller Ebenen zusammen mit ihren Führungskräften im gleichen Büro. Hier gibt es keinen Unterschied bis hin zum Vorsitzenden der Geschäftsführung. Das erleichtert die Kommunikation, Berührungsängste und Hemmnisse werden abgebaut. Die Anrede mit Vornamen (unter Beibehaltung des Sie) ist amerikanischen Ursprungs, inzwischen aber auch in Deutschland nicht mehr wegzudenken. Auch sie leistet einen Beitrag zum unkomplizierten Umgang miteinander. Mindestens einmal im Monat gibt es Ansprachen des Managements für alle Mitarbeiter der Bereiche über besondere Ereignisse, die Ergebnisse des letzten Monats, die Herausforderungen der nächsten Zeit und vieles mehr. Kaffee-Ecken für gemeinsame Pausen führen Mitarbeiter verschiedener Abteilungen zusammen. Man lernt sich persönlich kennen und bald auch den anderen Bereich. Man blickt, im wahrsten Sinne des Wortes, viel schneller über den Zaun. Täglich werden HP-Aktienkurs und Dollar-Kurs über Lautsprecher mitgeteilt; einzelne Bereiche führen Schautafeln über den täglichen Auftragseingang, Produktionsziffern und Umsätze. Die Identifikation wächst mit dem Grad der Information und Kommunikation.

Eine so – oder anders – gestaltete Informationskultur wird zunehmend wichtig. Sie bedeutet Beteiligung durch Information und Kommunikation und liefert ein weites Betätigungsfeld für zukünftige Personalarbeit.

5.4 Von der Organisation zum Organismus

Die Komplexität der Märkte, in denen wir tätig sind, erfordert zunehmend kleine, schlagkräftige Unternehmenseinheiten, flexible und flache Strukturen. Ganz generell muß die Organisation des Unternehmens flexibel genug sein, um den Wandel zu bewältigen und im Rahmen der Ziele gemeinsame Aufgaben zu erfüllen. Unsere Erfahrung ist, daß eine Verknüpfung aus funktionaler, zentral ausgerichteter Organisation einerseits und kleinen selbständigen Einheiten andererseits – den Divisions und geographischen Einheiten des Vertriebs – große Vorteile hat und zukünftigen Herausforderungen wohl am ehesten gewachsen ist:

- Die funktionale, übergreifende Organisation sorgt für ein hohes Maß an Effizienz und hilft Doppelarbeit zu vermeiden; dies ist z. B. im Personalwesen durch eine weltweite Personalorganisation gegeben.

- Die kleinen, selbständigen Unternehmenseinheiten, unsere Divisions, sorgen für ein Höchstmaß an Information, Kommunikation und Identifikation aller dort Beschäftigten; sie sorgen außerdem für flexibles Reagieren auf sich schnell wandelnde Märkte.

Die Divisions sind verantwortlich für ein klar definiertes Produktprogramm. Sie sind ausgestattet mit allen erforderlichen Funktionen, ein kleines Unternehmen im Unternehmensverbund. Werden die Einheiten zu groß (1 000 – 1 200 Mitarbeiter), erfolgt konsequent eine Zellteilung zu wiederum in sich geschlossenen Einheiten.

Kleine dezentrale Einheiten können zu Doppelarbeit führen. Dem läßt sich entgegenwirken, indem man Councils etabliert, um so auch Synergien zu nutzen. So gibt es z. B. für unsere Werke in Böblingen ein Marketing-, ein Produktions- und ein Council für Forschung und Entwicklung. Die Chairmen haben keine Weisungsbefugnis. Ihre wesentliche Aufgabe ist die Koordination. Councils gehen gemeinsam interessierende Aufgaben an und sorgen für die Übertragung von „best practices" von einem zum anderen Bereich.

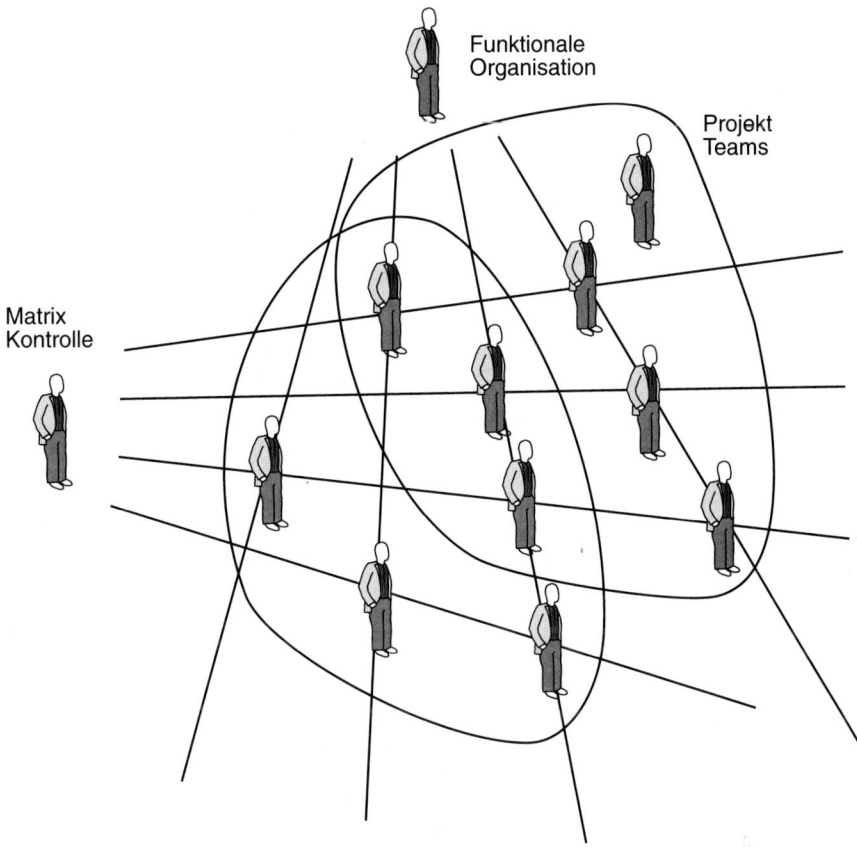

*Abb. 2: Von der Organisation zum Organismus –
Projektteams durchbrechen starre Strukturen*

Die Idee der kleinen, organischen Einheit mit ihrer Fähigkeit, auf Veränderungen schneller und flexibler zu reagieren, liegt auch den Projektteams zugrunde, die mehr und mehr zum Einsatz kommen. Sie bedeuten die Weiterentwicklung der Organisation in Richtung eines Organismus. Dies bringt wesentliche Vorteile:

– Sehr viel mehr Mitarbeiter erhalten als Projektleiter die Möglichkeit, sich in Führungsaufgaben zu erproben und zu bewähren.

– Für wichtige Aufgaben können die Besten des Fachs unabhängig von ihrer organisatorischen Einheit und hierarchischen Ebene eingesetzt werden.

– Das vorhandene Mitarbeiterpotential des Unternehmens kann effizient und optimal genutzt werden.

Der Trend zu kleinen Einheiten und zum verstärkten Einsatz von Projektteams wird begleitet von flacher werdenden Hierarchien und damit von der Erweiterung der Berichtsspanne. Diesen Trend muß das Personalmanagement stützen und treiben. Er führt zu mehr Verantwortung für alle Mitarbeiter, zu mehr Freiräumen für Kreativität und Innovation und zu besserer Kommunikation durch Reduzierung der Filter.

5.5 Mitarbeiter am Erfolg beteiligen

Unternehmen sind mehr und mehr auf das Engagement der Mitarbeiter angewiesen. Eine notwendige Voraussetzung dafür ist, sie am Erfolg des Unternehmens zu beteiligen. Dies kann auf vielfältige Weise geschehen. Gewinnbeteiligung, begünstigtes Sparen von Firmenaktien, ein attraktives Sozialleistungspaket, Gehaltsfindung und Beförderung ausschließlich auf der Grundlage erzielter Ergebnisse, von Fähigkeit und persönlicher Initiative, sowie die Besetzung von Führungspositionen wo immer möglich aus den eigenen Reihen sind Wege, die Hewlett-Packard auf diesem Feld eingeschlagen hat und weiter gehen wird.

5.6 Führen zur Verantwortung

Wir glauben, daß wir mit unserem Führungsstil – auch in turbulenten Zeiten – das richtige Mittel für den gemeinsamen Erfolg haben. Durch unsere Form der Zusammenarbeit entsteht für alle mehr Freude an der Arbeit. Der Mitarbeiter fühlt sich nicht als Betroffener, sondern als Beteiligter. Die Herausforderung durch eine Aufgabe, Selbständigkeit durch Erfolgserlebnisse und mehr Verantwortung für den einzelnen beeinflussen die Mitarbeiter positiv und vergrößern die Arbeitszufriedenheit. Moderne Unternehmensführung, die auf Delegation von Verantwortung setzt, muß heute mehr denn je auf den Lernwillen und die Bereitschaft zu immer neuer Qualifizierung der Mitarbeiter bauen und ihnen die entsprechenden Bildungsmöglichkeiten für ein lebenslanges Lernen einräumen. Dies motiviert zu mehr Leistungs- und Verantwortungsbereitschaft und fördert die Entscheidungswilligkeit und -fähigkeit.

Nur mit einer in diesem Sinne hohen Qualität des Arbeitslebens kann man innovative und hochwertige Produkte erzeugen. Bei dieser Aussage geht es nicht um die Frage, ob zuerst das Huhn oder das Ei da war. Wir glauben allerdings, daß man nicht durch profitable Produkte zu einem solchen Führungsstil gelangt, sondern dieser Führungsstil zu der gewünschten Produktqualität und langfristigem Erfolg führt. Eine starke Identifikation des Mitarbeiters mit dem Sinn seiner Arbeit läßt ihn vom „Tarifarbeitnehmer" zum produktiven Leistungspartner werden.

5.7 Personalförderung und Managemententwicklung

Die wachsenden Anforderungen des Marktes und der komplexen Technik, besonders der Informationstechnologie, wird nicht nur die Aufgabeninhalte und damit die Anforderungen an die Mitarbeiter dramatisch verändern; ändern – als Konsequenz – wird sich auch die Belegschaftsstruktur.

Schon heute ist der Anteil der Mitarbeiter bei Hewlett-Packard mit akademischem Abschluß bei über 50 %, der Abschluß der Mitarbeiter mit Fachabschluß (kaufm., techn., gewerblich) über 40 %, der Anteil ohne Berufsausbildung liegt bei weniger als 5 %. Diesen Trend werden wir verstärkt auch in anderen Branchen sehen. Das hat gravierende Konsequenzen für das Personalmanagement in den 90er Jahren. Die Personalbeschaffung muß sich verstärkt auf höher qualifizierte Berufsgruppen einstellen. Bei der Personalauswahl muß wesentlich mehr auf den Willen zum Umdenken und sich Fortbilden geachtet werden.

Das Weiterbildungsangebot im Unternehmen muß sich ausweiten. Umschulungsmaßnahmen werden verstärkt, Arbeitszeitmodelle ermöglichen individuelle Fortbildungsmaßnahmen außerhalb des Unternehmens. Daneben besteht der Bedarf an geeigneten Programmen, die die räumlichen Transfers von Mitarbeitern zwischen Organisationseinheiten im Lande, demnächst noch viel mehr auf europäischer Ebene, ja auch nach Übersee fördern und stützen.

Den Mitarbeitern muß deutlich gemacht werden, daß sie in Zukunft sehr viel mehr als bisher Verantwortung für ein eigenes Konzept des lebenslangen Lernens tragen. Das Unternehmen wird ihnen dabei helfen. Das kann nicht nur durch die dafür zuständigen Abteilungen (Trainingsabteilung) geschehen. Führungskräfte aller Ebenen werden daran gemessen werden, wie gut sie diesen Prozeß unterstützen. Das erkennt man meist daran, wie häufig einer ihrer Mitarbeiter in Projektgruppen mitarbeitet, höher qualifizierte fachliche Jobs oder weitergehende Führungsverantwortung übernimmt. Mitarbeiterförderung ist Chefsache.

Überhaupt werden sich die Anforderungen an die Führungskraft dramatisch verändern. Wenn es stimmt, daß mehr in Councils, mehr in Projektgruppen gearbeitet wird, daß Hierarchien flacher werden, daß sich teilautonome Arbeitsgruppen als Arbeitsform ausbreiten; wenn es ferner stimmt, daß die Führungskraft vor allem Förderer und Coach sein muß, dann werden neben den als klassisch bezeichneten Führungseigenschaften wie z. B. Entscheidungsfreude, Durchsetzungsfähigkeit und Risikobereitschaft die schon oft zitierte soziale Kompetenz, Integrität, Fairness und Glaubwürdigkeit einen ebenso großen Stellenwert bekommen.

Hier, beginnend bei der Einstellung eines Mitarbeiters einen Prozeß zu etablieren, der diese Eigenschaften fördert, sichtbar macht und dem als Führungspotential erkannten Mitarbeiter Chancen zur weiteren Erprobung und Entwicklung bietet, ist eine weitere strategische Aufgabe des Personalmanagements der kommenden Jahre.

5.8 Flexible Zeiteinteilung

Eines der wichtigsten Felder zukünftigen Personalmanagements hat mit flexibler Zeitgestaltung zu tun. Moderne Personalarbeit muß dem Mitarbeiter unter Berücksichtigung der Belange des Unternehmens ein Höchstmaß an persönlicher Flexibilität bieten. Sie nützt letztendlich auch dem Unternehmen. Gleitzeit sollte – wo immer möglich – zum Standard gehören. Job-Sharing und Teilzeitbeschäftigung sollten forciert werden.

Was an Zeitflexibilität unter anderem noch möglich ist, kann man anhand eines Arbeitszeitmodells erläutern, das Hewlett-Packard vor einigen Jahren in Deutschland eingeführt hat. Die Entwicklung dieses Modells ist gleichzeitig ein Beispiel dafür, wie Betroffene zu Beteiligten gemacht werden können. Dazu einige Erläuterungen vorweg:

Zu Beginn der 80er Jahre kamen die Bestrebungen nach Arbeitszeitverkürzung in Richtung der 35-Stunden-Woche auf. 1983 haben wir eine Arbeitsgruppe, bestehend aus Mitgliedern des Betriebsrats, Experten des Personalbereichs und Vertretern einzelner Funktionsbereiche gebildet. Diese Gruppe hatte die Aufgabe, eine Arbeitszeitlösung zu erarbeiten, die eine Zeitreduzierung ermöglicht und gleichzeitig den Interessen von Mitarbeitern und Unternehmen nach flexibler Arbeitszeitgestaltung entgegenkommt. Die Ergebnisse der Arbeitsgruppe lagen 1984 vor, und so waren wir auf den Einstieg in die 35-Stunden-Woche ab 1985 mit einem speziellen Modell vorbereitet. Wie sieht das Modell aus?

Es ist bekannt, daß der Metalltarif, an den sich HP anlehnt, inzwischen die 37-Stunden-Woche vorsieht. (Hewlett-Packard ist nicht tarifgebunden, allerdings erfüllen wir den Tarif wertmäßig.) Die individuelle, vertragliche Arbeitszeit beträgt für jeden Mitarbeiter 37 Stunden pro Woche. Die tatsächliche Arbeitszeit für alle Mitarbeiter ist im Rahmen der betriebsüblichen Arbeitszeit nach wie vor täglich 8, wöchentlich 40 Stunden. Die so entstehende Differenz von wöchentlich 3 Stunden Mehrarbeit wird als Zeitgutschrift angespart. So ergeben sich ca. 12 Stunden im Monat und ca. 18 Tage pro Jahr. Da Ansparen unbegrenzt möglich ist, kann man sich ausrechnen, was über die Jahre zusammenkommen kann.

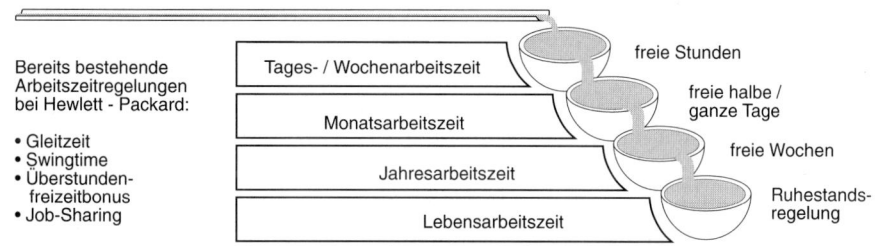

Abb. 3: Arbeitszeitmodell bei Hewlett-Packard

Die Zeitgutschriften können also gespart, sie können aber auch nach Absprache mit dem Vorgesetzten genutzt werden: kurzfristig in Halb- oder Tagesblöcken, etwa zur Verlängerung des Wochenendes; in längeren Blöcken für erweiterten Urlaub; sie werden genutzt für persönliche Fortbildung, in einigen Fällen als Zeitbeitrag für ein ergänzendes Studium oder zur Promotion; häufig auch zur Verlängerung des Mutterschaftsurlaubs in Voll- und Teilzeit; in wieder anderen Fällen zum früheren, auch gleitenden Ruhestand. Auf Antrag erlauben wir auch Überziehung des Zeitkontos; dies ist schon mehrmals zum Zwecke der Fortbildung geschehen. Das Zeitkonto muß dann später wieder aufgefüllt werden.

Die bisherige Erfahrung zeigt: Das Modell wird flexibel genutzt, von den Jüngeren mehr für kurzfristige Zwecke, von den mittleren Altersgruppen für längere Urlaube und Fortbildung. Die älteren Mitarbeiter sparen die Zeiten an als Polster für den Ruhestand – ein erster Ansatz für die Idee der Lebensarbeitszeit. Ingesamt sehen wir das Modell als einen innovativen Beitrag zur immer häufiger gewünschten und erforderlichen Flexibilisierung der Arbeit.

6. Ausblick in die 90er Jahre

6.1 Frauen, Beruf, Familie

Frauen sind vor allem in technischen Berufen, aber auch in Führungsfunktionen hoffnungslos unterrepräsentiert. Sie sind ein Potential, das wir nicht ausschöpfen. Soweit Frauen berufstätig sind, ergeben sich mehr und mehr Konflikte bei dem Wunsch nach Kindern. Gewollt, das ist unsere Erfahrung, ist von Frauen und Männern zunehmend ein „sowohl als auch" nach Familie und Beruf. Das Personalmanagement hat hier ein weites Feld vor sich: Aufklärung in Schulen und Universitäten über berufliche Möglichkeiten der Frau; im Unternehmen müssen Programme wie z. B. Kindertagesstätten, Teilzeitarbeitsplätze, Jobsharing und flexible Arbeitszeiten forciert geboten werden. Hier können und müssen wir zukünftig mehr tun.

6.2 Ältere Mitarbeiter

Auch hinsichtlich dieses Themas stehen dem Personalmanagement viele Aufgaben noch bevor. Wir müssen lernen, die Erfahrungen und Kenntnisse der Älteren besser zu nutzen. Beide Seiten müssen lernen, den Wechsel in Aufgaben mit weniger als Druck und Hektik denn als einen selbstverständlichen Vorgang zu begreifen, der auch einhergeht mit sich verändernden Zielen und Werten in den mittleren und späteren Lebensphasen. Widerstände sind zum großen Teil in unseren Köpfen. Hier gilt es Vorurteile und Tabus abzubauen. Durch geeignete Arbeitszeitregelungen müssen wir schließlich wesentlich bessere Voraussetzungen für ein allmähliches Gleiten in den Ruhestand gewährleisten.

6.3 Zukünftiges Selbstverständnis des Personalmanagements

Die Akzeptanz des Personalmanagements als strategischer Partner im Unternehmen hängt wesentlich davon ab, inwieweit sich das Personalmanagement außer auf mitarbeiterbezogene Belange auch auf den anderen oben genannten unternehmerischen Verantwortungsfeldern (Kunden, Arbeit, Kapital, Gesellschaft) aktiv engagiert. Dienst am Kunden oder Beiträge zur Effizienz dürfen für den Personalbereich keine Fremdfelder sein.

Das Personalmanagement hat sich außerdem als „Hüter" von Firmenwerten und -zielen zu begreifen. Es muß nicht nur selbst diese Werte leben, sondern bei allen anderen Personen im Unternehmen, besonders der Führung, aktiv darauf Einfluß nehmen. Nicht durch erhobenen Zeigefinger, sondern am besten durch gelebtes Vorbild und kollegialen Hinweis und Rat. Personalmanagement muß aktiv an der Gestaltung des Wandels mitwirken. Aufgabenfelder für die nächsten Jahre gibt es genug.

6.4 Der richtige Weg

Oft nimmt man an, daß beim Start eines Unternehmens wie bei einem Planungsprozeß bereits alle notwendigen Bausteine für die spätere Unternehmung zurechtgelegt werden und man sich der Auswirkungen auf die Unternehmenskultur voll und ganz bewußt ist. Oft läßt sich im nachhinein leicht feststellen, warum sich ein Unternehmen in bestimmter Weise entwickelt hat. Es ist jedoch schwer, ex ante zu planen, wie sich das Unternehmen entwickeln bzw. ein Unternehmen wandeln soll, denn dies setzt einen langwierigen Lernprozeß auf der Basis einer historisch gewachsenen Unternehmenskultur voraus. Entscheidend ist, daß die Verantwortlichen von ihrer Vision, ihren ethischen Grundwerten überzeugt sind, diese also im Herzen tragen und aktiv umsetzen.

Eine gewachsene Unternehmenskultur ist ein Ganzes, von dem man nicht nach Bedarf einzelne Teile auswählen oder wegfallen lassen kann. Man würde die Glaubwürdigkeit verlieren. Eine gewachsene Unternehmenskultur ist vernetzt, ihre Teile laufen ineinander, Stein muß auf Stein passen.

Es gibt nicht den richtigen Weg. Der Weg, den Hewlett-Packard gegangen ist, ist nur einer von vielen möglichen. Jedes Unternehmen muß sich die Kultur suchen und schaffen, die zu ihm und seinen Mitarbeitern paßt. Entscheidend ist in jedem Fall, daß die Grundziele und -werte ethisch fundiert und in sich schlüssig sind.

3. Kapitel

Organisationen im Wandel am Beispiel der Asea Brown Boveri Schweiz

Dr. Hansruedi Schiltknecht

1. Einleitung

Am 10. August 1987 gaben die Verwaltungsräte der BBC Brown Boveri AG in der Schweiz und Asea AB in Schweden die Zustimmung zum Zusammenschluß der weltweiten Aktivitäten ihrer Gesellschaften.

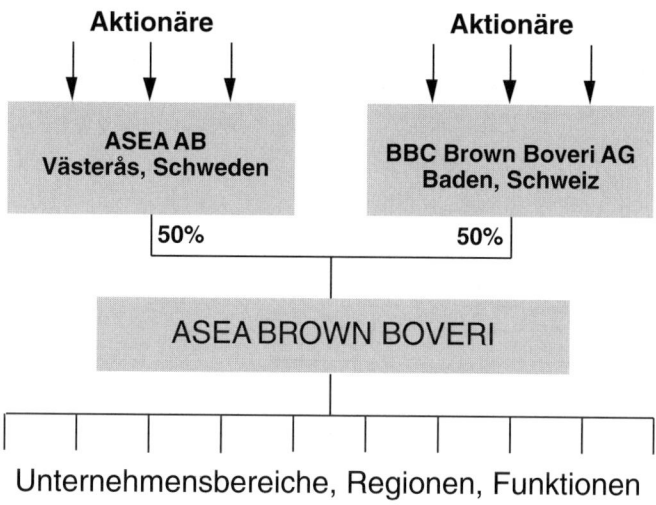

Abb. 1: Beteiligungsstruktur der ASEA BROWN BOVERI

Die neue Firma Asea Brown Boveri wurde durch den Zusammenschluß zu einem europäisch verankerten, weltweit operierenden Unternehmen mit 800 Gesellschaften und 40 Unternehmensbereichen in gut 150 Ländern mit 160 000 Mitarbeitern und rund 24 Milliarden Schweizer Franken Umsatz. Im Anschluß an diese Bekanntgabe schufen einige wenige Arbeitsgruppen in nur gut fünf Monaten die Voraussetzungen, damit der neue Konzern am 1. Januar 1988 seine Tätigkeiten aufnehmen konnte.

Organisatorisch ging es darum, die beiden Firmenstrukturen aufeinander abzustimmen. Man entschied, daß der neue Konzern von einer kleinen Zentrale aus koordiniert und von damals fünf großen Regionalzentren – Schweden, Schweiz, Bundesrepublik Deutschland, Italien und Norwegen – geführt werden sollte.

Die bei BBC Brown Boveri seit 1986 eingeführte Matrixorganisation wurde im neuen Konzern beibehalten. Die weltweite strategische Verantwortung liegt bei den in der Zentrale tätigen Spartenleitern und die operationelle Ergebnisverantwortung bei den Regionalleitern. Sie beinhaltet marktnahe, flexible Organisationseinheiten mit kurzen Kommunikations- und Entscheidungswegen.

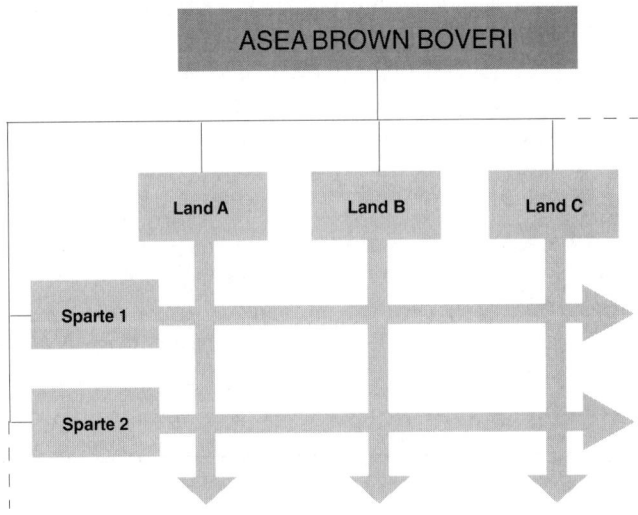

Abb. 2: Matrixorganisation bei ABB

Als die Asea Brown Boveri Schweiz mit Sitz in Baden am 4. Januar 1988 gegründet wurde, präsentierte sich die obige Ausgangslage. Sie befand sich im Vergleich zu den übrigen neuen ABB-Gesellschaften in einer besonders schwierigen Situation, denn sie mußte sich vom Stammhaus des ehemaligen Brown Boveri Konzerns mit einer Vielzahl von zentral erbrachten Dienstleistungen in eine ertragreiche industrielle Regionalgesellschaft wandeln.

2. Asea Brown Boveri Schweiz auf dem Weg in die Zukunft

Das Ziel, welches der ABB Konzern der Region Schweiz vorgab, lautete: National, international und im ABB-Verbund die Konkurrenzfähigkeit wesentlich zu steigern und in allen Geschäftsgebieten nachhaltig Gewinn zu erwirtschaften.

Eine Analyse der Schweizer Gesellschaft ergab, daß sie sich bis zu diesem Zeitpunkt zu langsam an den Verdrängungswettbewerb angepaßt hatte und kostenmäßig nach innen und außen nicht mehr konkurrenzfähig war. Diese Erkenntnisse galt es möglichst rasch zu korrigieren. Eine kleine interne Arbeitsgruppe, durch externe Berater unterstützt, erarbeitete drei Maßnahmenpakete von grundsätzlicher Bedeutung:

1. Ein für die Schweizer Gesellschaft erarbeitetes Unternehmens-*Leitbild* soll den ehemaligen Stammhausmitarbeitern den Wechsel zur Asea Brown Boveri erleichtern.

2. Ein Straffungs- und Dezentralisierungsprogramm in den Dienstbereichen und Funktionen soll vermehrt *Dynamik* in die Firma einfließen lassen.

3. Die Gründung von selbständigen, *kleinen Unternehmen* als hundertprozentige Tochtergesellschaften soll es ermöglichen, jungen Nachwuchskräften früh Führungsaufgaben auf oberem Level zu übergeben und die Hierarchien flacher sowie die Entscheidungswege kürzer zu gestalten.

Es gilt nun im folgenden, auf die drei Punkte – Leitbild, Dynamik, kleine Unternehmen – näher einzugehen, um aufzeigen zu können, welchen Wandel die Organisation in kürzester Zeit erlebte, damit ihre Zielsetzung – erfolgreicher, flexibler und transparenter – realisiert werden konnte.

3. Das ABB-Leitbild

3.1 Die Entwicklung des Leitbildes

Die Geschäftsleitung der ABB-Schweiz entschloß sich, ihre Rolle innerhalb der Konzernstrategie und -organisation durch ein Leitbild zu beschreiben. Man entschied sich für ein „top down"-Vorgehen, das heißt, die Geschäftsleitung erarbeitete unter Anleitung externer Berater ihr Leitbild selbst. Es wurde ein kleiner Faltprospekt in Brieftaschenformat in moderner Aufmachung gedruckt und jedem Mitarbeiter gegeben. Die Geschäftsleitung veranlaßte auch, daß jede neugegründete Firma dieses Leitbild für ihre individuellen Verhältnisse umsetzte und konkretisierte.

Es war ihr dabei klar, daß ein Durchlesen des Leitbildes allein nicht genügen konnte. Auf allen Stufen mußte diskutiert werden: Was bedeuten die Aussagen des Leitbildes in der Sprache des eigenen Bereichs? Entsprechen die eigenen Strategien, Merkmale und Fähigkeiten dem Leitbild? Dies geschah im

Zeitraum von sechs Monaten in eintägigen Leitbild-Seminaren, und zwar über alle Kaderstufen hinunter bis zum Mitarbeiter an der Drehbank oder im Postversand.

3.2 Die wichtigsten Aussagen

Den vollständigen Text des Leitbildes sowie dessen Interpretation möchten wir nicht vorstellen, sondern den Schwerpunkt auf die Kapitel legen, die mit Organisation und Führung zusammenhängen.

Kap. 1: *„Die Rolle im Konzern*
Die CHABB (= Asea Brown Boveri Schweiz) ist eine Schweizer Firma. Sie trägt innerhalb der Strategien des Konzerns und seiner Geschäftssegmente operative Geschäfts- und Ergebnisverantwortung ..."

Gemäß dieser Aussage hat die Schweizer ABB Gesellschaft eigenen Handlungsspielraum im Rahmen ihrer Geschäfts- und Ergebnisverantwortung. Darunter versteht man die Verantwortung für den mittel- und langfristigen Aufbau von Erfolgspotential sowie die Pflicht zur Umsetzung dieses Potentials in Ertrag.

Kap. 4: *„Fähigkeiten und Ressourcen*
Der unternehmerische Erfolg wird entscheidend vom Einsatz und den Fähigkeiten der Mitarbeiter bestimmt. Leistung ist deshalb die maßgebliche Grundlage für Entlohnung und Beförderung."

Leistung wird im Leitbild umfassend verstanden, von der Stückzahl über das Arbeitsklima bis zum Führungsstil. „Führen mit Zielen" und „Mitarbeiterbeförderung" sind daher Grundsätze, die mehr denn je gelten und durch Maßnahmen wie Einführung eines leistungsgerechten Salärsystems, Bonusystems oder Management Development konkretisiert werden.

Kap. 4.3: *„Die Verfügbarkeit technisch und betriebswirtschaftlich hervorragend ausgebildeter Fachleute muß eine besondere Stärke von CHABB sein, auf deren Erhaltung geachtet wird."*

Kompetenz und Qualität der ABB Schweiz beruhen wesentlich auf einer besonderen Stärke des Schweizer Werkplatzes: auf der lückenlosen Kette qualifizierter Fachleute auf allen Stufen des Unternehmens, vom Facharbeiter bis zum Wissenschaftler. Mit Investitionen in eine hochstehende Lehrlingsausbildung und in die führungsmäßige, betriebswirtschaftliche und fachspezifische Weiterbildung wird diese Stärke erhalten.

Kap. 4.4: *„Auf der Basis ihrer Fähigkeiten und Ressourcen nimmt CHABB wirtschafts- und gesellschaftspolitische Verantwortung aktiv wahr, beispielsweise in den Gebieten der Ausbildung, der Politik und des Umweltschutzes."*

Das öffentliche Engagement von ABB Schweiz wird sowohl von der Badener Holdinggesellschaft wie den Tochtergesellschaften wahrgenommen. Die Holding ist Gesprächspartner der Verbände und Behörden, etwa in der Lehrlingsausbildung oder der Hochschulreform, während die Tochtergesellschaften in den spezifischen Fachbereichen aktiv werden.

Kap. 5.1: *„Führung und Organisation*
CHABB bildet eine dezentrale Organisation mit geschäftsnaher Führung im Rahmen der Konzernstruktur."

ABB Schweiz führt das gesamte industrielle Geschäft in rechtlich selbständigen Tochtergesellschaften. In dieser dezentralen Organisation sollen Vorteile kleiner Unternehmen mit der Stärke des großen Gesamtverbandes kombiniert werden. Die Geschäftsleitung der ABB Schweiz führt die Tochtergesellschaften insofern, daß sie ihnen konkrete Ziele setzt, die Zielerreichung überwacht und sich an den wichtigen Entscheidungen beteiligt.

Kap. 5.2: *„Die Leitung obliegt den Geschäftsleitungsbereichen, welche von kleinen, aber hochqualifizierten Führungsstäben unterstützt werden."*

Die rund fünfzig Tochtergesellschaften der ABB Schweiz lassen sich nicht von einer einzigen Stelle aus leiten. Die Gesellschaften sind deshalb in „Geschäftsleitungsbereiche" zusammengefaßt und einem Mitglied der Geschäftsleitung der ABB Schweiz unterstellt. Meist ist dieses Geschäftsleitungsmitglied zugleich auch Verwaltungsratspräsident der betreffenden Tochtergesellschaft.

Kap. 5.3: *„Die Tochtergesellschaften und Geschäftsbereiche bilden organisatorische Einheiten mit der Geschäfts- und Ergebnisverantwortung, um die weltweiten Strategien der Business Areas umzusetzen."*

Die industrielle Tätigkeit obliegt den Tochtergesellschaften, welche für die Geschäftsführung und das Geschäftsergebnis verantwortlich sind. Die einzelnen Gesellschaften verfügen über einen operativen Freiraum, einerseits durch die weltweite Strategie ihrer Business Area, andererseits durch die Kompetenzordnungen von Konzern und ABB Schweiz.

Kap. 5.4: *„Diese Einheiten stellen den Kristallisationspunkt für Identifikation und Motivation der Mitarbeiter dar. Sie sind verantwortlich für die Förderung und Entwicklung von deren Fähigkeiten."*

Das Berufsleben der Mitarbeiter spielt sich in den Tochtergesellschaften ab, die damit auch die Arbeitgeber-Funktionen übernehmen. In diesen kleinen, überschaubaren Unternehmen sollen sich die Mitarbeiter als Teil eines Teams fühlen, wo es auf jeden einzelnen ankommt. Über dem Ganzen muß aber das „Wir-Gefühl" im ABB-Verband stehen.

Kap. 5.5: *„Die Verantwortung der Geschäftsführung dieser Einheiten bietet initiativen Persönlichkeiten die Chance, sich als Unternehmer mit weitgehendem Freiraum zu bewähren. Für den Aufstieg in höhere Führungspositionen ist internationale Erfahrung eine wichtige Voraussetzung."*

Mit der Bildung der kleinen Tochtergesellschaften erhalten junge Leute viel früher die Chance, sich als Unternehmer zu bewähren. Durch Delegation von Aufgaben und Kompetenzen in die Tochtergesellschaften wurden Freiräume geschaffen, die unternehmerisch voll genutzt werden sollen.

Kap. 5.6: *„CHABB als gemeinsames Dach bietet allen Mitarbeitern die Vorteile einer finanzstarken und vielseitigen Großunternehmung. Als Mitglied des ABB-Konzerns öffnet sie den Zugang zu internationalen Entwicklungsmöglichkeiten."*

Der ABB-Verband als gemeinsames Dach bietet viele Vorteile: Sicherheitsnetz für Mitarbeiter, Kunden und Geschäfte im Aufbau; Stärke durch Größe bei Lieferanten, Banken und Behörden; Zugang zu den internationalen Verbindungen des Konzerns.

Mit den im Leitbild festgehaltenen Aussagen hofft man, den Mitarbeitern, die durch den Zusammenschluß und den Verlust der weltweiten Stammhausfunktion verlorengegangene Identifikation wiederzugeben. Gleichzeitig sollte damit ein Weg innerhalb der neuen ABB-Struktur aufgezeigt werden, der allen die Chance gibt, sich im weltweit zunehmend schärferen Wettbewerb zu behaupten.

4. Das Projekt „Dynamik"

4.1 Zielsetzung

Zur Wiedererlangung der Wettbewerbsfähigkeit entschied sich die Schweizer Geschäftsleitung im Januar 1988 für eine Dezentralisierung der Dienstbereiche und Stäbe sowie für eine weitreichende Verselbständigung von zentral erbrachten Aktivitäten. Mit diesem Vorgehen wollte man die schwer kontrollierbaren Zwangsumlagen für die operativ-tätigen Bereiche eliminieren. Im folgenden wird dieses Projekt skizziert, das den Namen „Dynamik" erhielt:

Alle im Regionalbereich Baden zusammengefaßten zentralen Stellen wurden auf Möglichkeiten wie Eingliederung in neugegründete Unternehmensbereiche (UB), Ausgliederung als marktfähige Leistungseinheiten oder Ersatz durch Zukauf der entsprechenden Dienstleistung (DL) analysiert.

Um dieses Ziel zu erreichen hieß es, in Zukunft in den Bereichen der Region Schweiz auf gewisse Leistungen zu verzichten, Sekundärfunktionen zu divestieren, bisherige zentrale Dienstleistungen in die Unternehmensbereiche abzutreten und Profit Centers zu realisieren.

4.2 Maßnahmen

Die so geplante Restrukturierung wollte man laufend umsetzen und innerhalb von nur 12 Monaten vollständig realisieren.

Rund 4 300 Mitarbeiter, was ein Viertel des gesamten schweizerischen Personalbestandes darstellte, plante man durch das Projekt „Dynamik" wie folgt massiv zu reduzieren:

– 1 580 Mitarbeiter sollten dezentralisiert werden, das heißt ihre Funktionen wurden in die neu gegründeten Unternehmensbereiche integriert.

– 830 Mitarbeiter wollte man in ausgegliederte Unternehmungen übertreten lassen, welche für ABB, aber auch auf dem freien Markt tätig sein würden.

– 500 Mitarbeiter, namentlich aus der Konzernforschung und den zentralen Laboratorien sowie den regionalen Länderdiensten, sollten in die Konzernholding übergehen.

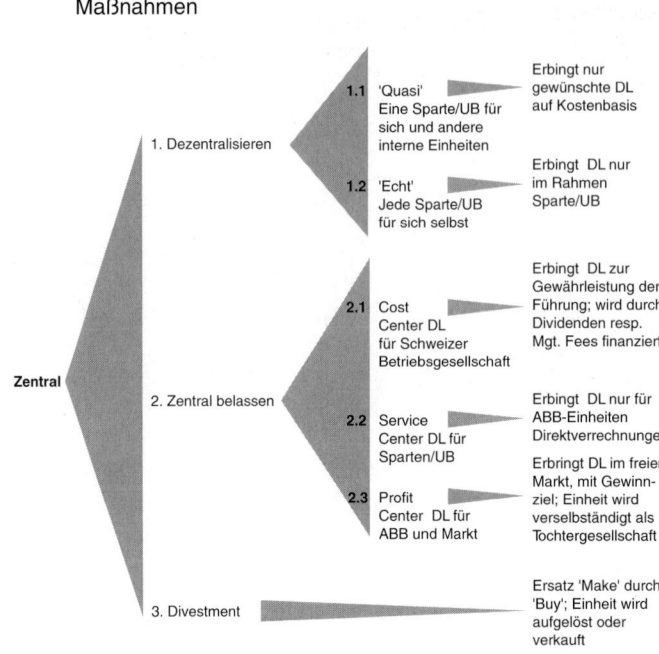

Abb. 3: Optionen zur Restrukturierung der FB und DB

– 1 080 Arbeitsplätze plante man durch Rationalisierung und Divestitionen reduzieren zu können. Man hoffte jedoch, 440 Plätze außerhalb der ABB zu schaffen, und zwar so, daß man Betriebe inkl. Arbeitsplätze, wie etwa die Hausdruckerei, verkaufte. Es handelte sich um Leistungen, welche ABB benötigte, jedoch nicht mehr selber erbringen wollte.

– 150 Mitarbeiter sollten in zentralen Service Centers mit der Aufgabe verbleiben, ABB-intern diejenigen Dienstleistungen zu erbringen, welche auf dem freien Markt nicht bestanden.

– 150 Stellen blieben in der Zentrale als Cost Centers bestehen. Sie sollten durch ihre Aktivitäten das regionale Management unterstützen, wie z. B. Controlling, Information und Führungsentwicklung.

Es war der Geschäftsleitung klar und es wurde von ihr auch akzeptiert, daß die oben formulierte, sachlich wie zeitlich höchst anspruchsvolle Zielsetzung während und nach der Realisierung Friktionen haben könnte; dies umso mehr, als man eine rasche Umsetzung anstrebte.

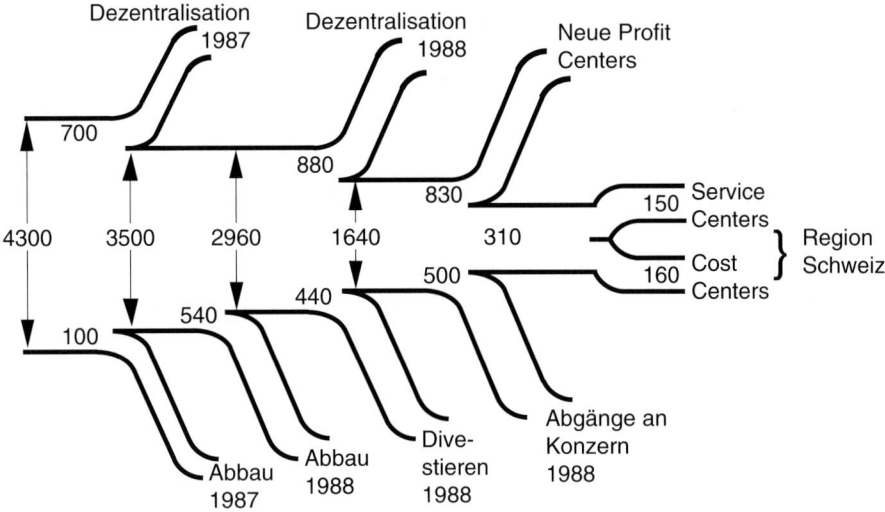

Abb. 4: Projekt „Dynamik"

4.3 Organisation des Projektes

Hierher gehörten z. B. die Festlegung der zu bearbeitenden zentralen Einheiten, die Erfassung der Ist- und Soll-Personalbestände, die Bestimmung und Orientierung der zu formierenden Arbeitsteams und vor allem auch die Orientierung der Unternehmensbereiche sowie der Sozialpartner (Angestelltenverbände/Betriebskommission).

Um dem Projekt das nötige Gewicht zu geben, übernahm der Vorsitzende der Geschäftsleitung die Leitung des Kernteams. Im weiteren gehörten dem Team drei Geschäftsleitungsmitglieder an: der Leiter des Finanz und Controllings, der Personalleiter sowie ein Mitglied mit operativer Verantwortung. Das Kernteam koordinierte, überwachte und überprüfte die Arbeit und nahm auch besonders wichtige und schwierige Fragen selbst in die Hand. Es unterstützte die verschiedenen Arbeitsteams bei ihrer Arbeit, vor allem bei der Pflege der internen Beziehungen. Unterstützt wurde das Kernteam von einem externen Beraterteam. Alle zwei Wochen fand ein vier- bis fünfstündiges Meeting statt. An den Kernteamsitzungen nahm zusätzlich der Chief Implementation Manager teil. Diese für das Projekt „Dynamik" neu geschaffene Funktion hatte die Hauptaufgabe, alle Vorentscheidungen des Kernteams den Sozialpartnern und den betroffenen Bereichen darzulegen, zu begründen und deren Stellungnahmen einzuholen. Die definitiven Entscheidungen wurden den jeweils Beteiligten ebenfalls durch den Chief Implementation Manager eröffnet und begründet, der dann auch die Realisierung zu überwachen hatte. Neben dem Kernteam wurden zwei Arbeitsteams gebildet, welche dem Kernteam … und die Unterlagen zu erarbeiten hatten.

4.4 Bewältigung von Systemimplikationen

Gleich zu Beginn des Projektes galt es, sämtliche Implikationen der Restrukturierung für die betroffenen Informationssysteme wie auch das gesamte Berichtswesen zu identifizieren und sicherzustellen. Man wollte damit einerseits verhindern, daß das Projekt an systemischen Unmöglichkeiten scheiterte oder durch diese verzögert würde. Andererseits sollte die Führ- und Kontrollierbarkeit der ausgegliederten Einheiten sowie ein funktionsfähiges Berichtswesen zwischen Konzernleitung, Regionalleitung und lokalen Unternehmensbereichsstellen ab 1. Januar 1989 gewährleistet sein. Diese Phase wurde parallel zur Restrukturierung bearbeitet.

4.5 Zwischenbilanz

Nach 17 Monaten „Dynamik" konnte Ende März folgende Zwischenbilanz gezogen werden:

Das ganze Projekt war zeitraubend, intensiv und belastete die Betroffenen wie die Entscheidungsträger in jeder Hinsicht mehr als zu Beginn vermutet. Neben diesem Restrukturierungsprogramm waren noch weitere Aktionen zur Verbesserung der geschäftlichen Situation durchzuführen, ganz abgesehen von den täglichen Aktivitäten, die zur Erfüllung der Zielsetzungen für das Geschäftsjahr 1988 notwendig waren.

Die gesteckten Ziele beim Projekt „Dynamik" waren nach Abschluß des 1. Quartals 1989 weitgehend erreicht. Der Personalbestand ging in den zentral verbleibenden Service- und Cost-Centers von 4 300 Personen auf 880 zurück, 580 Mitarbeiter mehr als geplant, weil einige grundsätzliche Entscheidungen geändert, zurückgestellt oder erst später vollzogen werden konnten. Neben der Informations-, der Normungs-, der Rechts- und Steuerabteilung und den zentralen Diensten wie Telephon, Feuerwehr usw. umfaßten die verbleibenden Service- und Cost-Center vor allem die Finanz- und Kontrollfunktionen der Schweizer Holding sowie deren Personalaktivitäten wie Management Development, Aus- und Weiterbildung, Personalversicherungen usw.

1 130 Personen wurden bis zu diesem Zeitpunkt dezentralisiert. Am Ende des ersten Quartals 1989 waren folgende Funktionen praktisch vollständig in die operativen Bereiche integriert: Auswärtsmontage, Lager, Einkauf, Bereichs-Controlling und Bereichspersonalstellen, Spedition usw. Ohne Schwierigkeiten wurden die Dezentralisierungen dort realisiert, wo ganze Einheiten gesamthaft neu eingegliedert werden konnten. Probleme entstanden leider in dieser Phase systemseitig bei den kaufmännischen Funktionen und bewirkten einige Verzugsprobleme bei der Integration in die Unternehmensbereiche.

930 Mitarbeiter wechselten in die neugegründeten Profit Centers. Alle durch das Projekt ausgelösten Verselbständigungen konnten realisiert werden. Gegenüber der Planung wurden außerdem 100 zusätzliche Mitarbeiter beschäftigt. Als neue Gesellschaften traten am Markt auf: ABB Mikro + Repro AG, ABB Produktionstechnik AG, ABB Unifer AG (Universelle Fertigung) und fünf weitere eigenständige Firmen. Die ersten Erfahrungen dieser Gesellschaften waren positiv; bemängelt wurde jedoch bald der große Aufwand, welchen diese kleinen Verbände (bis 35 Mio. SFr. Umsatz) für das Reporting an den Konzern zu leisten hatten. Zusätzliche Probleme gab es in der Anfangsphase, weil zu wenig klare Richtlinien bestanden und die Gesellschaften nur über wenige Mitarbeiter mit den notwendigen Kenntnissen in Unternehmensführung verfügten.

Mit rund dreimonatiger Verspätung konnten alle bis auf eine der geplanten Divestierungen realisiert werden. Leider ließen sich dabei nur 200 Arbeitsplätze außerhalb der ABB durch die neuen Arbeitgeber garantieren. Folgende Aktivitäten wurden u. a. von Drittfirmen übernommen: Buchdruckerei, Schreinerei, Personaltransporte, Verpflegungsbetriebe. Diese Entscheidungen haben beim Personal und in der Öffentlichkeit mehr oder weniger scharfe Reaktionen ausgelöst und waren neben dem echten Stellenabbau die schwierigsten Entscheidungen, die es zu vertreten galt.

Die Abbauzahl (inkl. Divestierung) für das Projekt „Dynamik" wurde zu Beginn des Jahres 1988 mit 1 080 Stellen angegeben. Aus den Kernteamentscheidungen resultierte bis Ende März 1989 erst ein Abbau von 730 Personen. Bei allen Beteiligten forderte die Phase sehr viel Verständnis; die Betroffenen, deren Vorgesetzte, die Personalstellen und besonders die Sozialpartner hatten ein enormes Pensum an Beurteilungen, Gesprächen und Entscheidungen zu absolvieren. Was geschah mit den vom Abbau betroffenen Mitarbeitern? Es wurde ein recht weitreichendes Auffangnetz erarbeitet. Man wollte nicht nur als verantwortungsbewußter Unternehmer den Marktanforderungen gerecht werden, sondern sich in guten wie schlechten Zeiten auch als verantwortungsbewußter Arbeitgeber ausweisen.

Ein Sozialplan, der paritätisch erarbeitet worden war, sah u. a. vor, daß alle Möglichkeiten der internen Versetzung genutzt werden mußten, die Firma Unterstützung bei externer Stellensuche anbot und Kündigungsfristen verlängert werden konnten. Ferner bot dieser Sozialplan auch die Möglichkeit zur vorzeitigen Pensionierung (57./60. Lebensjahr) an. Alle, die von dieser Möglichkeit Gebrauch machten, erhielten bis zum Erreichen des ordentlichen Rentenalters bereits die zu erwartenden Rentenleistungen. Austrittsentschädigungen, Outplacement-Beratung usw. waren weitere Bestandteile des Sozialplanes. Zusätzlich stellte die Firma zu Lasten eines patronalen Fonds zehn Millionen SFr. bereit, um in individuellen Härte- und Sozialfällen weitere Leistungen erbringen zu können, und zwar auch nach dem Firmenaustritt. Eine paritätische Kommission befindet über die Zuteilung dieser Gelder.

Bis heute darf gesagt werden, daß dieser Abbau dank des recht großzügig konzipierten Sozialplanes, der guten Arbeitsmarktlage und der positiven Sozialpartnerschaft, welche auf der Basis von Treu und Glauben gepflegt wurde, ohne größere Probleme und Schwierigkeiten realisiert werden konnte. Die wenigen Einzelschicksale, die trotz aller Bemühungen nicht zur Zufriedenheit gelöst werden konnten, sollen bei der grundsätzlich günstig lautenden Schlußbetrachtung doch erwähnt sein.

Abschließend kann gesagt werden, daß das Projekt die Ziele erreichte, welche sich die Geschäftsleitung gesetzt hatte: Flexibilität und Dynamik. Zeitlich erlitt das Projekt jedoch Verzug und konnte erst Mitte 1990 abgeschlossen werden.

5. Organisation und Führungskonzept

5.1 Die dezentrale Organisation

Ein weiteres Maßnahmenpaket hieß Dezentralisierung des großen Unternehmensblocks in überschaubare, selbständige Einheiten.

Trotz der vielen Vorteile, welche Ausgründungen bieten, war man sich bewußt, daß sie neben gewissen Risiken auch Mehrkosten nach sich ziehen würden. Einerseits, weil beispielsweise am Standort Schweiz durch solche Aktionen rechtliche und steuerliche Vorteile des Großunternehmens verloren gehen konnten und andererseits, weil darauf zu achten war, daß die neuen Unternehmen primär ein strategisches Erfolgspotential und ein fähiges Management besaßen. Die Beantwortung von einigen Grundfragen war deshalb für die Vorentscheidung einer Ausgliederung von Bedeutung: Kann das Ergebnis dauerhaft verbessert werden? Ist das Aktivitätsfeld attraktiv genug für ein selbständiges Unternehmen? Werden die Einstiegskosten durch künftige Gewinne getragen? Bestehen Synergien zu den bisherigen Geschäftsaktivitäten? Besitzt der zu verselbständigende Geschäftsbereich das notwendige qualifizierte Managementpotential?

Um die Geschäftseinheiten richtig beurteilen zu können, wurde als „Meßlatte" folgender 9-Punkte-Katalog aufgestellt:

– Strategie, langfristige Planung und Zielsetzung sind abgestimmt und können bei veränderten Marktbedingungen rasch angepaßt werden.

– Das Produkt oder die Dienstleistung entspricht einem echten Kundenbedürfnis.

– Neue Erkenntnisse aus Wissenschaft, Forschung und Entwicklung auf allen den Unternehmen dienenden Gebieten werden genutzt.

– Qualität und Preis der Dienstleistungen oder des Produktes sind mindestens gleich wie bei der Konkurrenz und orientieren sich primär an den Marktgegebenheiten.

– Die Forderungen von finanziellen Mitteln beschränken sich auf das betriebswirtschaftlich Notwendige.

– Die Unternehmung kann jederzeit veränderten Umweltbedingungen angepaßt werden.

– Die Mitarbeiter werden in diesen überschaubaren Unternehmungen durch Eigenverantwortlichkeit zu Höchstleistungen motiviert und steigern so auch das Leistungspotential.

– Die sozialpolitischen Rahmenbedingungen werden optimiert.

– Die unternehmensinternen und -externen Informationen sind rasch erhältlich und klar aufgebaut. Sie fördern dadurch ein gutes Betriebsklima und schaffen ein positives Firmenimage.

Ein Team bearbeitete die Antworten und bereitete die Verselbständigung nach einem Ablaufschema vor. So war es möglich, zwischen Sommer 1988 und Herbst 1990 rund 30 Geschäftsgebiete aus dem großen Schweizer ABB-Unternehmensblock auszugliedern und zu hundertprozentigen Tochtergesellschaften zu erklären. Damit waren die ersten zwei Sätze über Führung und Organisation des Leitbildes realisiert. Um auch dem dritten Satz bezüglich organisatorischer Einheiten Genüge leisten zu können, wurden die selbständigen Aktiengesellschaften in thematisch ähnlich gelagerte Einheiten zusammengefaßt und den Mitgliedern der Geschäftsleitung als Bereiche mit Ergebnisverantwortung zugeteilt.

5.2 Das Führungskonzept der ABB Schweiz

Die Verselbständigung von Bereichen verlangt ein Führungskonzept, in dem klar geregelt wird, was im Konzern, in der Holding und den Tochtergesellschaften sowie in den dazugehörenden Verwaltungsräten zu geschehen hat. Dieses Konzept wurde in einem Grundsatzpapier „Zuweisung von Kompetenzen an die Führungsorgane" dargelegt. Darin wurde festgelegt, wer in welchen Fällen Vorgaben und Ziele gibt, wer wen orientiert, wer was beantragt, entscheidet oder durchführt. Für die einzelnen Mitarbeiter der neu verselbständigten Gesellschaften gab es keine direkten Veränderungen: Arbeitsplätze und Abteilungsstrukturen blieben erhalten, das firmeneigene Mitwirkungsprogramm galt weiterhin, ebenso der Gesamtarbeitsvertrag der schweizerischen Maschinenindustrie. Mit diesem Entscheid blieb auch das einheitliche Salärsystem für alle ABB-Gesellschaften in Kraft.

Den Führungskräften hingegen gibt die neue Zuweisung von Kompetenzen viel unternehmerischen Freiraum innerhalb ihrer eigenen Aktiengesellschaft.

Die umfangreiche Kompetenzzuweisung kann hier nicht vollständig wiedergegeben werden. Nachstehend sind die wichtigsten Regelungen zusammengefaßt, welche für die verselbständigten Gesellschaften von besonderem Interesse sind:

- Die Geschäftsleitung der Tochtergesellschaften hat sich an die Vorgaben der verschiedenen Führungsebenen wie Schweizer Holding, Business Area etc. zu halten.

- Geschäfte von strategischer Bedeutung, wie Akquisitionen oder Gesellschaftsgründungen, Investitionen in Land und Gebäude usw. fallen nicht in den Kompetenzbereich einer Tochtergesellschaft.

- Es gelten generelle Regelungen des Konzerns und der Holding für: Einkauf, Recht, Rechnungswesen, Controlling, Auftragsfinanzierung, Steuern, Zölle, Marketing, EDV, Information usw.

- Der Verwaltungsrat der Tochtergesellschaften entscheidet auf Antrag seiner Geschäftsleitung über Aufbauorganisation, Führungsgrundsätze und Geschäftsreglement.

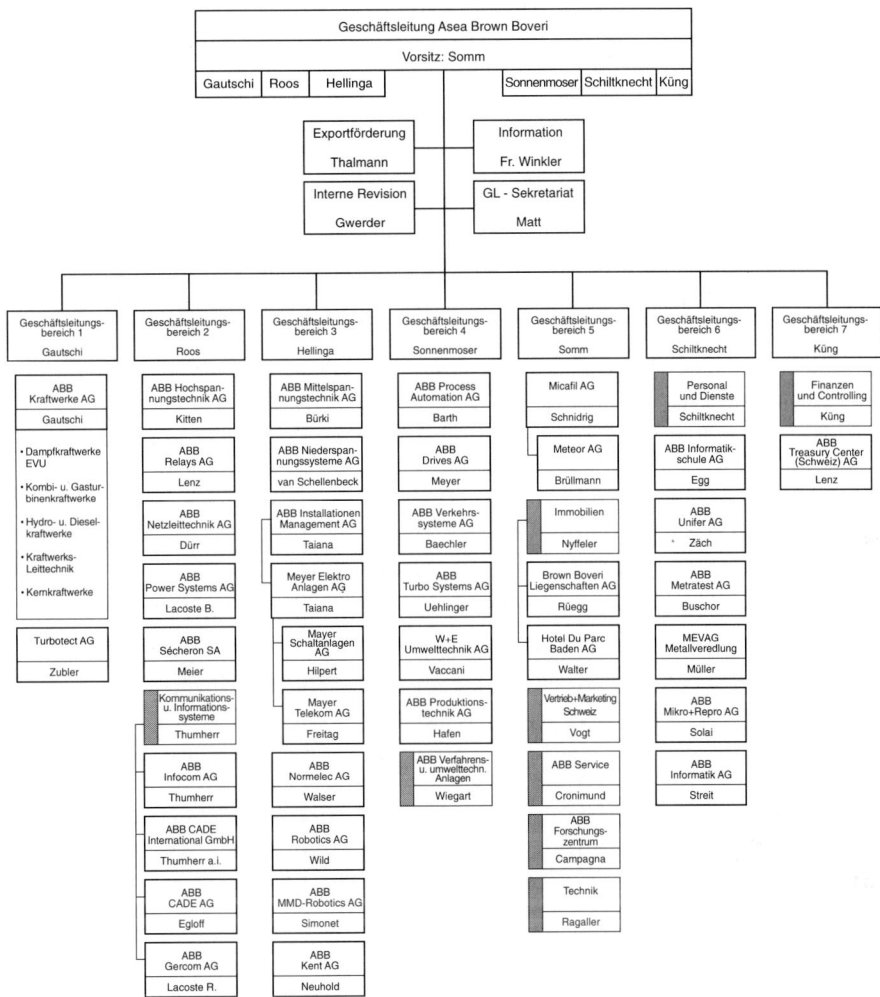

Abb. 5: Organisation Asea Brown Boveri Schweiz

– Die Arbeitgeber-Funktionen werden durch die Tochtergesellschaften wahrgenommen. In dieser Eigenschaft befinden sie über Einstellungen, Einzelentlassungen, externe wie interne Fachausbildung usw. Dagegen nimmt der Verwaltungsrat der Tochtergesellschaft bei der Festlegung der Bezüge der oberen Kader Einfluß, und zwar auf Antrag der Geschäftsleitung, welche sich nach der Vorgabe der ABB Schweiz richtet. Über den Salärrahmen des Personals, das dem Gesamtarbeitsvertrag unterstellt ist, entscheidet die Schweizer Gesellschaft, welche die Salärverhandlungen mit den Sozialpartnern führt.

Legende	
V =	Verbindliche Vorgabe
O =	Orientierung
E =	Entscheidung
D =	Durchführung
A =	Antragspflicht
VR =	Verwaltungsrat
VRP =	Verwaltungsratspräsident (i.d.R. Vertreter der Geschäftsleitung ABB CH)

Vorbemerkung: Die vorliegende Kompetenzzuweisung gilt im Rahmen und unter Einhaltung bestehender und zukünftiger Konzernweisungen und Corporate Staff Group Instructions

TEILFÜHRUNG UND ORGANISATION

Entscheidungsinhalte / Führungsorgane	Holding VR	Holding GL	AG VR VRP	AG VR VR	AG GL	Bemerkungen
WICHTIGE PERSONALENTSCHEIDUNGEN						Konzernweisung KL-33
- Ernennung (Funktion / Kaderstufe)						
GL Mitglieder Holding	E	A				
VR Mitglieder AG's	E	(E)	A			GV-Beschluss
Externe VR Mitglieder	E	(E)	A			Abstimmung mit Leiter Segment
Geschäftsführer	O	E	A			Abstimmung mit CEO/Leiter Segment
GL Mitglieder AG's			A	E		
Stiftungsräte	E	A				
Kontrollstelle Holding	E	A				GV-Beschluss
Kontrollstelle AG's		E	A			GV-Beschluss
- Beförderungen (Titel: Direktion, PP)						
Holding	E	A			A	
AG's		O		E		

Abb. 6: Kompetenzen der Führungsorgane

Die Zuweisung von Kompetenzen an die Führungsorgane wird als dynamisches und sehr flexibles Führungsinstrument angesehen, weil die sich ständig ändernden Rahmenbedingungen eine regelmäßige Anpassung des Unternehmens erfordern. Aus diesem Grund ist es nötig, jährlich ein- bis zweimal eine Situationsanalyse durchzuführen.

6. Wo steht die ABB Schweiz heute? Eine Schlußbetrachtung

Im Geschäftsbereich 1989 der Asea Brown Boveri AG, Baden, schrieb der Präsident des Verwaltungsrates, Dr. Th. Gasser: „Die schweizerischen ABB-Gesellschaften können mit Befriedigung auf ihr zweites Geschäftsjahr zurückblicken. Während 1988 die Strukturen, Sortimente und Kapazitäten den neuen Gegebenheiten im Konzern anzupassen waren, galt es 1989 zu beweisen, daß die eingeleiteten Maßnahmen auch konkrete Verbesserungen bewirken würden. Die Bewährungsprobe wurde bestanden."

Die Kennziffern der Holding Gesellschaft bestätigen diese Aussage eindrucksvoll. So ist der Bestellungseingang von 1,6 auf 3,5 Millionen SFr. und der Erfolg nach Finanzertrag und -aufwand von 40 auf 172 Millionen SFr. gestiegen.

Die ABB Schweiz hat ihre Chance genutzt und wird es auch weiterhin tun. Die 1988/1989 erarbeiteten Maßnahmen – Leitbild, Dezentralisation und Verselbständigung der Bereiche – sollen dabei weiterhelfen. Vor allem steht und fällt die Verwirklichung dieser Unternehmenselemente mit der Qualifikation der Mitarbeiter, welche sie umsetzen müssen. Ausgezeichnet ausgebildete Mitarbeiter und Qualitätsbewußtsein sind die Voraussetzungen für einen erfolgreichen Werkplatz Schweiz. Man ist sich in der Geschäftsleitung der Schweizer Gesellschaft bewußt, daß noch einiges getan werden muß, bis das neue Konzept reibungslos funktioniert. Die Führungskräfte müssen teilweise noch lernen, mit ihrer neu erworbenen Verantwortung und den dazugehörenden Kompetenzen mitzugehen.

Die bisher feststellbaren positiven Auswirkungen bestärken die Schweizer Geschäftsleitung jedoch in der Gewißheit, noch nicht am Ziel, aber auf dem richtigen Weg zu sein.

4. Kapitel

Lernende Organisationen

Dr. Tom Sommerlatte

1. Von Darwin bis Schumpeter: Überleben durch Innovation!

Charles Darwin erkannte und beschrieb als Evolutionsprinzip des Lebens die Anpassung an sich verändernde Umfeldbedingungen: Arten, die diese Anpassung nicht vollziehen, gehen im Existenzkampf unter, während die den neuen Umfeldbedingungen gerecht werdenden Arten einen unaufhaltsamen Aufschwung erleben[1]. Sowohl die Veränderungsmechanismen der Umwelt als auch die Anpassungsmechanismen der Arten sind in Darwins Modell fatalistischer Natur. Die Dinosaurier konnten nichts gegen den ihnen feindlichen Wandel tun und sie konnten sich selber nicht wandeln. Die siegreichen Arten passen sich nicht durch eigenes Kalkül oder eigene Wahl an, sondern durch statistische Mutationen.

Joseph Schumpeter konzipierte später eine Art von unternehmerischem Darwinismus[2]. Danach sind diejenigen Unternehmen, die auf erreichten Positionen und etablierten Kombinationen von Know-How und Ressourcen verharren, dem Untergang im Innovationswettbewerb geweiht. Denn andere Unternehmen suchen, durch neue Kombinationen von Know-How und Ressourcen das Bestehende niederzukonkurrenzieren und seinen Platz einzunehmen. Die treibende Kraft im Schumpeter'schen Modell ist der Unternehmer, der den Willen zum Innovationskampf hat. Durch diesen Willen gestaltet er nicht nur das Schicksal des eigenen Unternehmens, sondern häufig auch das Umfeld zum eigenen Vorteil. Er zerstört, um aufzubauen. Gegen-über dem Darwinschen Modell führte Schumpeter damit den Gestaltungswillen ein, durch den der Organismus „Unternehmen" seine Überlebenschancen erhöhen kann, wenn dieser Gestaltungswille auf innovativen Wandel ausgerichtet ist. Allerdings billigt Schumpeter diesen Willen und die Kraft, ihn durchzusetzen, nur dem Unternehmer zu, sozusagen dem Kopf des Organismus „Unternehmen". Die Ressourcen des Unternehmens kann der Unternehmer nach den Vorstellungen Schumpeters defensiv oder offensiv, verharrend oder innovativ einsetzen, um das Unternehmen seinem Niedergang oder seinem Aufschwung entgegenzuführen.

Heute wird jedoch immer offensichtlicher, daß der Gestaltungswille und die Kraft des einzelnen Unternehmers nicht mehr ausreichen, um das Überleben des Unternehmens zu sichern. Denn die Produkte und Leistungsprozesse in den Unternehmen sind so komplex geworden, die Umfeldbedingungen so

---

[1] vgl. Charles Darwin, „The Origin of Species", 1859
[2] vgl. Joseph Schumpeter, „Theorie der wirtschaftlichen Entwicklung", 1911

vielschichtig, daß der einzelne Unternehmer nicht mehr den Überblick wahren könnte, um alle Leistungsbereiche zu dirigieren, das vorhandene oder erforderliche Know-how wirkungsvoll zum Einsatz zu bringen und den Wandel des Umfelds zum Vorteil des Unternehmens zu nutzen. Er braucht heute das Mitdenken, Miterkennen, Mitplanen, Mitentscheiden und Mitwollen einer Führungsmannschaft, die in den einzelnen Leistungsbereichen „ihren Mann steht" und gemeinsam den Kurs des Unternehmens bestimmt.

Welche Technologien und Produkte das Unternehmen benötigt, um sich im Innovationswettbewerb zu behaupten, welche Marketing- und Vertriebsmaßnahmen die erfolgversprechendsten sind, wie am effizientesten produziert wird, wie sich der Bedarf der Kunden und damit die strategischen Erfolgsfaktoren im Markt verändern, welchen internationalen Marktchancen und Wettbewerbsgefahren das Unternehmen begegnen muß – das alles sind Fragen, auf die nur ein unternehmerisch motiviertes Team von Führungskräften qualifizierte Antworten finden kann. Die Antworten bauen auf einer immer größer werdenden Zahl von Informationen auf, die systematisch beschafft und interpretiert werden müssen, aber aus denen sich nicht zwangsläufig die Verhaltenweisen des Unternehmens ergeben. Denn um aus neuen Informationen neue Verhaltensweisen abzuleiten, bedarf es eines Lernprozesses – nicht nur des „einen Unternehmers", des „Master Mind", sondern aller Verantwortungsträger im Unternehmen. Daraus folgt, daß

– der Überlebenskampf der Unternehmen nicht mehr, wie von Schumpeter postuliert, allein von der Innovationskraft einzelner Unternehmerpersönlichkeiten abhängt, die in der Lage sind, aus dem Wandel des Umfelds zu lernen und daraus neue Chancen abzuleiten, sondern daß

– die Lernfähigkeit interdisziplinärer Gruppen von Verantwortungsträgern im Unternehmen über das Schicksal des Unternehmens und über seine Einflußnahme auf das Unternehmensumfeld entscheidet.

2. „Organizational Learning":
Alle lernen gemeinsam!

Die Bedeutung dieses „organizational learning" haben Unternehmensforscher und Führungskräfte wie Ray Stata, Jay W. Forrester, Peter M. Senge und Arie P. Geus erkannt [3] [4] [5] [6]. Ihr Modell der Evolution in Abhängigkeit vom „organizational learning" läßt sich auf jede Art von Organisation anwenden, auch auf politische Organisationen wie Gemeinden, öffentliche Verwaltungen und Staaten.

Lernen, wie wir es aus dem eigenen Erfahrungsbereich kennen, besteht darin, daß wir Informationen aufnehmen und daraus Erkenntnisse über die Angemessenheit unseres Denkens und Verhaltens ableiten. Das bisherige Denken und Verhalten ist auf ähnliche Weise durch Verarbeitung der bisherigen Informationen entstanden, entweder durch unmittelbares Verstehen oder durch die schmerzliche Erfahrung von Fehlverhalten. Um zu lernen, benötigen wir den ständigen Vergleich mit unseren bisherigen Denk- und Verhaltensmaximen – der Basis unserer derzeitigen Strategie – und den neuen Informationen. Je früher und feinfühliger wir Wandel aus den aufgenommenen Informationen entnehmen und je richtiger wir unsere Denk- und Verhaltensmaximen und unser tatsächliches Verhalten darauf einstellen, umso erfolgreicher sind wir.

Daß Schumpeter als Lernenden und Agierenden so uneingeschränkt den einzelnen Unternehmer herausstellt, lag mit ziemlicher Wahrscheinlichkeit an den damaligen Führungs- und Unternehmensstrukturen: in der politischen und unternehmerischen Führung kannte man weitgehend nur den alleinigen „Herrscher", und die zu führenden Ressourcen waren vom Unternehmer bzw. vom Eigentümer ob der beschränkten Größe und Komplexität der Unternehmen auch noch ausreichend zu überblicken.

Inzwischen haben sich diese Verhältnisse aber selber grundlegend geändert. Der Unternehmer mit Schumpeterschen Ambitionen müßte heute auf Dauer

---

[3] vgl. Ray Stata, „Organizational Learning – the Key to Management Innovation", Sloan Management Review, 1971
[4] vgl. Jay W. Forrester, „Counterintuitive Behavior of Social Systems", Technology Review, 1971
[5] vgl. Peter M. Senge, „The New Management: Moving from Invention to Innovation", New Management, 1986
[6] vgl. Arie P. de Geus, „Planning as Learning", Harvard Business Review, 1988

scheitern. Denn an Stelle des Erfolgsfaktors „Lernen" ist der Erfolgsfaktor „organizational learning" getreten. Worin liegt der Unterschied?

„Organizational learning" erfordert nicht nur, daß einzelne Mitglieder einer Organisation lernen, sondern daß sie ihre Informationsbasis einander zugänglich machen, daß sie einander über ihr bisheriges Denken und Verhalten unterrichtet haben, daß sie die Erkenntnisse aus den neuen Informationen miteinander abstimmen und sich über Verhaltensänderungen so einigen, daß sich die spezifischen Verhaltensbereiche, für die sie verantwortlich sind (z.B. in Forschung und Entwicklung, in Marketing und Vertrieb), gegenseitig unterstützen. Denn nur wenn alle Verantwortungsträger innerhalb der Organisation in der gleichen Richtung wirken, das gleiche Ziel ansteuern und sich aufeinander einstellen, kann die Organisation insgesamt wirkungsvoll eine innovative Leistung vollbringen. Die Überlebensfähigkeit von Unternehmen wird daher immer stärker von dieser Fähigkeit des „organizational learning" abhängen, nicht von der Entscheidungsfreudigkeit oder dem Kalkül einzelner. Im Gegenteil: der nicht kommunizierte und nicht mitgetragene Alleingang (z.B. in der Forschung und Entwicklung, wie wir es heute noch häufig beobachten) wird zum Schaden des Unternehmens gereichen.

3. Unternehmertum heute: Nicht einer für alle, sondern alle für eine gemeinsame Sache!

Wie kommen wir zu einer lernenden Organisation, wie können wir sicherstellen, daß unser Unternehmen durch eine besonders hohe Lernfähigkeit zu einer Hochleistungsorganisation wird? Und welche Rolle fällt dabei dem Unternehmer zu?

Die Management Consultants von Arthur D. Little (ADL) haben anhand ihrer Beobachtungen bei einer Vielzahl von Unternehmen festgestellt, daß zwei Ansätze erforderlich sind, um die Lernfähigkeit von Unternehmen im Sinne des „organizational learning" zu steigern:

– die Schaffung einer Unternehmenskultur des „Alle für eine gemeinsame Sache" und

– die Transparentmachung der für die Wettbewerbsfähigkeit und Effizienz entscheidenden Leistungsprozesse.

Bei hohem Entwicklungsrisiko und langen Entwicklungszeiten – Verhältnisse, die wir heute in immer mehr Branchen antreffen – muß ein Unternehmen so geführt werden, daß möglichst alle Verantwortungsträger in die Zielbestimmung für Entwicklungsinvestitionen einbezogen werden. So kann das vorhandene Know-how einfließen und ein breites Verantwortungsgefühl für die Zielerreichung geschaffen werden.

Der Selektionsprozeß der für die Zielerreichung geeignetsten Entwicklungsvorhaben muß nach Kriterien erfolgen, die von allen Verantwortungsträgern vertreten werden, damit eine hohe, von allen getragene Selektivität des Ressourceneinsatzes sichergestellt werden kann.

Eine enge Koordination zwischen allen involvierten Leistungserbringern im Unternehmen gewährleistet die größtmögliche Schlagkraft nach außen. Außerdem sind alle Verantwortungsträger an den Planungs- und Steuerungsmechanismen zu beteiligen, um ihre direkte Mitwirkung zu sichern, wenn Entwicklungsvorhaben auf der Basis von Zwischenergebnissen und Umfeldveränderungen reorientiert oder zugunsten von anderen Vorhaben gestoppt werden müssen.

Durch eine solche Unternehmenskultur des „Alle für eine gemeinsame Sache" können das Entwicklungsrisiko gemindert und die Entwicklungszeiten verkürzt werden, da alle Verantwortungsträger sich mit Eigeninitiative und einem hohen Verständnis der Gesamtzusammenhänge für den Erfolg der Entwicklungsvorhaben einsetzen und sich ihres Beitrages zu den entscheidenden Leistungsprozessen bewußt sind.

4. Transparenz der Leistungsprozesse sichert Wettbewerbsfähigkeit und Effizienz

Die meisten Unternehmen sind sich der wettbewerbskritischen Erfolgsfaktoren in ihrem Markt nicht ausreichend bewußt und können daher ihre Leistungsprozesse nicht zuverlässig im Sinne der Sicherung ihrer Wettbewerbsfähigkeit und Effizienz organisieren. Wir beobachten bei diesen Unternehmen ein auf Teilleistungen ausgerichtetes Zuständigkeits- und Abgrenzungsdenken. Die entscheidenden Leistungsprozesse sind bei ihnen durch Organisationsstrukturen zergliedert und erschwert. Es sind aber aus einer Kette von Einzelleistungen bestehende umfassende Leistungsprozesse, die den Erfolg der Unternehmen im Markt bedingen und zwar in dem Maß, in dem sie auf die Marktanforderungen ausgerichtet und zur positiven Differenzierung gegenüber dem Wettbewerb genutzt werden.

Eine der großen Herausforderungen für die Unternehmen besteht darin, sich Klarheit über die wettbewerbskritischen Erfolgsfaktoren zu verschaffen und sich in der Gestaltung ihrer Leistungsprozesse auf die Erfüllung dieser Erfolgsfaktoren auszurichten.

Hierbei muß den Mitgliedern der Organisation deutlich werden, welchen Beitrag sie zum effizienten, marktgerechten Ablauf der Leistungsprozesse beizusteuern haben – als Glied in einer Kette und nicht als isolierte Leistungsbringer. Beispielsweise müssen Entwicklungsvorhaben als Teilprozesse gesehen werden, die in einen Prozeß der Erhöhung des Kundennutzen eingebettet sind. Nicht die Abwicklung der Entwicklungsvorhaben macht den Erfolg des Unternehmens aus, sondern die marktgerechte Einbettung in den Kundennutzen-Optimierungs-Prozeß. Dazu gehören

– die Identifikation von Defiziten des Kundennutzen bei bestehenden Produkten und Leistungen,

– die Bewertung der Technologie- und Marktstärken des Unternehmens,

– die Festlegung von Zielen, die Zuordnung von Ressourcen und die Festlegung des strategisch relevanten Zeitrahmens,

– die Überführung in die Fertigung und in das Vertriebsprogramm und

– die Sicherstellung der geplanten Marktpenetration und Amortisierungsdauer der Entwicklungsaufwendungen.

Dieses Umdenken von Suboptimierung im eigenen Zuständigkeitsbereich zum Mitwirken in umfassenderen, marktorientierten Leistungsprozessen erfordert einen Lernvorgang, der nur durch die Transparentmachung der Erfolgsfaktoren im Markt und der zu ihrer Erfüllung erforderlichen Leistungsprozesse ausgelöst werden kann. Die Bereitschaft, zu lernen und Verhalten zu ändern, ist wiederum in einer Unternehmenskultur des „Alle für eine gemeinsame Sache" besonders hoch.

5. Leben durch Lernen

Lernende Organisationen sind, wie wir gesehen haben, in einem Umfeld schnellen Wandels und zunehmenden Innovationswettbewerbs diejenigen, die die größten Überlebenschancen aufweisen. Sie schaffen es, dem Darwin'schen Modell vom Untergang der nicht angepaßten Arten zu entgehen, aber sie leisten auch mehr, als nur von einem Schumpeter'schen Unternehmer auf Innovationskurs getrimmt zu werden. Sie sind gekennzeichnet durch eine interdisziplinäre Teamführung, die einen ständigen Abgleich herbeiführt zwischen

– einer Unternehmenskultur des „Alle für eine gemeinsame Sache",

– einem Prozeß des „organizational learnings" und

– der Gestaltung von umfassenden, marktgerechten Leistungsprozessen (ADL-Prozessen*) [7,8].

Um diesen Abgleich zu einem Wesenszug des Unternehmens werden zu lassen, sind zwei zusätzliche Schichten erforderlich (siehe Abbildung 1):

(1) eine Unternehmensführung, deren Hauptqualität die Fähigkeit der interdisziplinären Moderation ist,

(2) eine gemeinsame Informationsbasis über die wettbewerbskritischen Erfolgsfaktoren und die Leistungsanforderungen an das Unternehmen

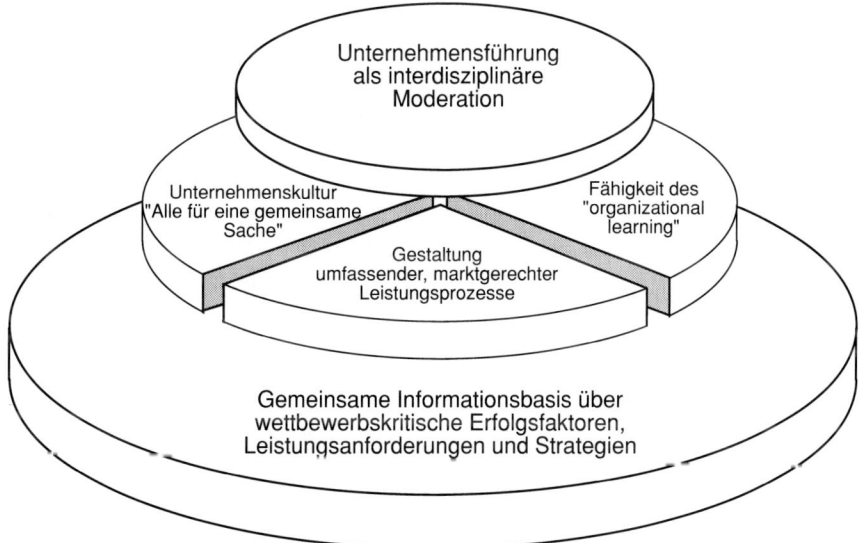

Abb. 1: Dreischichten-Modell der lernenden Organisation

---

* ADL-Prozesse: Aggregierte, differenzierungsfähige Leistungsprozesse
[7] vgl. Arthur D. Little (Hrsg.), „Management des geordneten Wandels", Wiesbaden, 1988
[8] vgl. Arthur D. Little (Hrsg.), „Management der Hochleistungsorganisation", Wiesbaden, 1989

Unternehmen, die dieses Dreischichten-Modell verfolgen, sind als soziale Organismen den Organismen in der Natur überlegen: sie verfügen über eine hohe Anpassungsfähigkeit gegenüber dem Umfeld, sie erkennen Umfeldveränderungen frühzeitig im „hellhörigen" Kontakt mit diesem Umfeld, und sie sind durch ihre Innovationsfähigkeit in der Lage, die Umfeldveränderungen zu ihrem Vorteil zu beeinflussen. Wenn sie „organizational learning" praktizieren, können sie sich so stark verändern, daß sie dem Darwinschen Ausleseprozeß entgehen können. Organisationen als Organismen können überleben durch Lernen und stetigen Wandel.

5. Kapitel

Hierarchie – Sackgasse der Evolution?

Dr. Gerhard Schwarz

1. Sozialstrukturen und moderne Technologien

Welche Auswirkungen haben die Informations- und Kommunikationstechnik auf die sozialen Aspekte und die Strukturen von Unternehmen? Sind neue Technologien eine Antwort auf veränderte Sozialstrukturen oder ändern sich Sozialstrukturen aufgrund neuer Technologien? Ohne Zweifel handelt es sich hier um eine Wechselwirkung. Technologien, die keine der vorhandenen individuellen oder kollektiven Bedürfnisse befriedigen, werden auf Dauer nicht erfolgreich sein. Umgekehrt kommen Sozialstrukturen, die sich dauerhaft gegen neue Technologien wehren, ins Hintertreffen und verschwinden langfristig.

Technologien und Sozialstrukturen müssen sich somit aneinander anpassen. Dieser Prozeß ist allerdings immer mühsam und konfliktreich. Deshalb wird oft gewartet bis es zu spät ist. Gravierende Strukturveränderungen geschehen meistens nicht aus Einsicht, sondern leider erst wenn ein Unternehmen in den roten Zahlen steckt.

Welche Organisations- und Strukturanpassungen macht die moderne Informatik möglich, aber auch nötig? Gelten im Zeitalter von Computern und Satelliten noch die Axiome der Hierarchie:

- Divide et impere! Oder: Wenn zwei sich streiten, freut sich der Dritte, der Chef.
- Entscheidungsmonopol und Machtmonopol an der Spitze und
- Weisheitsmonopol an der jeweils höheren Stelle?

Aufgrund der neuen Technologien können und müssen Informationen nicht nur an der Spitze verarbeitet, Konflikte müssen nicht immer nur nach oben delegiert werden. Manchmal fehlt an zentraler Stelle sogar die fachkundige Kompetenz zur Entscheidung im Konfliktfall.

Entscheidungen müssen sehr oft an kompetenter Stelle und nicht an der hierarchischen Spitze getroffen werden. Es gibt daher in sehr vielen Bereichen, wo die neuen Technologien eingesetzt werden, eine Kompetenzverlagerung. Das Sozialgebilde kann auf diese Kompetenzverlagerung in zweifacher Weise reagieren:

Wenn sachliche Information kein Monopol der Spitze mehr ist, kommt es entweder zur Aufgabe des Monopols und zur Umstrukturierung auf koordinierte Entscheidungsfindung. Der Manager wird zum Trainer, zum Coach. Oder es kommt zur Verlagerung des Monopols auf die soziale Ebene, zur Entwicklung einer „Höflingsstruktur". Dies ist unter dem Titel „divide et impera" immer schon praktiziert worden. Konflikte zwischen Mitarbeitern, Abteilungen und Bereichen werden toleriert, gelegentlich sogar gefördert, um die zentrale Machtposition zu erhalten.

2. Ursprung der Hierarchie

Die Organisationsform der Hierarchie (zu deutsch: „heilige Ordnung") ist vermutlich als Antwort auf einen relativ langwährenden Dauerkonflikt in der menschlichen Geschichte entstanden, der auch heute noch zentraler Punkt aller hierarchischen Systeme ist, nämlich der Konflikt zwischen Gruppen. Gruppen können sozusagen von „Natur aus" nicht kooperieren. Es gibt daher für Organisationskonflikte kein Grundmuster im Tierreich – wie es sie für Gruppen, Dreiecke und Paare gibt –, nach dem man die Voraussetzungen für menschliche Verhaltensmuster in ihrer Sozialstruktur verstehen kann.

Ich vermute, daß die Hierarchie durch Mächtigwerden von zunächst machtlosen Zentren entstanden ist, Marktplätzen, an denen Gruppen, die arbeitsteilig unterschiedliche Produkte im Überschuß erzeugten, diese Überschußprodukte tauschten. Eine solche Tauschform oder Tauschorganisation kann es bei den Jägern und Sammlern nicht gegeben haben, weil ihre Produkte schnell verderblich waren und sie diese jeweils nur zum Überleben „erzeugten". Erst mit der Haltung von Vieh und dem Anbau von Feldfrüchten, die gelagert werden konnten und so haltbare Produkte waren, gab es Überschußprodukte, die tauschbar waren. Um tauschen zu können, mußte man zentrale Orte aufsuchen, an denen sich Menschen automatisch getroffen haben; meist waren solche Orte an der Mündung von Flüssen, wo mehrere Täler zusammenkommen. Dort wurden die Überschußprodukte ausgetauscht und die Tauschprodukte wieder an den seßhaften Ort des Stammes gebracht. Durch die Differenzierung der ersten Ackerbau- und Viehzuchtkulturen entstanden sehr bald neben den Zentren Subzentren, Städte, Märkte und kleinere Tauschzentren, die miteinander vernetzt waren. Es entstand das, was die Soziologie heute indirekte oder anonyme Kommunikation nennt.

Diese Zentren waren allerdings, hatten sie eine bestimmte Größe erreicht, sehr gefährdet durch noch nicht seßhaft gewordene Jäger und Nomaden. Diese entdeckten nämlich, daß es möglich und auch sinnvoll ist, seßhafte Bauern nach der Ernte zu überfallen und ihnen den Ertrag der Ernte abzunehmen. Im Extremfall wurden sie auch umgebracht. Wenn das Ergebnis des Raubes verzehrt war, wurde einfach die nächste Ansiedlung überfallen. Auf diese Art sind die Zentren mit ihrer differenzierten Tauschorganisation immer wieder zugrunde gegangen. Nach einiger Zeit bildeten sich wieder

Tauschzentren, und das ganze „Gesellschaftsspiel" ging von neuem los. War das Gebilde groß genug, so daß es für Nomaden und Jäger hinreichend attraktiv wurde, wurde es wieder angegriffen und vernichtet. Dies dauerte an, bis die Zentren eine Erfindung zur Lösung dieses Problems machten: Die Hierarchie.

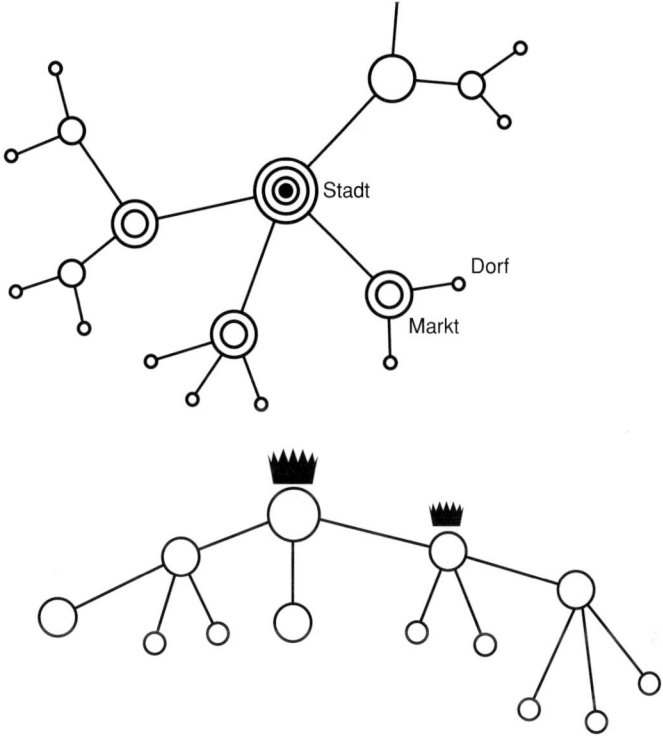

Abb. 1: Die Entwicklung der Hierarchie

Damit sie überleben konnten, mußte am Zentrum ein größerer Beitrag vom Tausch einbehalten werden. Die Peripherie mußte Tribut zahlen, und das Zentrum stellte professionelles Militär auf, das mit Hilfe von Informationssystemen jeweils rasch dort eingreifen konnte, wo Bedrohung von außen herankam. Mit der Aufstellung von Militär an zentralen Orten aber hatte man plötzlich ein Instrument, unter Umständen auch Nicht-Tribut-Willige zur Abgabe zu zwingen, oder anders ausgedrückt: Nicht-Kooperationsbereite dennoch zur Kooperation zu zwingen, weil man im Zentrum die militärische Macht auch gegen die eigenen Leute einsetzen konnte. Bis heute hat vermutlich aus diesem Grund das Militär eine große Faszinationskraft für Hierarchien.

Die hier zugrundeliegende Vermutung lautet: Gruppen kooperieren freiwillig nicht auf Dauer, sie stehen zueinander in Konkurrenz. Immerhin bieten Gruppen ihren Mitgliedern ja alles, was man als Mensch zu seiner sozialen Existenz braucht. Es gibt daher kein Grundbedürfnis, Mitglied einer größeren Organisation zu sein. Zur Kooperation auf Dauer können Gruppen nur mit Hilfe von Zwang gebracht werden. Die Zusammenarbeit funktioniert in extremen Notsituationen oder durch die Macht einer übergeordneten Instanz. Ein Großteil der Organisationskonflikte ist daher bis heute auf Konflikte zwischen Subgruppen und zwischen Peripherie und Zentrum zurückzuführen. Dies sind sozusagen die „Dauerbrenner" der Organisation.

3. Abteilungsegoismus: Gruppe versus Organisation

Es gibt wohl kaum einen Inhaber von Führungsfunktionen in Organisationen, einen Manager, der nicht über Abteilungsegoismen klagen könnte. Das auf Individuen gemünzte Wort von Nestroy paßt fast noch besser auf Gruppen in Organisationen: „Die Menschen sind schlecht. Jeder denkt nur an sich, und nur ich denke an mich." In einem Geldinstitut zum Beispiel gibt es verschiedene Möglichkeiten, einen Geldbetrag anzulegen: man kann diesen Betrag etwa auf ein Sparbuch übertragen, in festverzinslichen Papieren oder in Aktien anlegen. Je nachdem an welchen Berater der Kunde gerät, wird er die eine oder andere Empfehlung erhalten. Jede dieser Abteilungen hat den Auftrag, möglichst viel Guthaben hereinzuholen, und jede konkurriert mit der anderen Abteilung um das Geld des Kunden. Ganz selten wird es vorkommen, daß die Sparabteilung dem Kunden empfiehlt, das Geld bei einem anderen Anlagebereich, wie etwa Aktien oder festverzinslichen Papieren, derselben Bank anzulegen. Manchmal riskieren die Berater sogar, daß der Kunde zu einem Konkurrenzinstitut geht, weil innerhalb dieses Institutes so deutlich erkennbar Konkurrenz zwischen den Abteilungen herrscht.

Läßt sich ein Produkt nicht gut verkaufen, dann gibt es den Standardkonflikt zwischen Produktion und Verkauf, der häufig stereotyp so ausgetragen wird:

– Die Produktion sagt, das Produkt ist gut und der Verkauf ist schlecht. Man müßte den Verkaufschef auswechseln, vielleicht auch einige seiner Mitarbeiter, um eine effiziente Verkaufsmannschaft zustande zu bringen.

– Der Verkauf argumentiert dagegen, die Produktion sei schlecht. Man habe das falsche Produkt entwickelt, es sei zu teuer, es sei qualitativ nicht hochwertig genug – und am besten wechselt man den Produktionschef samt seinen wichtigsten Mitarbeitern aus. Man müßte doch endlich eine effiziente Mannschaft zustande bringen, damit man endlich wieder Produkte bekommt, die man auch verkaufen kann.

4. Herrschaftskonflikte: Zentrale gegen Außenstellen

In den Herrschaftskonflikten zeigt sich am deutlichsten der starke Gegensatz zwischen Gruppe und Organisation. Zentrale Stellen glauben meist, daß man verschiedene Gruppen am besten koordiniert, indem man Gruppen überhaupt auflöst, in einzelne „Atome" teilt. Diese Atome stehen dann sozusagen unmittelbar unter Einfluß des Zentrums. Dieses Modell hieß bei den Griechen „Tyrannis". Außenstellen oder Gruppen sind fast immer der Meinung, daß man am besten die Zentrale (den „Wasserkopf", die „Tintenburg") auflöst und die Macht dezentral auf die einzelnen Subsysteme verteilt.

Herrschaftskonflikte sind daher ein Dauerbrenner in allen Organisationen, in denen eine Zentralisierung von Funktionen durchgeführt wurde – und dies ist so gut wie in allen Organisationen der Fall. Auf der einen Seite gibt es – wenn man Organisationen der Gegenwart, insbesondere im Wirtschaftsbereich betrachtet – Außenstellen, die jeweils als Verkäufer am Kunden oder als Produzenten an verschiedenen Stellen die Anweisungen, Empfehlungen und mitunter „Befehle" des Zentrums durchzuführen haben. Auf der anderen Seite gibt es ein Zentrum, das von den Außenstellen Informationen bekommt, diese Informationen zentral verarbeitet und als Marketingstrategien oder Produktionsanleitungen wieder an die Peripherie ausgibt. Es ist unvermeidlich, daß dabei die Differenzierung, die jeweils an der Peripherie stattfindet, im Zentrum verlorengeht. Darin besteht ja das Wesen der Zentralisierung, daß die Zentrale zugleich eine allgemeinere Ebene der Betrachtung hat. Man kann ja auch die Zentralisierung mit Induktion und Deduktion vergleichen: Ich nehme von verschiedenen Informationen, die an der Peripherie vorhanden sind, nur jeweils ein allgemeines Zusammengefaßtes.

Wenn beispielsweise bei einer Versicherungsgesellschaft die Zentrale feststellt, daß Mopeds ein schlechtes Risiko darstellen und daher nach Möglichkeit nicht zu versichern sind, dann geht diese Information an alle Außenstellen. Und Mopeds als schlechte Risiken werden nicht mehr versichert. Wenn in einem speziellen Fall aber das Moped dennoch versichert werden muß, weil es zum Beispiel dem Sohn des Bürgermeisters gehört, der eine Zementfabrik hat, bei der man noch 20 LKWs und viele weitere Objekte versichert hat, dann wird sich der Versicherungswerber über die Anordnung der Zentrale, daß Mopeds nicht versichert werden dürfen, weil sie ein schlechtes Risiko darstellen, hinwegsetzen und dieses Moped dennoch versichern. Es kommt zu einem Konflikt. Gilt die Regel der Zentrale in allen Fällen, oder gibt es Ausnahmefälle, in denen diese Regel nicht gilt, weil dezentral andere Informationen vorhanden sind als in der Zentrale?

Zentralisierung, die also mit einem umfassenderen Informationsstand arbeitet, hat auf der einen Seite zwar den Überblick, verliert auf der anderen Seite aber die Details. Die Menschen an der Peripherie haben zwar nicht den Überblick, dafür aber die Aufgabe, die allgemeinen Richtlinien im konkreten und detailliert anzuwenden. Dieser Konflikt ist ein klassischer dialektischer, da er mit dem logischen System nicht zu lösen ist. Man kann weder festlegen: Die Peripherie hat sich grundsätzlich immer an die Anordnungen der Zentrale zu halten. Noch kann man sagen: die Zentrale hat immer nachzugeben, wenn die Peripherie anderer Meinung ist. Es gibt an der Peripherie tatsächlich (noch) nicht die zentralen Informationen, und daher können dort gewisse Entscheidungen (noch) nicht getroffen werden. Unternehmensweite und unternehmensübergreifende Informations- und Kommunikationssysteme können hier Konflikte auflösen. Wenn nämlich zentrale und dezentrale Einheiten denselben Informationsstand und denselben Informationszugriff haben.

Versucht man, solche Konflikte durch Interviews mit den Beteiligten zu analysieren, beschweren sich die im Zentrum, daß die an der Peripherie nicht verstehen, was man im Zentrum anordnet, und es nicht oder nur schlecht durchführen. Ihrer Meinung nach müßten sie durch irgendwelche Maßnahmen dazu gebracht werden, daß sie auch durchführen, was im Zentrum beschlossen wird. Fragt man die an der Peripherie, dann sagen sie, daß die Entscheidungen des Zentrums am grünen Tisch getroffen wurden und nichts Schlimmeres passieren könnte, als diese Anordnungen tatsächlich durchzuführen. Das wäre der Ruin der Firma. Statt dessen würden sie das als Anregung betrachten, was von der Zentrale kommt. „Der Kunde ist König", sagt der Außendienst, und „wir sind die, die Kontakte zum König haben. Die Zentrale ist eine Servicestelle, die uns mit den Informationen versorgen soll, die wir brauchen, um das Produkt zu verkaufen."

Aufgrund dieser Dialektik kann man sagen, daß es in vielen Organisationen zweimal Herren und Knechte gibt. Auf der einen Seite sind die Herren die an der Peripherie, die zum Kunden Kontakt haben, und die Zentrale ist die Servicestelle. Auf der anderen Seite aber werden die wichtigen Entscheidungen in der Zentrale getroffen. Die an der Peripherie sind zuarbeitende Servicestellen, die Informationen bringen und Befehle entgegennehmen. Dieses Spannungsverhältnis muß jede funktionstüchtige Organisation aushalten können. Allerdings verleitet die asymmetrische Machtverteilung die jeweils Herrschenden dazu, wie Platon das nennt: „Eher das ihnen selbst Zuträgliche zu entscheiden und nicht das den Beherrschten Zuträgliche".

In Organisationen, in denen dieser Konflikt offen diskutiert und ausgetragen werden kann, pendelt sich asymmetrische Machtverteilung ein. Transparenz und Offenheit im Umgang mit Informationen und mit Macht sowie Mündigkeit der Beteiligten fördert Kritik und führt zu einem hohen Maß an Selbstregulation. Allerdings, wo Privilegien und Privilegien-diskussionen grundsätzlich tabu sind, fehlt dieses Reinigungsinstrument des Konfliktes.

5. Veränderungskonflikte

Die Sozialstruktur, in der die Menschen zusammenleben, ist zusammen mit dem Normensystem, das diese Sozialstruktur reguliert, eine Antwort auf die Anforderungen der Umwelt. Ändert sich die Umwelt, dann muß sich auch dieses Normensystem ändern und eventuell die Struktur ändern. Wenn also beispielsweise die Jäger durch besonderen Jagderfolg die Basis ihrer Existenz zugrunde gerichtet haben, indem die Savannen leer gejagt oder Tiere, wie zum Beispiel das Mammut, ausgerottet wurden, dann gab es für das Überleben nur noch die Möglichkeit, Tiere zu zuchten. Mit der Domestizierung von Tieren muß aber eine völlig neue Sozialstruktur gefunden werden. Die alten Werte und Normen gelten nicht mehr. Es darf zum Beispiel nicht mehr der aggressivste Jäger belohnt werden, sondern eher der, der mit der Fortpflanzung der Tiere erfolgreich ist. Erfolg einer Sozialstruktur hängt also davon ab, wie gut sie als Antwort auf ihre Umwelt betrachtet werden kann und wie flexibel sie ist, ihr Normensystem und ihre Struktur jeweils an die Erfordernisse einer neuen Umwelt anzupassen. Veränderungskonflikte sind daher etwas sehr Wichtiges und Notwendiges, denn nur mit Hilfe von Veränderungskonflikten gelingt es überhaupt, diese Anpassung zu erreichen. Es gibt hier allerdings zwei große Gefahren:

– Die eine Gefahr besteht darin, daß die Normen, die sich ja meist gegen die Natur der Menschen richten, nicht akzeptiert oder nicht eingehalten werden. Bewährt haben sich daher jene Normen, die sehr oft Heiligkeitscharakter haben und manchmal tabuisiert sind. Die also nicht reflektiert werden dürfen, um stabil zu bleiben.

– Ihre Unveränderlichkeit ist aber auf der anderen Seite auch eine Gefahr, wenn sich die Umwelt ändert. Man hält an Bestehendem fest, obwohl das Bestehende, das bisher Garant des Erfolges war, nunmehr ganz offensichtlich kontraproduktiv sein kann. Hier wäre es ganz schlecht, wenn alle an diesem traditionellen System festhalten, das für die Zukunft nicht mehr funktionstüchtig ist.

Zum Konflikt kommt es dadurch, daß zunächst nur einige, nämlich diejenigen, die am meisten unter der Situation des alten Systems leiden, es verändern wollen. Dadurch geraten sie aber mit denen in Konflikt, die das noch nicht einsehen, noch nicht brauchen oder die ihre Privilegien verlieren würden.

Veränderungskonflikte haben dadurch einen evolutionären Sinn, daß zunächst einige anderer Meinung sind und sich damit durchkämpfen müssen. Viele oder manche der vorgeschlagenen Neuerungen sind vielleicht gar nicht so gut wie die alte Regelung. Sie werden sich nicht durchsetzen, der Konflikt geht zugunsten der Konservativen aus. Andere wieder werden sich durchsetzen, der Konflikt geht zugunsten der Neuerer aus. Mit dem ständigen Wachhalten dieser Konflikte kann sich das Sozialgebilde langsam umstellen. Es gibt hier sicher eine Obergrenze der Entwicklungsgeschwindigkeit, oberhalb der ein Sozialgebilde die Konflikte, die hier auftauchen, nicht mehr verkraftet. Und es gibt sicher eine Untergrenze der Entwicklungsgeschwindigkeit, unterhalb der das Sozialgebilde bürokratisch erstarrt und die Fähigkeit verliert, sich wieder umzustellen. Die Anzahl der Konflikte, vor allem der Veränderungskonflikte, ist proportional den Notwendigkeiten, Sozialstrukturen zu verändern und an neue Situationen anzupassen.

Durch die schnelle Folge technischer Innovationen, durch die Globalisierung der Märkte und wachsende Ansprüche der Kunden und der Mitarbeiter an die Unternehmen bestimmen Flexibilität der Struktur und professionelles Management der Konflikte, die Zukunft der Unternehmen. Dabei stellt sich als Kernfrage: Hat sich die Hierarchie mit ihrer feingliedrigen Arbeitsteilung und dem Informationstransport durch viele Ebenen überlebt?

6. Das Ende der Hierarchie?

In dem Maße, wie der zentrale Tauschplatz von Lebensmitteln und Produkten bzw. die Fabrik als zentrale Erzeugungsstelle von Produkten an Bedeutung verliert, weil in den Unternehmen das Geld mit Dienstleistungen von Mensch zu Mensch erwirtschaftet wird, sinkt die zentrale Macht. In dem Herrschaftskonflikt Zentrale gegen Dezentrale sind die Dezentralisten auf der Gewinnerstraße. In der heutigen Dienstleistungsgesellschaft, in der das Geld sozusagen vorort durch Dienstleistungen *verdient* wird, und das Geld auch nicht mehr zur Zentralkasse transportiert und verbucht wird, reduzieren sich die Zentralaufgaben. Elektronische Zahlungs- und Buchungssysteme übernehmen die Aufgaben der ehemaligen Säle mit Buchhaltern und ermöglichen jedem an der Basis den Zugang zu der notwendigen Information. Die Aufgaben der Zentrale reduzieren sich auf die Bereitstellung der Informationsnetze, der Förderung von menschlichen Netzen durch entsprechende Organisations- und Führungskulturen, auf die Finanzierung der gesamten Kreisläufe und das Absichern einer richtigen Unternehmensentwicklung. Nicht das direkte Steuern aller Aktivitäten durch Planung, Anweisung und Kontrolle, sondern das visionäre Aktivieren von Prozessen und lebendigen Regelkreisen ist die Aufgabe der Unternehmensleitung. Nicht das Verwalten von Machtsymbolen, sondern das Schaffen von Unternehmertum an der Basis, nicht hierarchisches Denken und Ordnen, sondern das Spüren von Stimmungen, Gefühlen, das ganzheitliche Erfassen von Menschen und Situationen macht Unternehmen und Unternehmer lebens- und überlebensfähig.

Hierarchische Strukturen sind heute nicht mehr angemessen. Aber Hierarchien haben noch eine Chance. Die Menschen haben ein emotionales Bedürfnis nach Orientierung, nach akzeptabler und akzeptierter Autorität. Sie wollen aber nicht den autoritären Manager, der Konflikte wie ein Schiedsrichter durch Entscheidungen wie „falsch oder richtig" löst. Sie suchen die Führungskraft, die Konflikte nicht tabuisiert, sondern die Innovationspotentiale von Konflikten erkennt. Konfliktmanagement ist Chancenmanagement, nicht Risikomanagement.

6. Kapitel

Soziokratie –
Königsweg zwischen Diktatur
und Demokratie?

Gerard Endenburg

Vorbemerkungen

Wenn man in Rotterdam zur Elektrofirma Endenburg in der Ijsclubstraat kommt, sucht man vergebens ein imposantes Firmengebäude. Im Schatten großer Bäume findet man zehn typisch holländische Giebelhäuser aus rotem Klinker – alles unter zehn Dächern. Jedes dieser Häuser beherbergt ein Unternehmensteil der insgesamt ca. 200 Mitarbeiter: Schaltanlagen für Elektrizitätswerke, Schiffsarmaturen, elektrische Schaltzentralen, Alarmanlagen und Leistungselektronik. Jede Gruppe arbeitet in eigener Verantwortung von der Akquisition über die Projektplanung bis zur Installation. Heute würde man sie Business-Units nennen. Das ist nichts Besonderes. Bedenkenswert ist aber die Art und Weise der Unternehmensführung, -steuerung und -organisation, die Vernetzung der Unternehmensteile und der Sozialpartner.

Die bauliche Verbindung zwischen den zehn Häusern wird durch einen Gang hergestellt, der in der zweiten Etage durch alle Wände hindurchgeht. Wenn man miteinander sprechen will, muß man häufig auf- und absteigen. So wird die Unternehmensidee von Endenburg auch äußerlich erkennbar – die Soziokratie. Sie ist eine neue Form der konstruktiven Mitbestimmung, die stark durch Endenburgs Jugend geprägt wird. Im Kindesalter war er im „sozialen Arbeitsplatz" von Kees Boeke, einem holländischen Gesellschaftsreformer, zur Schule gegangen. Diese Grundschulerziehung, die er übrigens mit Königin Beatrix teilte, stand Pate bei dem neuartigen Konzept der Beteiligung von Mitarbeitern im und am Unternehmen. Sowohl das holländische Arbeitsministerium als auch die Gewerkschaften haben zugestimmt, daß die übliche Mitbestimmung bei der Firma Endenburg nicht praktiziert werden muß und daß es keinen Betriebsrat gibt. Sie fördern offiziell das Pilotprojekt einer neuen Unternehmensführung – die Soziokratie, bei der der Konsens regiert.

Der Herausgeber

1. Die Endenburg Elektrotechnik – Unternehmer und Unternehmen

Wie das Leben so ist: eine recht bunte Mischung von Widersprüchen und gegenläufigen Bewegungen. Im Arbeitsleben der heutigen Unternehmungen wird die Forderung nach Entfaltungsmöglichkeiten für individuelle Talente und Initiativen (Human Resource Management) ebenso gestellt wie die nach gesellschaftlicher Verantwortung (z. B. Umwelt). In hohem Tempo sollen Veränderungen und Innovationen zustande kommen. Beteiligte wollen durchschauen, worum es geht und wünschen klare Ordnungen. Komplexität und Einfachheit, Miteinander und Autonomie, Weltgemeinde und Spezialisierung sollen unter einen Hut gebracht werden.

Wie soll in diesem Durcheinander wirkungsvoll gesteuert werden? Rückfälle auf einsame Entscheidungen „starker Männer", Hintanstellung von Menschen zugunsten unpersönlicher Systemsteuerung, fatalistisches Abwarten des großen Krachs, all das sind Vorstellungen, denen wir bei Endenburg Elektrotechnik in Rotterdam, nicht nachhängen. Wir wollen neue Lösungen für das Steuern im wirtschaftlichen und sozialen Prozeß erarbeiten und in der Praxis üben. So wurden wir zum Geburtsort der „Soziokratie". Inzwischen wird sie auch außerhalb unseres Unternehmens vielerorts praktiziert, studiert und weiterentwickelt. Sie liefert erstaunlich praktische Lösungen und hoffentlich auch wertvolle Anregungen zum Weiterdenken.

Bau und Montage komplizierter Schaltzentralen und Überwachungssysteme für Hochseeschlepper und Elektrizitäts-Werke sind ebenso wie Alarmanlagen und Notbeleuchtungsinstallationen Produkte von Endenburg Elektrotechnik. Eigentlich ein ganz normales mittelständisches Unternehmen. Nachdem ich den Betrieb meiner Eltern übernommen hatte, entwickelte er sich zu einer Größe, die die Einrichtung eines Betriebsrates erforderte. Gerade, weil die ursprüngliche Betriebsgründung aus praxisgerechtem Idealismus hervorgegangen war, unterzogen wir uns der Verpflichtung zur Mitarbeiterbeteiligung in positiver Haltung. Erstaunt mußten wir feststellen, daß trotz unserem Willen zur konstruktiven Mitgestaltung aller gravierende soziale Konflikte im Betrieb entstanden, kurz nachdem der Betriebsrat in Funktion getreten war. Der anfänglichen Verblüffung und Ernüchterung folgte bald eine aktive und kritische Auseinandersetzung mit diesem Phänomen. Es wurden Regelkreise aktiviert, die zum prozeßorientierten Denken bei unseren Mitarbeitern und Managern führten.

2. Gestaltungsmerkmale der Soziokratie

2.1 Kreise überlagern hierarchische Strukturen

Kernelement der betrieblichen Neuordnung ist die Einrichtung und Aktivierung der Steuerungsgruppen, sogenannter Kreise zusätzlich zu dem betrieblichen Basisprozeß der Leistungserstellung. Sie bilden ein Netzwerk mit der Zielsetzung, daß das Unternehmen und seine wirtschaftlichen Teile mit den fortwährend auftretenden Veränderungen und Störungen selbst fertig werden können. Bei uns heißen diese Kreise „Arbeitseinheiten, wo Chaos umgesetzt wird in zielstrebige Aktion". Es sind nicht Diskutierclubs, um gemeinsame Ziele klarer zu erkennen, sondern Entscheidungsgremien, um die Geschäftspolitik zu bestimmen. Sie fördern stark die Diffusion von Meinungen und Stimmungen. Sie erleichtern nicht nur die Konsensfindung vor der Entscheidung, sondern auch die spätere Umsetzung getroffener Beschlüsse innerhalb der „normalen" hierarchischen Strukturen dadurch, daß sie eine Verzahnung von verschiedenen Ebenen der Aufbaustruktur erleichtern.

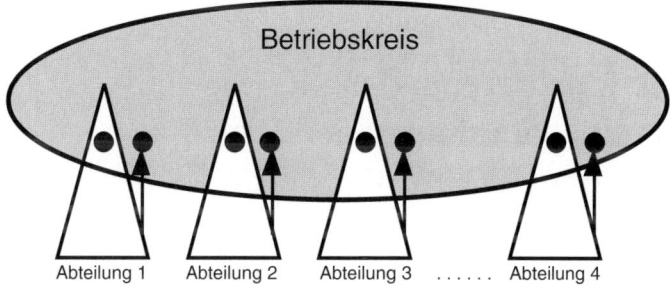

Abb. 1: Verzahnung als Grundprinzip der Soziokratie

Deshalb bildet sich der Betriebskreis aus je zwei Vertretern der einzelnen Abteilungen, dem jeweiligen Abteilungsleiter und einem Delegierten, der von seinen Kollegen benannt wird.

2.2 Konsens regiert die Beschlußfassung

Konsens heißt bei uns nicht die oft lähmende Einstimmigkeit und auch nicht die demokratische Macht der Mehrheit über die Minderheit. Konsens bedeutet bei uns, daß niemand mehr dagegen ist. Es geht also um Argumentation, und jedes beliebige Kreismitglied ist in gleicher Weise zur Argumentation berechtigt. Nicht immer und jedem ist es gegeben, das Argument sofort parat zu haben. Dann gilt es eben, aus einem geäußerten Unbehagen, einer Sorge oder einer Begeisterung das Argument zu destillieren. Für bestimmte Entscheidungsfälle kann auch ein anderer Modus gewählt werden. Die Beschlußfassung für eine abweichende Form der Entwicklungsfindung erfolgt wiederum im Konsens.

2.3 Verantwortung mit Kompetenz

In eine funktionelle Gruppe, z. B. Abteilung oder Profit Center, kann erst dann ein Kreis eingerichtet werden, wenn sich diese Gruppe durch eine klare Kreiszielsetzung definiert und die unternehmerischen Grundfunktionen Steuerung, Ausführung und Messung für die Gruppe sichergestellt sind. Eine integrale Schulung über die betriebswirtschaftlichen Prozesse schafft die Voraussetzung für eine kundige Beschlußfassung der Kreismitglieder. Unternehmerische Freiräume verlangen unternehmerisches Denken und Handeln, aber auch die nötigen Kenntnisse und Informationen.

2.4 Funktionell verbundene Kreise sind untereinander doppelt gekoppelt – „the linking twin"

Das Unternehmen setzt sich aus mehreren Kreisen zusammen. Die Verbindung zwischen zwei Kreisen besteht aus dem „Leiter", der vom nächsthöheren Kreis gewählt wird, und dem „Delegierten", der vom unteren Kreis gewählt wird. So werden Steuerung von oben und Messung bzw. Kontrolle von unten unter Wahrung der alles durchdringenden Gleichberechtigung dynamisch gewährleistet.

2.5 Ein Kreis wählt Personen ausschließlich mit Konsens nach offener Diskussion

Dies betrifft nicht nur die Wahl von Leiter und Delegierten, sondern jedes Aufgabenträgers. Scherzhaft wird das Gespräch mit den offen besprochenen Argumenten für oder gegen bestimmte Kandidaten als „öffentlicher

Klatsch" bezeichnet. Eine Wirkung ist jedenfalls, daß die Beteiligten durch die Wahlvorgänge immer wieder konkrete Rückmeldung über ihr Funktionieren in Bezug auf Aufgabenstellung und Kreisziel erhalten.

3. Wirtschaftlicher Erfolg als Ziel der Soziokratie

Die erste Organisationseinheit, die im Sinne dieser Steuerungskreise bei Endenburg Elektrotechnik neugestaltet wurde, war die Abteilung „Fabrikage". Sie hat als Aufgabe den Zusammenbau der Schaltelemente und deren Vereinigung in Schaltkästen. Anfang 1970 war dies eine Abteilung mit sehr verschiedenartigen Mitarbeitern und sie war bekannt und berüchtigt für zwei Quertreiber, die sich oft als Kampfhähne gegenüberstanden. Unter den neuen Bedingungen konnte der Abteilungsleiter jetzt in solchen Fällen nicht mehr den Knoten autoritär durchschneiden. Gespannt wurde abgewartet, was in der neuen Struktur geschehen würde. Aufatmend wurde schließlich konstatiert: So ließ sich das Gegeneinander lösen. Die konsequente, strukturelle Anerkennung jedes Beteiligten in diesem Zusammenhang verfehlte nicht ihre Wirkung. Noch mehr erstaunliche Phänomene zeigten sich beim neustrukturierten gemeinsamen Entscheiden. Besonders weibliche Kreismitglieder lieferten bisher ungehörte Beiträge und erhöhten die Qualität der Entscheidungsfindung.

1976 brach im Schiffsbau eine schwere Krise aus. Die auf diese Branche spezialisierte Abteilung von Endenburg Elektrotechnik stand vor dem Untergang und drohte das Unternehmen in seiner Gesamtheit mitzureißen. Dank kreativer Initiativen aus der Mitarbeiterschaft konnten Auswege gefunden werden. Die Kommunikationsprozesse und der Gestaltungsfreiraum setzten bei allen Beteiligten ungeahnte Kräfte frei. So wartete der Ingenieur nicht mehr auf die Verträge aus dem Vertrieb, sondern akquirierte selbst beim Kunden. Dank seiner fachlichen Kompetenz und seinem durch die interne Diskussion gewonnenen unternehmerischen Verständnis für die wirtschaftlichen Zusammenhänge erhielten wir nicht nur neue Aufträge, sondern auch einen guten Gewinn. Die häufig erkennbare Technikverliebtheit der Ingenieure wurde mit den wirtschaftlichen Interessen erfolgreich verzahnt.

4. Die Vernetzung der Steuerungskreise mit Betriebsrat und Geschäftsleitung

Ein Betriebsrat war durch diese Neugestaltung überflüssig geworden. Diesem Entwicklungsgang standen die Gewerkschaften zunächst äußerst kritisch gegenüber. Sie konnten jedoch dafür gewonnen werden, dieses Experiment mit der Zusage zuzulassen, daß die wesentlichen Arbeitnehmerinteressen tatsächlich mindestens so beachtet werden, wie es nach dem Betriebsverfassungsgesetz gefordert wird. Zur Kontrolle nahm ein Gewerkschaftsvertreter im „Topkreis" eine Aufsichtsratsfunktion wahr. Der Topkreis ist dem Betriebskreis übergeordnet. Ihm gehören im Sinne der soziokratischen Strukturierung der Direktor des Unternehmens, ein Delegierter des Betriebskreises und vier externe Mitglieder mit Aufsichtsratsfunktion an: ein Jurist, ein Vertreter der Geldgeber, ein Finanziell-Ökonomischer Experte, ein Fachmann der Elektrotechnik und ein Sozial-Organisatorischer Experte (Gewerkschaftsvertreter).

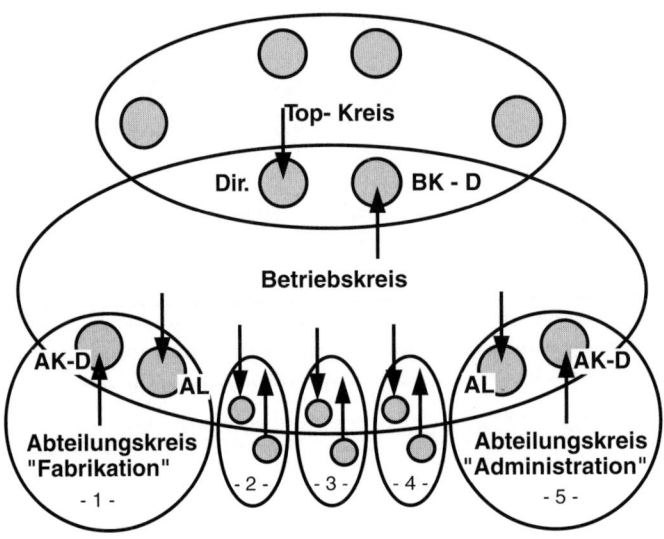

Abb. 2: Soziokratische Strukturen – Prozesse vor Strukturen

Wir haben inzwischen eine vom Sozialministerium höchst offiziell ausgestellte Dispens von der Verpflichtung zur Einrichtung eines Betriebsrates erhalten. Der Gewerkschaftsvertreter gehört heute noch dem „Topkreis" an und kann seine Kontrollfunktion zur Zufriedenheit der Gewerkschaften ausüben.

Im täglichen Leben haben wir noch manchmal mit den Formen von Machtspielen zu kämpfen, wie sie in unserem Umfeld bei den autokratischen und auch bei den demokratischen Entscheidungsstrukturen gelebt werden. Die Vorprägung auch unserer Kreismitglieder durch dieses Denken und Handeln erschwert manchmal die Arbeit und macht für Außenstehende die positiven Wirkungen soziokratischer Entscheidungen oft nur schwer verständlich. In Rollenspielen und in der Anwendung der Grundprinzipien der Soziokratie auf die eigene Situation erleben aber auch schon andere Unternehmen die Vorteile kommunikationsorientierter Strukturen. Die Anerkennung jeder Einzelpersönlichkeit schafft eine wohltuende Entkrampfung. Nicht „Raub-Beziehung", d. h. Verhalten auf Kosten des anderen, sondern „Tausch-Beziehung", d. h. Verhalten zum beiderseitigen Vorteil ist die Devise; nicht „entweder – oder", sondern „sowohl – als auch", nicht „Gewinner-Verlierer-Spiele", sondern „Gewinner-Gewinner-Spiele". Das Beherzigen dieser soziokratischen Ausgangspunkte schafft mehr Vertrauen und Sicherheit als es in den konventionellen Strukturen üblich ist. Man kann dann offener reden. Es besteht weniger innerlicher Zwang zum „Bunkerbau", und der wirtschaftliche Erfolg trotz turbulenter Marktänderungen führt zu einem entspannten Unternehmensklima. Für viele, die sich für Soziokratie zu interessieren beginnen, klingt dies zu schön, um wahr zu sein. Ihnen muß sicherlich in einem Recht gegeben werden: Die Struktur allein schafft es nicht!

Das erwies sich auch bei Endenburg Elektrotechnik. Die persönlichen Fähigkeiten und Einstellung der Beteiligten müssen wesentlich dazu beitragen, aber auch eine entsprechende Schulung. Aus den vielfachen Feed-back-Gesprächen während und nach unserer Neugestaltung bei Endenburg Elektrotechnik kam die Idee der „integralen Schulung" zum Vorschein. Damit ist gemeint, daß das Lernen im direkten Zusammenhang mit den Betriebsvorgängen und als Kombination von Fachkunde, Organisationskunde und der Fähigkeit zum unternehmerischen Handeln zu geschehen hat. Heute sorgen in jedem Kreis Bildungsverantwortliche dafür, daß in dieser Weise geschult wird. Sie werden natürlich nicht von oben mit dieser Aufgabe betraut, sondern gemäß den vorher beschriebenen Prinzipien von ihren Kolleginnen und Kollegen gewählt. Damit konnten erhebliche Mängel bei dem Prozeß der Entscheidungsfindung und der konkreten Umsetzung in der Tagesarbeit mehr und mehr überwunden werden.

5. Erfahrungen und Effekte

5.1 Die Notwendigkeit multidisziplinärer Teams

Für Organisationsentwickler ergeben sich aus den Erfahrungen bei uns und den anderen Firmen wertvolle Anregungen für die Wissenschaft und auch das Ministerium.

Die Neugestaltung bei Endenburg Elektrotechnik wurde in mehreren Dissertationen analysiert und ausgewertet. Es erscheinen am laufenden Band Zeitschriftenartikel und Bücher. Ein umfangreiches Forschungsprojekt wurde vom Sozialministerium zur Überprüfung der soziokratischen Entscheidungsstruktur bei Endenburg Elektrotechnik erstellt. Grundlage für all dies sind die vielen Rückmeldungsprozesse im Unternehmen selbst und die Lernmentalität von Schlüsselpersonen in der Kreis-Struktur des Unternehmens.

Die Übertragbarkeit der Erfahrungen erscheint gesicherter als bei rein wissentschaftlichen Theorien, weil die Soziokratie bei Endenburg Elektrotechnik nicht einseitig aus einer Disziplin wie etwa der sozialwissen-schaftlichen heraus entstanden und weiterentwickelt wurde und weil es eine Kooperationsleistung von direkt Betroffenen und externen Beratern mit juristischem, gesellschaftspolitischem, wirtschaftlichem und betriebspädagogischem Know-how ist. Aufgrund dieser Tatsache verdichtet sich jetzt die Tendenz, daß Projekte zur Einrichtung von innovativen Entscheidungsprozessen im Sinne der Soziokratie durch multidisziplinäre Teams abgewickelt werden sollten.

5.2 Human Resource Management – Basis für lebende Unternehmen

Die Bedeutung des Human Resource Management wird allenthalben verbal unterstrichen und beschworen. Bekannte Unternehmensleiter, wie z. B. Akio Morita von Sony und Jacques Maisonrouge von IBM, konkludieren es in ihren Autobiographien. Von dem, was diese beiden Persönlichkeiten in der Entwicklung ihrer Unternehmen als wesentlich erkannt haben, findet sich mehreres in praktischen, strukturellen Lösungen soziokratischen Entscheidens:

– Bei Maisonrouge werden die Prinzipien „Entscheiden im Konsens", „Gleichberechtigung" und „freie, individuelle Entscheidungen" genannt.

Im Soziokratischen Ansatz sind es „Konsensprinzip", „jedes Mitglied eines Kreises ist berechtigt zur Teilnahme an der Entscheidungsfindung" und „gewählte Aufgabenträger erfüllen ihre Aufgaben selbständig im Rahmen der Geschäftspolitik und der Kreis-Ziele".

- Morita nennt u. a. die Erfolgsfaktoren „Arbeitsgemeinschaft als Schicksalsgemeinschaft mit Anerkennung jedes Beteiligten", „klare Zielsetzungen, die mit den Mitarbeitern besprochen werden" und „Herausforderung durch offene Diskussionen". Die soziokratischen Entsprechungen sind: „die Kreise fungieren als Arbeitsfamilien", „es werden im Konsens Geschäftspolitik und Kreisziele festgelegt, es wird systematisch gemessen und rückgekoppelt" und „Kreisbesprechungen als Ort, wo Chaos berechtigt ist; offene Argumentation bei Wahlen".

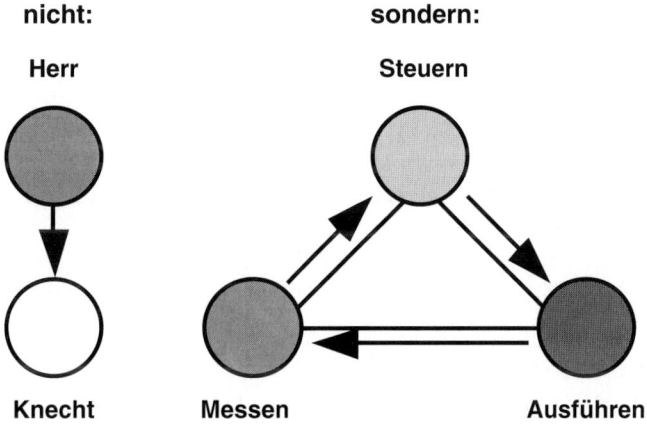

Abb. 3: Soziokratische Strukturen

Die doppelte Verzahnung nach oben und nach unten eröffnet bei uns wertvolle Möglichkeiten zur Rückkopplung. So kann das ganze Unternehmen in einem lebendigen Gleichgewicht gehalten werden. In der Soziokratie wird der übliche Befehls-Gehorsam-Mechanismus durchbrochen. An seine Stelle treten menschliche Regelkreise: Kybernetisches statt hierarchisches Management.

Wir wollen bei uns die in hierarchischen Strukturen üblichen „Herr-Knecht-Beziehung" vermeiden, bei denen der Herr sagt, was der Knecht zu tun oder zu lassen hat. Der Herr meint, das muß so sein, weil der Knecht zu unfähig und zu faul ist. Wir meinen, daß der Knecht in dieser Beziehung zwangsläufig unfähig und faul wird, weil man ihn trainiert, nur auf Befehl etwas zu unternehmen. Deswegen vermeiden wir bei uns die Herr-Knecht-Beziehung, sondern fördern dynamische Regelkreisprozesse, bei denen Steuern, Ausführen und Kontrollieren zyklisch miteinander verbunden sind und zwar durch hierarchische Strukturen hindurch.

Wie entsetzlich groß die Verluste menschlicher Kapazität durch extreme lineare „Herr-Knecht-Beziehungen" sind, zeigen uns die Umdenkprobleme der Menschen in den Ostblockstaaten. Die vielen kleinen „Herr-Knecht-Verhältnisse" in unserem eigenen Alltagsleben fallen uns weniger auf, oder wir wollen sie bewußt übersehen.

5.3 Soziokratie und Entlohnungssystem

Die Neugestaltung der Strukturen von Endenburg Elektrotechnik gingen von Anfang an Hand in Hand mit einer Revision der Einkommensgestaltung und einer Neuregelung der Besitzverhältnisse im Unternehmen. Deshalb erhalten die Mitarbeiter neben einer „Existenzgarantie" in Form einer Kollektivvertragsentlohnung auch eine Erfolgsbeteiligung. Durch das Entlohnungssystem soll zum Ausdruck gebracht werden, daß wir sowohl das Hier- und Sosein jedes Beteiligten, als auch seinen tatsächlichen Beitrag, den er zum Betriebsergebnis leistet, ins Bewußtsein rücken wollen. Eine detaillierte Beschreibung von Einkommens- und Eigentumsregelungen im Unternehmen wäre eigentlich für das Verstehen des Wertes und der Bedeutung des soziokratischen Vorgehens notwendig. Es bedarf aber einer ausführlichen Erläuterung, die über den Rahmen dieser Darstellung hinausgehen würde.

6. Das Soziokratische Zentrum

Endenburg Elektrotechnik dient hier als ein Beispiel, um Struktur, Kontext und Wirkung soziokratischen Entscheidens und Steuerns zu illustrieren. Inzwischen sind sehr viel mehr Beispiele im Profit- und Nonprofitbereich entstanden. 1978 ging aus den Lernprozessen der „Neugestalter" bei Endenburg Elektrotechnik das Soziokratische Zentrum hervor. Das ist eine unabhängige Einrichtung, die sich der Information, Schulung und Beratung widmet. Von hier wurde amerikanischen Klienten geholfen, für die nun auch ein Soziokratisches Zentrum in den USA selbst zur Verfügung steht. In Kanada ist ein solches im Entstehen und auch in Brasilien.

Diese soziokratischen Zentren sind im Sinne der Grundprinzipien organisiert, wie sie bei der Neugestaltung von Endenburg Elektrotechnik entwickelt worden sind. Auch hier sind ein Topkreis, ein Allgemeiner Kreis (oder Betriebskreis) und Funktionale Kreise miteinander gekoppelt, d. h. durch einen Leiter vom übergeordneten Kreis und einen Delegierten vom Kreis selbst verknüpft. So ist zum Beispiel unterhalb des Betriebskeises ein Trainerkreis verbunden mit diversen Lehrgangskreisen.

In letzter Zeit gibt es viel Nachfrage nach öffentlichen Manager- und Berater-Lehrgängen über Soziokratie. Diese Lehrgänge bilden für die Zeit ihres Bestehens wieder einen Kreis. Nach Beendigung der Schulungsaktivitäten kann so ein Kreis umgesetzt werden in einen Forschungskreis, der zum Beispiel die Anwendung der Soziokratie auf Fragen der umfassenden Qualitätssicherung untersucht. Oder man gründet einen Aktionskreis, der für ein bestimmtes Ergebnis verantwortlich ist, zum Beispiel in der Stadtentwicklung. So bildet sich eine lebendige Netzstruktur nicht nur innerorganisatorisch, sondern auch im gesellschaftlichen Feld heraus. Das dient einem Urziel der Soziokratie: die Steuerung im Gesellschaftsleben auf der Grundlage von Kommunikation und Anerkennung der Individualität der Beteiligten verstärken.

7. Kapitel

Führen in Netzwerken – Der Manager als Dienstleister

Klaus Christian Plönzke

> Nur der ist ein guter Führer,
> von dem seine Leute
> am Ziel angekommen
> sagen:
>
> Wozu haben wir ihn eigentlich
> gebraucht?
>
> Lao-tse

1. Die Ploenzke Gruppe

Das Wort „Netzwerke" wird heutzutage sehr häufig benutzt, meistens mit der Vorstellung eines technischen Kommunikationsnetzes. Was Netzwerke in der Ploenzke Gruppe bedeuten, möchte ich beispielhaft an einer Episode aus unserem Alltag verdeutlichen:

Zwei Mitarbeiter unserer Firma arbeiten an einem sehr komplexen Projekt für den führenden DV-Dienstleister der deutschen Börsen. Das Projekt steht natürlich unter Zeitdruck und wird verantwortlich von einem großen amerikanischen Beratungshaus durchgeführt. Während einer kritischen Phase gibt es Probleme mit der Systemsoftware. Das Projektteam von ca. 30 Mitarbeitern kann nicht weiterarbeiten. Der örtliche Projektleiter der amerikanischen Firma hat gemäß der hausinternen sehr hierarchischen Spielregeln seinen Gesamtprojektleiter zu konsultieren und sich die Genehmigung für das weitere Handeln zu holen. Da dieser sich allerdings im Flugzeug befindet, ist das Team handlungsunfähig. Einer unserer Mitarbeiter aktiviert sein „Netzwerk". Er ruft einen Kollegen an, von dem er annimmt, daß er ihm weiterhelfen kann. Dieser traut sich die Lösung dieses Problems nicht zu, kennt aber einen Spezialisten bei uns, der in einem Projekt bei einer Frankfurter Großbank arbeitet. Ein Anruf genügt. Nach kurzer Abklärung, daß er schnell in einem anderen Projekt helfen kann, zehn Minuten Fußweg und einer Stunde Arbeit ist der Fehler behoben.

Diese Handlungsweise löst bei den Mitarbeitern des amerikanischen Teams drei Fragen aus:

(1) „Wieso dürfen Sie einfach einen Kollegen anrufen, ohne Ihren Chef zu fragen?"

(2) „Wieso darf der einfach ohne Genehmigung seines Chefs seinen Arbeitsplatz verlassen und hier aushelfen?"

(3) „Warum tun Sie das eigentlich für unsere Firma? Wir sind doch am Markt Wettbewerber."

Diese kleine Geschichte aus dem Jahre 1989 zeigt vielleicht am deutlichsten, was Netzwerke bei uns bedeuten: Menschliche Netzwerke zwischen unseren Mitarbeitern. Bei uns fordern und fördern wir Kreativität, Eigeninitiative, Selbständigkeit, Verantwortungsbewußtsein und eine realistische Selbsteinschätzung – durch ein offenes, hierarchiefreies Unternehmensklima. Neben der hohen fachlichen Qualifikation unserer Mitarbeiter ist kommunikatives und partnerschaftliches Verhalten gegenüber Kunden und Kollegen die entscheidende Grundlage für die bisherige und zukünftige Entwicklung der

Ploenzke Gruppe als ein Beratungs- und Softwarehaus, das sich in den 22 Jahren seines Bestehens stetig auf über 1 500 Mitarbeiter in Deutschland, Schweiz, Österreich, Holland und Spanien entwickeln konnte. Mit dem Know-how und den Fähigkeiten unserer Mitarbeiter wollen wir unsere Kunden auf deren Markt erfolgreicher machen. Deshalb unterstützen wir sie beim wirtschaftlichen und effektiven Einsatz von Informations- und Kommunikationstechnik. Wir sind wirtschaftlich eigenständig und unabhängig von Hardware- und Software-Herstellern. So können wir uns ganz auf die spezifischen Belange unserer Kunden konzentrieren und individuelle Lösungen erstellen. Unser Denken und Handeln wollen wir an unseren Unternehmensgrundsätzen ausrichten, die uns allen bei den täglichen Entscheidungen Orientierung geben:

(1) Wir sind herstellerneutral und wirtschaftlich unabhängig.

(2) Wir sind leistungsbereit, fördern Leistung und erkennen sie an.

(3) Wir arbeiten gewinnorientiert und investieren in die Zukunft unseres Unternehmens.

(4) Kunden und Mitarbeiter sind unsere Partner – wir handeln danach.

(5) Wir fühlen uns dem Stil und Niveau der Ploenzke Gruppe verpflichtet.

2. Die Mitarbeiter – unser Kapital

Kapital bedeutet wörtlich aus dem Lateinischen übersetzt: „Hauptsache". Wir stellen keine Produkte her wie ein Industrieunternehmen und verkaufen auch keine Produkte. Unsere Mitarbeiter erstellen für unsere Kunden Unikate in Form von Studien, Konzepten und natürlich als Software, als fertige Anwendungslösung oder als neues Informationssystem. Bei uns sind also die Mitarbeiter die Hauptsache. Sie sind unser Kapital. Deshalb stellt sich bei uns gar nicht erst die Frage: „Ist das Unternehmen für die Menschen da oder die Menschen für das Unternehmen?" Unsere Mitarbeiter **sind** das Unternehmen! Sie sind unsere einzige Quelle der Wertschöpfung. Mit unserem wertvollsten Gut wollen wir sorgsam umgehen. Wir wollen es voll zur Entfaltung bringen, für die Zukunft absichern und ausbauen.

Unsere zweite „Hauptsache" sind unsere Kunden. Sie erwarten von uns Impulse für innovative Informatiklösungen und professionelles Arbeiten in Projekten. Sie erwarten Flexibilität, schnelles Reagieren auf ihre spezifischen Wünsche und natürlich beste Qualität. Die ständig wechselnden Aufgaben und die häufig zitierte wachsende Komplexität erfordern auch bei uns ein neues Denken. Unser Betriebsrat formuliert dies so: „Es fordert höhere Verantwortlichkeit sowie weitergehende fachliche und persönliche Qualifikation. Jeder hat ein hohes Maß an Selbstorganisation und Flexibilität zu zeigen. Wir brauchen eine große Gestaltungsfreiheit, die auch meist mehr Spaß an der Arbeit bedeutet. ‚Wir' meint alle, Führungskräfte und Mitarbeiter. Wir brauchen deshalb mündige – sicherlich auch oftmals unbequeme – Mitarbeiter, die über die Grenzen ihrer Aufgaben hinwegdenken. Die Organisation muß weg von einem ‚Kästchendenken', von streng reglementierten Funktionseinheiten." Betriebsrat und Geschäftsleitung sind sich darin einig, daß enges Zuständigkeitsdenken zu Lasten der Kundenprojekte geht und daß autoritäre Manager das Know-how-Kapital unserer Firma zerstören können.

3. Führen by Ploenzke

Wir fördern flexible Teamstrukturen und wollen das überalterte hierarchische Managementverständnis aus dem Unternehmen verbannen. Führen ist bei uns eine Dienstleistung, auf die die Mitarbeiter ein Recht und einen Anspruch haben. Denn schließlich erwirtschaften sie unser Geld durch ihre Dienstleistung. Sie bezahlen ja auch ihre Führungskräfte. Bei uns gilt: „Management by Service". Die übliche Pyramide steht sozusagen auf dem Kopf – als Dienstleistungspyramide.

Dieses etwas ungewöhnliche Führungsverständnis ist nicht durch Dogmen und Richtlinien an Mitarbeiter und Führungskräfte zu vermitteln. Es muß gelebt und vorgelebt werden – angefangen bei dem Inhaber und der Geschäftsleitung. Wir haben diese Kultur auch beschrieben, aber nicht als Regelwerk oder Richtlinien, sondern als Bilder und Formulierungen, die die subjektive Interpretation jedes einzelnen ermöglichen. Diese Subjektivität und Individualität ist gewünscht. Nur so können sich die verschiedenen Facetten und die gesamte Vielfalt unserer Führungskultur eröffnen. Die Leitvorstellungen des „Führen by Ploenzke" sind in einer kleinen Broschüre mit dem Titel „Führen im Team" veröffentlicht. Die fünf Grundgedanken möchte ich kurz vorstellen:

(1) *Individualität integrieren*
 Neben dem Foto einer *Jazz-Kapelle* steht der Text:
 „Wir sind eine Gruppe von Individualisten. Um optimale Ergebnisse zu erzielen, müssen wir Kreativität und Kommunikation fördern."

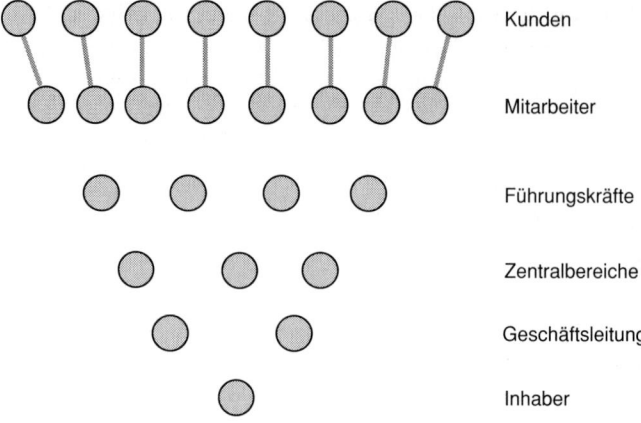

Abb. 1: Die Dienstleistungspyramide bei Ploenzke

(2) *Ziele vermitteln*
   Zu der *Mannschaft eines Segelbootes* kommentieren wir:
   „Erfolgreiche Projekte sind keine Einzelleistung. Jeder einzelne trägt mit dem Erreichen eines Teilzieles zum Gesamterfolg bei."

(3) *Verbindungen schaffen*
   Auf dem Bild knüpfen *Fischer ihr Netz:*
   „Jeder von uns profitiert von den Verbindungen, die er zu anderen knüpft und pflegt."

(4) *Sicherheit geben*
   „Wir orientieren uns an den Teilzielen, ohne das Gesamtziel aus den Augen zu verlieren. Das Team gibt dem Mitarbeiter Sicherheit und stellt sich auf dessen individuelle Fähigkeiten ein." Diese Formulierung ist durch das Bild eines *Bergführers* illustriert.

(5) *Gemeinsam erfolgreich sein*
   Beckenbauer als *Coach* stand Modell für die Aussage:
   „Der Erfolg des Teams wird auch der Erfolg des Trainers."

Diese Führungskultur und deren Beschreibung wurde nicht von oben verordnet, sondern in mehreren Arbeitsgruppen entwickelt. Mitarbeiter, Führungskräfte und Geschäftsleitung diskutierten über die Frage: „Was erwarten Sie von Ihrer Führungskraft bei Ploenzke?" Sie kamen dann zu diesen Ergebnissen, die teils schon Realität, teils noch Vision sind. Auf jeden Fall stellen sie für alle eine Orientierung dar.

Eins wurde und ist auch deutlich: Führungsautorität kann nicht verliehen werden wie ein Titel. Sie muß durch wachsende Fach- und Sozialkompetenz, besonders aber durch Persönlichkeit immer wieder neu erworben werden. Als Leitsätze gelten dabei speziell für alle unsere Führungskräfte aber auch für unsere Mitarbeiterinnen und Mitarbeiter:

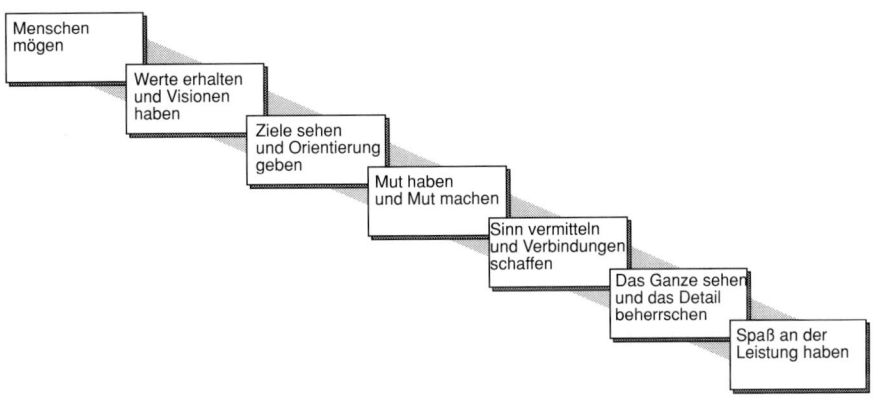

Abb. 2: Führen bei Ploenzke

4. Die Ploenzke Gruppe – ein Netzwerk

Wie gestaltet man ein Unternehmen als „hierarchiefreien Raum"? Wie wird man eine Heimat für kreative Menschen? Wie behält man im gewollten Chaos noch den Überblick? Wie schafft man Spielräume – Räume zum Spielen? Wie gestattet man Experimente und auch Fehler, ohne das Unternehmen wirtschaftlich zu gefährden? Wie macht man die Komplexität der Projekte beherrschbar?

Wir haben auf diese Fragen keine allgemeingültigen Antworten. Aber wir glauben daran, daß man die heutige Komplexität von ökologischen, ökonomischen und soziologischen Aufgaben nicht durch Zerlegung und Zentralisierung reduzieren kann. Wir sehen die Lösung in der Dezentralisierung der Verantwortung und in menschlichen Netzen, d. h. in der gezielten Erhöhung der Komplexität vor Ort, aber im Sicherheitsnetz des gesamten Unternehmensverbundes und zentraler Serviceeinheiten.

Wenn ein Unternehmen wie wir stetig gewachsen ist und in der Zukunft auch weiter expandieren will, bestehen Gefahren. Durch die Größe können ehemals dominierende Wettbewerbsvorteile wie Flexibilität, Kundennähe und unbürokratisches Verhalten verlorengehen, weil die internen Schnittstellenprobleme wachsen und die Mitarbeiter in der Anonymität verschwinden. Das Management beschäftigt sich dann mehr mit sich selbst als mit Kunden und Mitarbeitern. Um diesen Gefahren zu begegnen, versuchen wir mit unserer Organisationsphilosophie die „Quadratur des Kreises", d. h. wir wollen die Vorteile der Größe wie Leistungsfähigkeit, Stärke und Kompetenz bei vielen Themen verbinden mit Individualität und Menschlichkeit. Mitarbeiter und Kunden sollen sich bei uns wohlfühlen können.

Wir haben das Unternehmen deshalb nicht hierarchisch tief gestaffelt, sondern quasi zerlegt in spezialisierte Tochterunternehmen und Geschäftsbereiche mit Branchen- bzw. Regionalschwerpunkten. Diese Geschäftsbereiche agieren eigenständig mit mehreren lokalen, kundennahen Geschäftsstellen im Markt. Die Geschäftsstellen sind für die Akquisition der Projekte und deren Abwicklung, für Personaleinstellung sowie für die Personal- und Kundenentwicklung selbst verantwortlich. Sie arbeiten wie selbständige Unternehmen mit 40 bis 100 Mitarbeitern. Wenn sie darüber hinaus wachsen, werden sie wieder in kleinere Einheiten zerlegt, damit man bei Ploenzke nicht in einem großen, anonymen Gebilde untergeht. In einer solchen Geschäftstelle ist es noch möglich, sich untereinander zu kennen und die menschlichen Netze zu knüpfen, die für das Wohlbefinden und den Erfolg gleichermaßen wichtig sind. Andererseits jedoch bietet die Einbindung der Geschäftstellen in Geschäftsbereiche durch das größere Projektpotential vielfältigere Chancen für die persönliche Weiterentwicklung des einzelnen. Denn der individuelle und differenzierte Karriereweg innerhalb unseres „Perspektivgruppenkonzeptes" (siehe Kapitel 9) kann in einer Organisationseinheit von ca. 60 Mitarbeitern nicht sichergestellt werden. In einem Geschäftsbereich oder der gesamten Gruppe kann praktisch jeder seinen persönlichen Karriere- und Lebensweg gehen, vorausgesetzt, der Verbund und die Verbindungen sind intakt.

Die hohe Eigenständigkeit der Geschäftsstellen und Geschäftsbereiche kann aber auch leicht zu Egoismus, Isolierung und „Provinzfürstentum" führen und das Synergiepotential des Ploenzke-Netzwerkes für Mitarbeiter und Kunde brachliegen lassen. Hier ist die Geschäftsleitung gefordert, die Vision der Ploenzke Gruppe als ein lernfähiger, flexibler und lebendiger Organismus deutlich zu machen. Sie muß durch formelle und informelle Regelkreise sicherstellen, daß Netze geschaffen werden und sich der gesamte Verbund

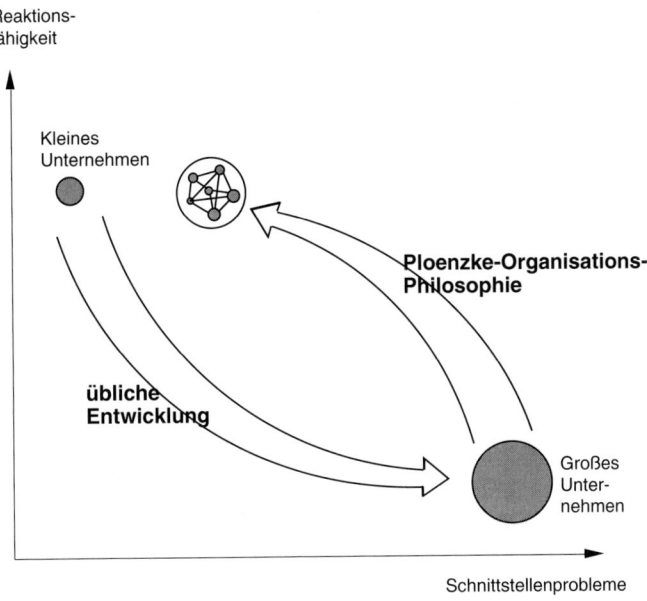

Abb. 3: Netzwerkorganisation verbindet Individualität mit Größe

der Mitarbeiter bewußt in Richtung unseres Unternehmensleitbildes bewegt und entwickelt. „Die Ploenzke Gruppe als Heimat für kreative Menschen macht seine Kunden erfolgreicher bei deren Kunden."

Es ist Aufgabe der Geschäftsleitung, Kommunikationsprozesse zu fördern, damit unsere Mitarbeiter sich kennenlernen und sich bei uns wohlfühlen, damit Egoismen abgebaut werden und das Ganze deutlich wird, damit nicht das Trennende, sondern das Verbindende gefördert wird. Dies geschieht nicht nur mit vielen informellen Netzen, die durch die ständig wechselnden Projektteams und Jobrotation, durch unser Trainee-Programm und die gesamte Personalentwicklung, durch überschaubare Geschäftsstellen als „Kuscheleinheiten", aber auch durch viele private Initiativen entstehen, sondern auch durch formale Regelkreise und Netze.

(1) Unser Tantiemensystem für alle Führungskräfte und auch Management-Berater honoriert nicht den Erfolg des einzelnen, sondern das Ergebnis größerer Organisationseinheiten, der Geschäftsstelle, des Geschäftsbereiches und der ganzen Ploenzke Gruppe. Dadurch wird das Interesse am gemeinsamen Ganzen und gegenseitigen Helfen gefördert.

(2) Unsere Unternehmenszentrale hat gemäß unserer Führungsphilosophie nicht das Verständnis einer Befehlszentrale. Sie ist Dienstleister für ihre

Kunden: die Tochtergesellschaften, Geschäftsbereiche, Geschäftsstellen und alle Mitarbeiter. Diese „Kunden" werden bei strategischen oder gruppenweiten Themen in Form von „task forces" in den Gestaltungsprozeß mit eingebunden.

(3) Die Leiter der Geschäftsbereiche sind gleichzeitig Mitglied der Geschäftsleitung und steuern so auch die Aktivitäten der Unternehmenszentrale. Darüber hinaus sind sie für die Umsetzung der gemeinsamen strategischen Entscheidungen in ihrem Bereich verantwortlich.

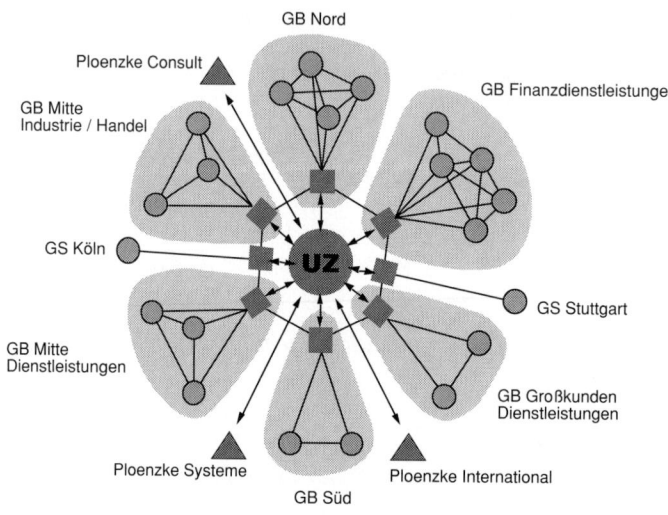

Abb. 4: Die Ploenzke-Netzorganisation

Dies sind nur einige Beispiele dafür, wie wir Eigenständigkeit und Gesamtverständnis miteinander verbinden und wie wir unsere heutigen anspruchsvollen Aufgaben und unsere zukünftige Entwicklung absichern wollen. Dies sind keine Patentrezepte, aber wir glauben, daß wir nur dann bei wachsender Komplexität von Organsiation und Management bestehen können, wenn wir einige übliche Vorstellungen über Bord werfen. Deshalb versuchen wir uns täglich von folgenden Aussagen leiten zu lassen:

Netzwerke	statt	Hierarchie
Regelkreise	statt	Regel
Wandel	statt	Starrheit
Verantwortlichkeit	statt	Zuständigkeit

Mitgestaltung	statt	Anweisung
Vertrauen	statt	Kontrolle

Dadurch wollen wir das Denken in Strukturen ablösen durch das Denken in Prozessen, in Wertschöpfungsketten und in Regelkreisen. So wollen wir die „Kernkompetenz" unseres Unternehmens entwickeln und fördern: Das ganzheitliche und vernetzte Denken, Fühlen und Handeln bei jedem von uns.

So wollen wir Mitarbeiter zu Unternehmern entwickeln, zu Unternehmern im Unternehmen, die den Mut haben zur Innovation und die nicht durch bürokratische Hürden in ihrer Entwicklung behindert werden.

So wollen wir Menschen befähigen, mit Unsicherheiten zu leben und sie als Chancen zu nutzen, für sich und andere.

8. Kapitel

Haben heutige Organisationen noch Zukunft?

Prof. Dr. Knut Bleicher

1. Einleitung

Die wachsende Komplexität unserer Lebensverhältnisse, vor allem aber die gestiegene Dynamik der Veränderung unseres Umfeldes, lassen zum Ende dieses Jahrhunderts die Frage nach der Beherrschbarkeit von Entwicklungsverläufen durch den Menschen stellen. Sie ist nicht nur für unser ökologisches und gesellschaftliches Umfeld bedeutsam, sondern sie betrifft vor allem Unternehmungen, die letztlich diese Entwicklung tragen. In ihnen erschweren sich die Bedingungen, da ihre Entwicklung zugleich von innerorganisatorischen Eigengesetzlichkeiten getragen wird, die sie selbst an Grenzen der Beherrschbarkeit stoßen lassen. Wenn es in Unternehmungen derzeit innovative Überlegungen gibt, wie vor einem sich verändernden Hintergrund die Überlebens- und Entwicklungsfähigkeit gesichert werden kann, dann müssen nicht nur Aufgaben, Rollen, Instrumente und Methoden des Managements als harmonisierende Kraft der Gestaltung und Lenkung von Unternehmungen zur Disposition gestellt, sondern auch die grundsätzlichen Prämissen und Aussagensätze – die „basic assumptions" (Edgar Schein) – unserer kulturell geprägten Anschauungen über soziale Systemgestaltung und ihre Lenkung durch das Management hinterfragt werden.

2. Der Wandel im Unternehmungsverständnis: Befinden wir uns inmitten eines Paradigmawechsels im Management?

Sehen wir in einem Paradigma einen Satz grundlegender Annahmen über Probleme, Methoden und Instrumente einer fachlichen Gemeinschaft, dann verbindet sich die Frage nach einem Paradigmawechsel mit dem Wandel im Unternehmungsverständnis, das sich abzuzeichnen scheint. Thomas Kuhn hat die für die Fachperspektive des Managements besonders interessante These aufgestellt, daß eine fachliche Entwicklung nicht durch eine fortlaufende Akkumulation von Wissen fortschreitet, sondern vielmehr durch einen revolutionären Paradigmawechsel. In einer Art Lebenszyklus setzt sich ein neues Paradigma gegen den Widerstand langsam obsolet werdender Annahmen durch, um selbst an den Rand der Überzeugungskraft zu geraten und schließlich durch neue Annahmen und Denkweisen substituiert zu werden. Zwischen den Transitionsperioden des Ringens zweier Paradigmen um ihre

Durchsetzung liegen jeweils Perioden einer normalen Entwicklung, während denen die herrschenden Anschauungen ausgebaut und angewendet werden. Nähert sich schließlich ein Paradigma nach dieser „Rationalisierungsperiode" mit abnehmenden Beiträgen dem Ende der Brauchbarkeit, pflegt es sich in eine sich verfeinernde, aber auch militante Dogmatik mit vielfältigen Richtungskämpfen zu flüchten, ohne die aufkeimende Ideenlandschaft des neuen Paradigmas hinreichend aufzugreifen und zu berücksichtigen.

3. Entwicklungen, die einen Paradigmawechsel im Management signalisieren

Einer der erfolgreichen Buchtitel dieser Tage heißt „Wendezeit" (Fritjof Capra). Mit diesem prägnanten Ausdruck wird in treffender Weise darauf aufmerksam gemacht, daß wir uns nicht nur in einer besonders interessanten Zeit des Wandels befinden, die alle unsere Lebensbereiche zu erfassen scheint, sondern auch, daß vielfältige Prämissen und Erfahrungen, die uns bislang geleitet haben, zur Überprüfung anstehen. Dies muß bei der zunehmenden gesellschaftlichen Vernetzung auch für das Wirtschaftsleben und hier für die Art und Weise gelten, wie wir unsere Unternehmungen im Wettbewerb führen.

Unsere Welt befindet sich in einem starken Fluß der Veränderung, und wir können uns von den vielfältigen Entwicklungen, die uns alle irgendwie berühren, nicht frei machen. Dies betrifft in besonderem Maße Führungskräfte, die für soziale Systeme mit ökonomischen Zielen im Ganzen wie in ihren Teilen Verantwortung tragen. Gesellschaftlicher, ökonomischer und technologischer Wandel muß durch sie erkannt, verkraftet und im Miteinander in zukunftsführende Aktionskurse umgesetzt werden, die nicht nur das Überleben, sondern auch die Entwicklungsfähigkeit einer Unternehmung sichern. Die Einflüsse, die es zu verarbeiten gilt, sind vielfältig: sie reichen vom zunehmenden Bewußtsein für ökologische Zusammenhänge, über sich internationalisierende Markt- und Wettbewerbsbedingungen mit verminderten Wachstumserwartungen und technologischen Entwicklungen, die in die Richtung einer zukünftigen Informationsgesellschaft weisen, bis zum Wertewandel, der Mitarbeiter und Kunden gleichermaßen erfaßt.

Unsere Zeit ist aber auch gekennzeichnet durch eine zunehmende Verunsicherung der ökonomischen und gesellschaftlichen Entwicklung. So werden im gesellschaftlichen Umfeld Phänomene wie Zukunftsängste einer jungen Generation, das Aussteigertum und die „innere Kündigung" von Mitarbeitern diskutiert. Derartige Entwicklungen bleiben nicht ohne Einfluß auf die Problematik, der sich eine Unternehmungsführung gegenübersieht.

3.1 Komplexität und Dynamik lassen unser tradiertes Führungsgedankengut auf Grenzen stoßen

Die Art und Weise, wie diese Problematik gelöst wird, hängt von den Entscheidungen von Führungskräften ab, die selbst kulturgeprägt und Vertreter sozial-kultureller und ökonomischer Belange sind. Auf der Zeitachse haben wir ständig größer werdende Veränderungen in immer kürzeren Reaktionszeiten zu bewältigen. Dem steht jedoch in unseren größeren Organisationen der Wirtschaft und Verwaltung eine Tendenz gegenüber, aufgrund hierarchischer Strukturen und bürokratischer Verhaltensweisen zur Problemverarbeitung immer mehr Zeit zu benötigen.

Es ist bemerkenswert, daß das herrschende Paradigma der Lenkung von sozialen Systemen durch die Bereitstellung immer neuer Konzepte und Instrumente versucht hat, sich den wandelnden Anforderungen und hier vor allem der zeitlichen Beschleunigung von Veränderungen anzupassen. Die derzeitige Beschäftigung mit den sog. „weichen Faktoren" im Management als Ausfluß einer Verunsicherung über die mechanistisch-technokratische Lösung von Managementproblemen verweist jedoch darauf, daß sich die Zeitschere in vielen Bereichen geöffnet hat.

Damit stellt sich die Frage, ob unsere herkömmlichen Ansätze zur Problemerkenntnis und Problembewältigung ausreichend sind, um mit den neuartigen Herausforderungen fertig zu werden. Unter dem Einfluß des zeitlichen Wandels wird eine fast paradigmatische Wandlung unserer Einstellungen zur Führung von sozialen Systemen notwendig, aber auch erkennbar.

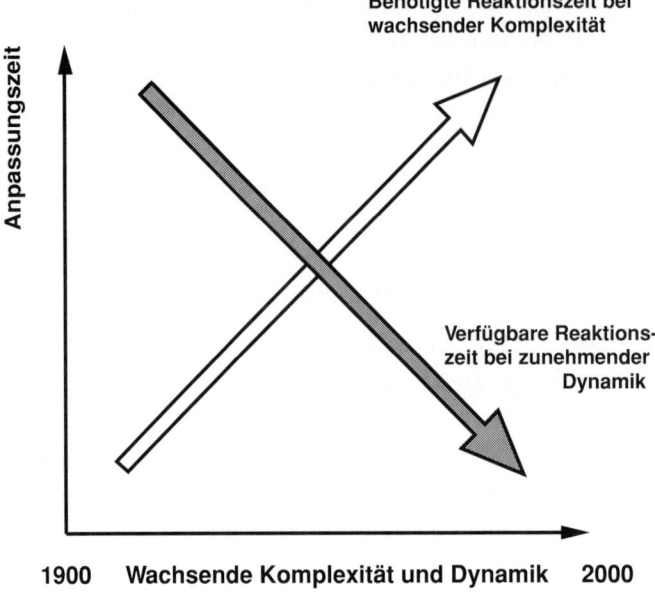

Abb. 1: Komplexität und Dynamik lassen unser tradiertes Führungsgedankengut auf Grenzen stoßen

3.2 Tendenzen auf der Suche nach einem neuen Führungsverständnis

Einstellungen von Führungskräften, die getragen sind von spezifischen unternehmungskulturellen Entwicklungen und die sich selbst in der Managementphilosophie ausdrücken, tragen letztlich über die Wahl von Strategien und Strukturen den Erfolg einer Unternehmung.

Neuerungen werden sich in unterschiedlichen Kulturkreisen gemäß ihrer Offenheit für Neues und ihrer Bereitschaft, bislang Bewährtes in Frage zu stellen und Veränderungen durchzusetzen, mehr oder weniger schnell verbreiten. Sie tragen damit letztlich zur Positionierung von Unternehmungen eines spezifischen Kulturkreises im internationalen Wettbewerb nicht unwesentlich bei. In dieser Weise wird die Veränderungsgeschwindigkeit, mit der sich die Führung an veränderte Bedingungen durch ihnen adäquate Konzepte anpaßt, zu einer Determinante des wirtschaftlichen Erfolges einer Nation oder Region, die selbst das Weiterbestehen ihrer kulturellen Eigenheiten sichert.

Im einzelnen sind eine Reihe von Tendenzen im Management bemerkbar und beachtlich, die zusammengenommen als Frühindikatoren eines Paradigmawechsels integriert werden können.

Vom technokratischen Führungsverständnis eines Managements mit Machbarkeitsansprüchen zu einer evolutorischen Führungsphilosophie eines Kultivierens einer „spontanen" sozialen Ordnung

Mit Blick auf die bislang erfolgreiche Wirtschaftsentwicklung der Vereinigten Staaten haben wir zumeist recht kritiklos einen wesentlichen Teil unseres Managementwissens von dort bezogen. Dabei ist – entgegen unserer eigenen sozio-kulturell geprägten Führungstradition – ein technokratisches Führungsverständnis, orientiert am Bild des entscheidungsfreudigen Machers, in die Chefetagen unserer Unternehmungen eingezogen. Erst in jüngster Zeit ist in den Vereinigten Staaten selbst eine Trendwende hin zu einem mehr organischen Verständnis der Unternehmung in einschlägigen Publikationen, dagegen weniger in der Führungspraxis selbst feststellbar.

Diese Trendwende in der Führungsdiskussion verweist auf ein mehr evolutorisches Führungsverständnis: Die Führungskraft wird eher in einer Rolle des Kultivierens einer „spontanen Ordnung" gesehen, um einen Begriff aufzugreifen, den der Nobel-Preisträger Friedrich August von Hayek bereits vor Jahrzehnten in die wirtschaftspolitische Ordnungsdebatte eingebracht hat.

Wir müssen einsehen, daß unsere Möglichkeiten zum Wahrnehmen und Verändern von komplexen sozialen Systemen außerordentlich beschränkt sind. Wir sollten uns vielmehr auf das verlassen, was wir wirklich beherrschen können: nämlich die Gestaltung von Rahmenbedingungen, in denen sich eine Evolution auch in ökonomischen und sozialen Systemen vollzieht. Dies verlangt, daß wir Eigengesetzlichkeiten bei der ökonomischen und sozialen Entwicklung stärker anerkennen. Führung sollte weniger das Verhalten unmittelbar und direkt lenken als vielmehr mittelbar durch ein Organisieren des Dialogs über strategische Diskussions- und Definitionsprozesse. James March hat dies an einem bildhaften Beispiel verdeutlicht, das symptomatisch für eine zukünftige Denkweise in der Führung des Wandels ist:

„Im Management geht es mehr darum, Schneezäune einzuziehen, damit beim nächsten Schneesturm der Weg zum Ziel frei bleibt."

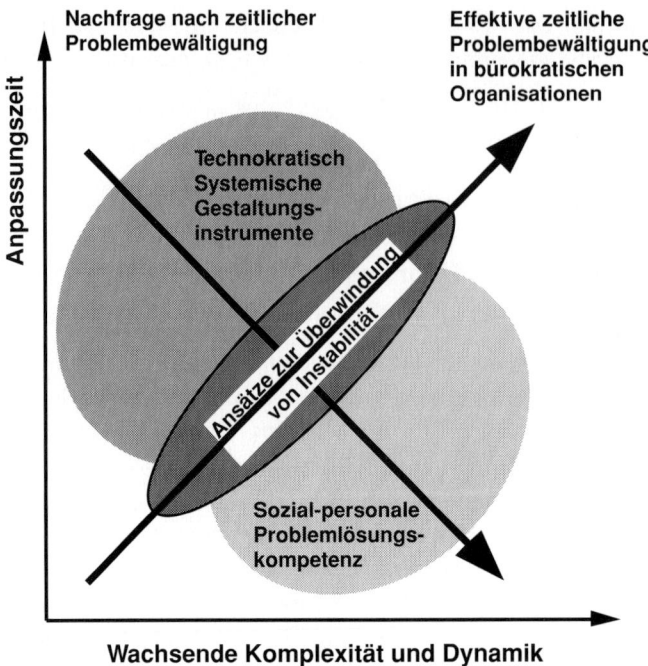

Abb. 2: Zeitschere und Management

Vom Investment in harte, materiell-physische Aktiva zur zunehmenden Fokussierung auf weiche, immaterielle und humane Aktiva als kritische Erfolgsfaktoren für Unternehmungen

Aus den USA haben wir einen Instrumentenkasten, der mit harten Managementfaktoren, Instrumenten und Techniken ausgerüstet ist, übernommen. Heute entdecken wir, daß die Bedeutung sogenannter weicher Faktoren im Management zunehmend kritischer wird. Das Gewicht hat sich deutlich hin zur Bedeutung von weichen Faktoren der „software" statt der „hardware" und vor allem hin zur Problemlösungsqualität humaner Erfolgsfaktoren verschoben. Unsere Managementinstrumente, und hier insbesondere das Rechnungswesen, laufen dieser Entwicklung mit einer immer größer werdenden Distanz hinterher und werden dabei zunehmend obsolet, indem sie eher ein Fehlverhalten begünstigen als eine Steuerung erleichtern.

Qualifizierte Mitarbeiter werden sich, wenn wir die Rahmenbedingungen richtig eingestellt haben, in Situationen, die sich heute kaum prognostisch vorstellen lassen, selbst geeignete Strategien suchen und schließlich auch

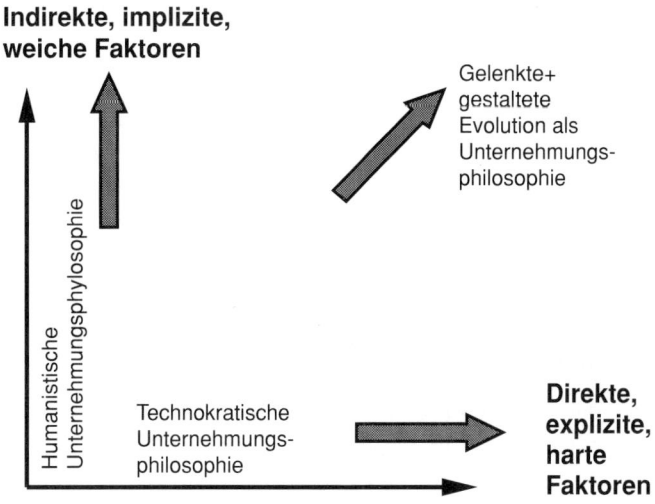

Abb. 3: Das Spannungsfeld von „harten" und „weichen" Faktoren des Managements

Strukturen und Systeme bauen, die sie für situationsadäquat halten und in denen sie arbeiten und leben wollen. Die eigentliche Meta-Strategie einer Unternehmung ist daher das Strategische Management des Humanpotentials. Ein Management der Human-Ressourcen, der Gesamtheit des Wissens, Könnens und Verhaltens der Menschen in der Unternehmung, ist weiter eine Voraussetzung dafür, daß wir uns mit den vielen Aspekten des Wertewandels überhaupt auseinandersetzen können.

Vom Gleichgewichtsstreben rationaler Optimierung eines strukturellen und systemischen Managements zum visionären Entdecken und Produzieren von Ungleichgewichten im Unternehmerischen

Die bisherige Entwicklung des Managements war geprägt vom rationalen Suchen nach Gleichgewichten durch Strukturen und Systeme, die immer perfekter zu einer Stabilisierung von Unternehmungen in angestammten Bereichen und nicht selten zu einer fortschreitenden Bürokratisierung geführt haben. Darunter haben Flexibilität und Innovationsbereitschaft in einem zunehmend von Strukturbrüchen und Turbulenzen geprägten Umfeld gelitten.

In den Rollentypen des mehr technokratisch geprägten Managers und des sozio-emotional ausstrahlenden Menschenführers ist als Gegenpol zum Verwaltertyp der Unternehmer wiederentdeckt worden, der seine Rolle im Erkennen und Bewältigen von Ungleichgewichten findet: „Entre"- und „Intrapreneurship" vollzieht sich auf der Makroebene einer Volkswirtschaft und der Mikroebene einer Unternehmung (Unternehmer in der Unternehmung) in kleinen Einheiten. In ihnen gedeihen Kreativität und Innovation. Damit begeben wir uns auf die Suche nach Systemen und Strukturen, die unternehmerisches Tätigsein auch in Großunternehmungen auf breiterer Front wieder ermöglichen.

Rahmenbedingungen richten sich auf die Handhabung von Informationen aus

In einer Welt, die an Komplexität und Dynamik zunimmt, wird Wissen zur kritischen Grundlage jeder Unternehmungsführung. Dies „gründet sich auf eine simple Erkenntnis: daß technischer Wandel entscheidend für Wachstum ist, und daß die entsprechende Bedingung für eine systematische Mobilisierung des technischen Wandels in strategisch bedrohenden Größenordnungen die Beherrschung eines neuen Rohstoffes ist. Dieser Rohstoff heißt Information!" (Edzard Reuter).

Zweckbezogenes Wissen ist Voraussetzung für das Entstehen von Information (Waldemar Wittmann). Information selbst ist instrumental für das Entstehen eines unternehmungspolitischen Netzwerkes, das sich als Intelligenz eines Systems kennzeichnen läßt. Unter Intelligenz kann allgemein die „... menschliche Fähigkeit, sich in ungewohnten Situationen schnell zurechtzufinden, das Wesentliche eines Sachverhaltes oder eines Vorganges richtig und schnell zu erfassen, geistige Beweglichkeit, Anpassungsfähigkeit, Neugierde, die Fähigkeit raschen Denkens und Urteilens verstanden werden" (H. Schmidt). Übertragen auf soziale Systeme läßt sich Intelligenz als Summe des Wissens- und Erfahrungsschatzes ihrer Mitglieder sehen (Volker Simon). „Schnelligkeit und Qualität des Erkennens und Reagierens eines Systems kann man als seine Intelligenz bezeichnen. Das System ist um so intelligenter, je besser es laufend diese Aufgabe erfüllt" (Aloys Gälweiler).

Volker Simon sieht die Intelligenz eines Systems im Zusammenhang mit dem Harmonisationsgrad einer integrativen Gesamtschau der Strategie-Struktur-Kultur-Integration: „Die Intelligenz der Unternehmung bemißt sich dann in der Fähigkeit, eine überlebens- und entwicklungsgerechte Vernetzung dieses interdependenten Entscheidungsfeldes zu höherwertigen Lösungen zu ermöglichen. Damit wird jedoch auch deutlich, daß sich die Intelligenz der Unternehmung nicht alleine auf ihre Kultur reduzieren läßt." Dennoch lassen sich einige Thesen zur Steigerung des Intelligenzgrades aus der sozialen Entwicklungsperspektive ableiten.

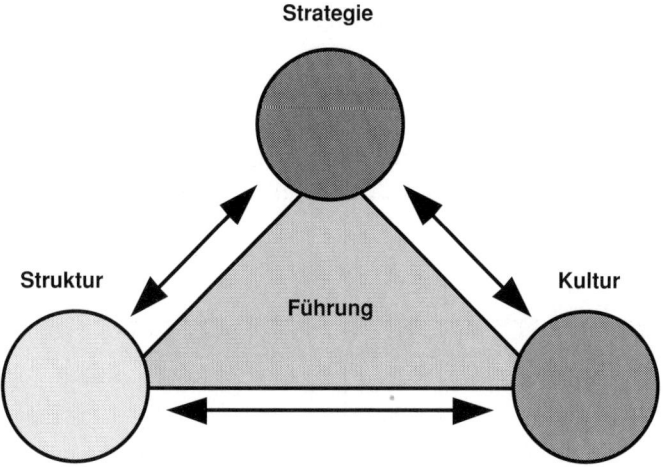

Abb. 4: Integration zum Strategie-Struktur-Kultur-„Fit" der Unternehmung

Von asymmetrischer Einflußgestaltung durch Führung zur symmetrischen, lateralen Kooperation

Unser Führungsgedankengut beruhte bislang auf der Vorstellung eines asymmetrischen Einflusses, der von der Führung auf die Mitarbeiter ausstrahlt: Führung hat immer mehr zu sagen als Ausführung und braucht deshalb auch eine Legitimationsbasis. Weiter wurde Führung als eigentliche Quelle der Intelligenz und als treibende Kraft in der Unternehmung gesehen. Dieses Führungsverständnis geht mit Sicherheit seinem Ende entgegen. Führung wird immer mehr ersetzt durch laterale Kooperation (Rüdiger Klimecki) auf gleicher Ebene.

Die Kooperations- und Teamfähigkeit hat sicherlich mit steigendem Bildungsniveau zugenommen, und neue Informationssysteme gehen heute schon vielfach informell am Vorgesetzten vorbei: Führung muß mit der Tatsache leben lernen, daß nicht mehr sie alleine steuert, sondern auch gesteuert wird. Als neuer Ausdruck wird die Paramacht, die von unten, vom sachverständigen Mitarbeiter ausgeht, in die Diskussion eingebracht.

Bislang sind wir davon ausgegangen, daß in der Unternehmung das Soziale dem Ökonomischen zu dienen habe. Heute müssen wir erkennen, daß beide Dimensionen, die des Ökonomischen und die des Sozialen, bedeutend sind, wenn nicht die soziale Dimension längst wichtiger geworden ist: das Ökonomische wird vom Sozialen getragen und bewegt.

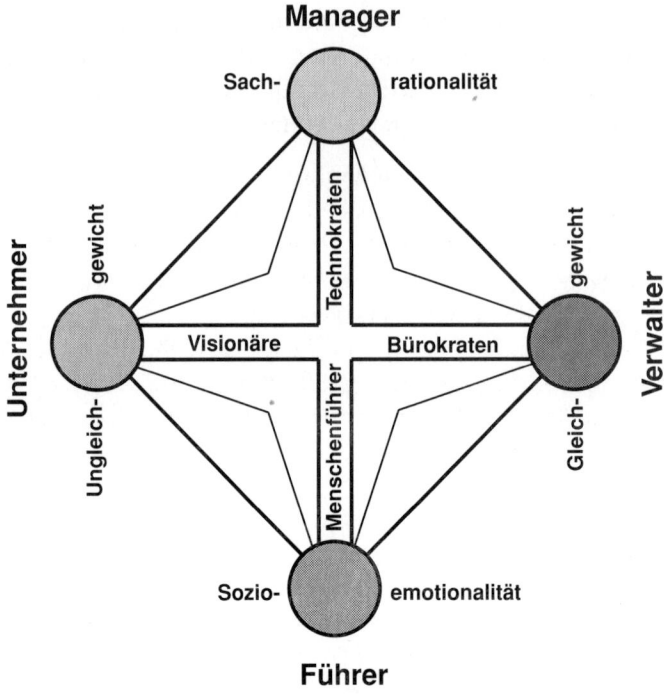

Abb. 5: Rollen der Führung

4. Strukturen und Kulturen eines Managements of Change

Der derzeit beobachtbare Wandel in Organisation und Führung läßt sich an Hand einer Reihe von Thesen festmachen:

4.1 Von der Mißtrauens- zur Vertrauensorganisation

Es ist viel darüber geschrieben worden, daß wir uns einem Wandel im Menschenbild gegenüber sehen: vom mechanistischen Aufgabenträger, der vorwiegend eindimensional gesehen wurde, hin zum „complex man", der sich nur über eine vieldimensionale Betrachtung erschließen läßt. Dies hat gravierende Konsequenzen für die Gestaltung unserer sozialen Organisationen. Statt zentraler Lenkung, Programmierung, Standardisierung und Normierung, wie einer Formalisierung von Arbeitsvollzügen mit intensiven Fremdkontrollen, ergibt sich ein Trend hin zur Aktivierung des Leistungs- und Erfolgsstrebens einer intelligenten Mitarbeiterschaft.

Dies bedeutet, daß statt Mehrfach-Kontrollen gleicher Sachverhalte und intensiver detaillierter Eingriffe in das betriebliche Geschehen eher die Gestaltung von Rahmenbedingungen in den Vordergrund rückt: Forderungen, Anreize und Entwicklungsmöglichkeiten müssen für die Mitarbeiter geboten werden. Die Organisation wird dann weniger in einer Lückenbüßerfunktion für menschliche Unzulänglichkeit gesehen, als vielmehr als ein Mittel zur Kanalisierung und Gratifizierung des Mitarbeiterverhaltens im Hinblick auf den unternehmungspolitischen und strategischen Kurs, der in eine zwar ungewisse, aber erstrebte Zukunft führt.

4.2 Von tiefgreifender Arbeitsteilung und Spezialisierung zur Gestaltung generalisierter umfassender Aufgaben- und Verantwortungskomplexe

Mit zunehmend zu bewältigender Außenkomplexität durch Arbeitsteilung und Spezialisierung wird im Innern von Unternehmungen die Bändigung der damit eingebauten Zentrifugalkräfte – die Überwindung von „Schnittstellen" ist in den meisten Unternehmungen hoch aktuell geworden – zum Problem. Sie wird traditionell durch Systeme der Integration und Koordination (Planungs-, Lenkungs-, Informations-, Kontrollsysteme) vollzogen. Ein derartiger Ansatz besitzt jedoch einen wesentlichen Nachteil: Diese Systeme produzieren selbst Eigenkomplexität in der Unternehmung, sie lenken das Verhalten der Mitarbeiter von den primären Zielen und Aufgaben ab und tendieren dazu, eine Unternehmung zu bürokratisieren und zu politisieren. Fortgeschrittene Arbeitsteilung und Spezialisierung werden zudem zur „Sinnbremse", indem den Mitarbeitern die Sinnhaftigkeit ihres Tun zunehmend verloren geht. Der Verlust an Möglichkeiten zur Selbstentfaltung, der durch den Mangel an teilautonomen Organisationseinheiten mit generalisierter Aufgabenstellung und Verantwortung bedingt ist, kann als tieferer Grund für eine sich in vielen Unternehmungen entfaltende Sinnkrise der Mitarbeiter identifiziert werden. Lösungsansätze können innerhalb der Mikroorganisation in der Restrukturierung der Arbeit („job enlargement" und „job enrichment"), im Schaffen von teilautonomen Geschäftseinheiten in der

Makroorganisation, wie personalpolitisch in der stärkeren Nutzung von Rotationsverfahren erblickt werden.

4.3 Von der Organisation „ad rem" zum Entdecken der Individualität der Führung „ad personam"

Wir stellen einen Trend fest, der wegführt vom Kästchendenken in den Führungspositionen, der Besetzung mit dem „anforderungsgerechten Stelleninhaber", der sich nicht selten dann auch als „Eigentümer" eines Einflußbereiches geriert, gewonnen aufgrund eines Normbildes der Stellenbeschreibung; eine Fortentwicklung von der Suche nach einem zuweilen fatalen Durchschnitt, von der Katalogisierung der Merkmale, die Gleichheit verleihen. Das Gegenstreben ist in einer Suche und Nutzung nach Individualität in der Führung zu sehen: „In the corporation of the future, individual identity ... will transcend normal job description, the company and loyalty to one's own profession" (R. Hayes und R. Watts).

4.4 Vom bürokratischen Zentralismus zur Konföderation (teil-) autonomer Bereiche

Vielfältige Versuche, durch zentralistische Strukturen Rationalisierung über eine Ausschöpfung von Synergien strategische Stoßkraft am Markt gegenüber dem Wettbewerb zu erreichen, können heute als gescheitert gelten. Wird ein langer Lebenszyklus einer unternehmerischen Idee unterstellt, mag dies über Generationen von Mitarbeitern, die eine dichte Monokultur geprägt haben, erfolgreich gewesen sein. Sind dies jedoch nicht gerade diejenigen Unternehmungen, deren Innovationspotential im Hinblick auf das kreative und unternehmerische Erschließen neuer geschäftlicher Möglichkeiten ständig erodiert ist? Sie sind es, die sich als Traditionsunternehmen mit dem Blick zurück auf die äußerst erfolgreiche Vergangenheit und der kundenabgewendeten Orientierung nach innen heute in einer Anpassungskrise befinden. Sie stehen beim Ausklang des tragenden Lebenszyklus der ursprünglichen unternehmerischen Idee in ständiger Gefahr, von jungen und kreativen start-up-Pionierunternehmungen mit neuen unternehmerischen Ideen verdrängt zu werden.

Zur (Rück-)Gewinnung von unternehmerischem Engagement, Innovationskraft und struktureller Anpassungsfähigkeit steht dem der Aufbau konföderativer Strukturen mit einem hohen Grad an dezentralisierter Kompetenz gegenüber. Im Rahmen der das Ganze der Unternehmung bestimmenden Zwecksetzung und Grundorientierung für das Verhalten werden hier Freiräume eingeräumt, die dem Prinzip der Selbstorganisation entsprechen.

Die Rahmenbedingungen sind dabei sowohl im Sachlichen wie im Formalen, vor allem aber im Hinblick auf die Kanalisierung und Gratifizierung (G. Schanz) des Mitarbeiterverhaltens zu gestalten. Die derzeitige Tendenz, eine Bandbreite kleinerer Geschäftseinheiten zu bilden und diese in einer breiten Konfiguration an eine Finanz- oder Strategieholding anzubinden, unterstreicht das Bemühen der Managementpraxis, diesen Weg zu beschreiten.

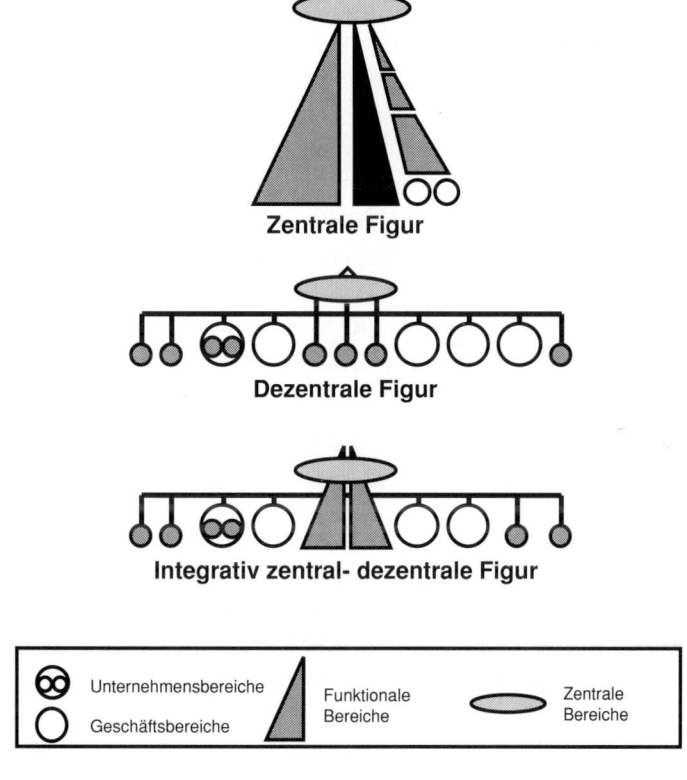

Abb. 6: Alternative Konfigurationsmodelle

4.5 Von der administrativen Steuerung arbeitsteiliger Systeme zu ihrer marktwirtschaftlichen Lenkung

Es ist davon auszugehen, daß die zwischenbetriebliche Arbeitsteilung im funktionalen Sinne weiter fortschreiten wird. Wenn Strategisches auch Konzentration auf das Wesentliche und Zukunftsträchtige heißt, auf das, was man am besten kann, dann ergibt sich hier eine Fortsetzung des Trends zur Externalisierung von Aufgaben. Dies zu Beginn in der Form von Profit-Center, die auch für Externe arbeiten und dort, wo möglich, die Ausgliederung von Aufgaben in zwischenbetrieblicher Arbeitsteilung. Dies hat zur Folge, daß auf fast allen Gebieten die internationale Kooperation weiter zunehmen wird. Immer mehr Unternehmungen erkennen in den global gewordenen Märkten die Grenzen ihrer Möglichkeiten und müssen sich zu Kooperationen mit anderen Unternehmungen mit ergänzenden Leistungsangeboten und in anderen Regionen bereitfinden. War hier in der Vergangenheit schon viel von den sog. „joint ventures" die Rede, so ergeben sich in der erweiterten Form der „strategic alliances" neue Möglichkeiten und Herausforderungen, die unternehmerische, marktwirtschaftlich denkende Führungskräfte, die eher dem Typ eines „brokers" entsprechen, notwendig machen. Sie werden vor allem Leistungsvergabe und Leistungsnahme über Marktpreise steuern. Diese Entwicklung trifft sich mit der Stärkung des bereits betonten unternehmerischen Elements in der Organisation.

4.6 Die Pflege der Unternehmungskultur gewinnt gegenüber strukturellen Ansätzen an Bedeutung

Prägen Strukturen Verhalten, so ist das Verhältnis von Organisation und Kultur einer Unternehmung in einem besonders engen, wechselbezüglichen Verhältnis zu sehen: Damit soll angedeutet werden, daß sich in jedem organisierten sozialen System auch ein System von Wertvorstellungen, Überzeugungen und Verhaltensnormen entwickelt, und zwar in wechselseitiger Abhängigkeit von Systemen des Managements und Kulturen.

Ansatzpunkte für eine partielle, nicht im Detail beherrschbare Änderung des Werte- und Wissensvorrats des Systems bietet die bewußte Schaffung von Rahmenbedingungen für die soziale Evolution. Immer dann, wenn das aktuell gültige Perzeptions- und Präferenzsystem als dysfunktional für den Fortgang der Unternehmung erkannt wird – wobei auch dieser Erkenntnisprozess selbst wieder in seiner Tragweite kulturdeterminiert ist – wird eine rahmengebende Politik der Unternehmungskultur überlebenskritisch.

Bei allen Maßnahmen einer Kulturpolitik einer Unternehmung, seien sie revolutionär oder evolutionär, ist, wenn Kulturveränderungen nachhaltig und zeitlich nicht erst über einen intergenerativen Umweg eingeleitet werden sollen, nach dem Prinzip des Erzielens kritischer Massen vorzugehen. Dabei ist die Vorbildrolle, die Führungskräften in sozialen Systemen zukommt, von besonderer Bedeutung. Will man hier engere kritische Massen erzeugen, kann ein Konzentrieren auf die besonderen Meinungsbildner innerhalb der Führungsgruppe dienlich sein. Die zentrale Bedeutung, die den Human Resources, der „software" des Systems beim Übergang von der gegenwärtig aktuellen zu einer gewünschten Unternehmungskultur, zukommt, dürfte damit nachhaltig unterstrichen sein.

Konkrete Maßnahmen einer Kulturpolitik können immer an den beiden strategisch relevanten Dimensionen der ökonomischen und humanen Potentiale – wobei der langfristigen Gestaltung der Managementkapazität eine äußerst kritische Rolle beizumessen ist – und der Strukturen von Organisation und Managementsystemen ansetzen. Erst ihre widerspruchsfreie Verknüpfung miteinander schafft die Voraussetzung für eine Bildung von Stoßkraft in eine Richtung, die über kulturgeprägte Perzeptionen und Präferenzen des Managements zukunftsweisend gewählt im gesamten sozialen System auf eine hohe Bereitschaft zu ihrer Implementation trifft. Eine starke Unternehmungskultur wirkt damit als unternehmerisches Fundament einer erstrebten strategischen Stoßrichtung in der Unternehmungsentwicklung. Erst die Integration von Kultur, Struktur und Strategie bildet ja ihre Stärke.

4.7 Die organisatorische Anpassung wird zum Dauerthema

Vor noch nicht allzu langer Zeit wurde in der Organisationstheorie A. Chandlers These „structure follows strategy" diskutiert. Heute ist es vielmehr erforderlich, statt eines sukzessiven, nachträglichen Folgens strukturelle Anpassung an strategische Änderungen zu einer Simultaneität der Anpassung von zukunftsweisenden Strategien und Strukturen vorzustoßen, ja, vielleicht sogar zu einer vorausschauenden Reorganisation, die es ermöglicht, zukunftsweisende Strategien zu finden, zu formulieren und durchzusetzen: Mit dem beschleunigten Wandel wird Reorganisation zum Dauerthema.

5. Paradigmawechsel: Die Realisierung eines neuen Konzeptes der Organisation

Der Weg zur Realisierung einer zukunftsführenden Organisation, wie er versucht wurde, skizzenhaft zu entwickeln, birgt Chancen und Risiken in sich. Ein jeder Paradigmawechsel bedeutet das Verlassen eines vertrauten, bislang erfolgreichen und damit Bestätigung und Sicherheit vermittelnden Bodens. Es führt zur Suche nach Möglichkeiten, Neuland zu erwerben, er sprengt die Grenzen des „state of the art", er schafft Unsicherheit, erfordert die Bewältigung von Fehlschlägen und eine Überwindung von Beharrungsvermögen beim Verfolgen der als zweckgerecht erkannten unternehmerischen Idee.

Mit der wachsenden Komplexität und Dynamik unserer gesellschaftlichen Entwicklung ließen sich tieferliegende Ursachen für eine Suche nach veränderten Philosophien, Strategien und Strukturen für den Umgang mit Komplexität und Dynamik in sozialen Systemen finden, die eine Transition von dem einen zu einem anderen Paradigma wahrscheinlich und auch notwendig machen, wenn Grenzen und Dysfunktionalitäten des alten Paradigmas in der Handhabung von Problemen deutlich werden.

Während einer Zeit des Ringens eines neuen Paradigmas um seine Durchsetzung gibt es jedoch eine dargestellte schwierige Übergangssituation, welche die Leitung von sozialen Systemen vor besonders schwierige Anpassungszwänge stellt. So ist davon auszugehen, daß sich das neue Paradigma in den Erwartungshaltungen der Mitglieder und Teilnehmer eines Systems über den allgemeinen Wertewandel eher bemerkbar macht als in der Veränderung der institutionellen Rahmenbedingungen der politisch-gesetzlichen und ökonomischen Umwelt und ihrer Belohnungs- und Bestrafungsmechanismen.

Für Unternehmungen bieten sich unter diesen Umständen Strategien eines „sowohl als auch" an, nämlich der Versuch, möglichst den Forderungen beider Paradigmen Genüge zu leisten. Dies verlangt beispielsweise zugleich den visionären Weitblick und die missionarische Umsetzung der erkannten Veränderungsnotwendigkeiten, die durch das neue Paradigma notwendig werden. Hier ist einerseits der Unternehmer gefordert, der etwas unternimmt, aber auch ein professionelles Management mit seinem Streben nach routinegeprägter Effizienz durch eine Standardisierung arbeitsteilig organisierter Leistung und seiner Orientierung an nominalen, ausweisbaren Ergebnissen. Es bedingt eine Suche nach partizipativ-kooperativen Möglichkeiten der Förderung prozeßorientierter Zusammenarbeit im Rahmen selbstorganisatorischer Entwicklungen genauso, wie autoritätsgebundene Grundsatzentscheidungen innerhalb fremdorganisierter Hierarchien.

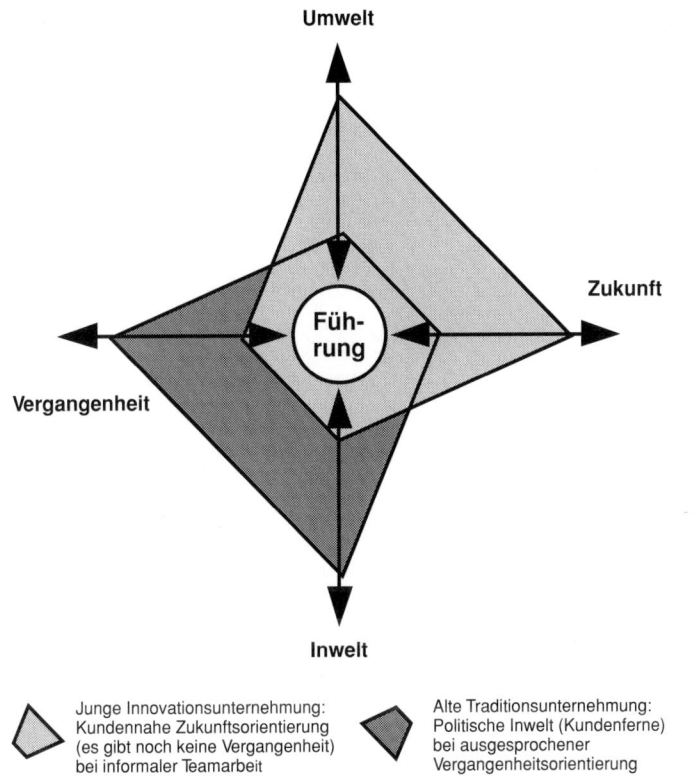

Abb. 7: Unternehmenskulturelle Orientierung

Diese Dualität der gleichzeitigen Berücksichtigung von Facetten gegenläufiger Paradigmen kann nicht ohne Widersprüche und Risiken bleiben. Deshalb scheint es mir gerade für diejenigen sozialen Systeme mit einer großen und erfolgreichen Vergangenheit, die vor dem Hintergrund des alten Paradigma gestaltet wurde, den Traditionsunternehmungen, wesentlich zu sein, diejenigen Dimensionen, Funktionen und Bereiche des Unternehmungsgeschehens zu definieren, in denen bewußt angegriffen werden soll, um neuen paradigmatischen Vorstellungen zum Durchbruch zu verhelfen. Bei ihnen sind aber auch Maßnahmen zu definieren, die es gestatten, Spannungsverhältnisse zu den Traditionsfeldern alter Paradigmen zu überwinden. Wohl dem, der eine Unternehmung auf der „grünen Wiese" plant: Er kann den Paradigmawechsel vermeiden, indem er von Anfang an auf das Entwicklungsfähige und Fortschrittliche eines zukünfigen Paradigmas setzt!

> Die Kunst des Fortschritts besteht darin,
> inmitten des Wechsels Ordnung zu wahren
> und inmitten der Ordnung den Wechsel aufrechtzuerhalten.
>
> Alfred North Whitehead

9. Kapitel

Personalentwicklung mit Perspektive – Querdenker statt Aufsteiger

Jürgen Fuchs und Karl Besier

> Wenn du ein Schiff bauen willst,
> so trommle nicht Männer zusammen,
> um Holz zu beschaffen, Werkzeuge vorzubereiten,
> Aufgaben zu vergeben und die Arbeit einzuteilen,
> sondern lehre die Männer die Sehnsucht
> nach dem weiten endlosen Meer.
>
> Saint-Exupéry

1. Karriere, was ist das eigentlich?

Wenn wir unsere neuen Kolleginnen und Kollegen an ihrem ersten Tag begrüßen, können wir ihnen keine funkelnden Produkte mit Stolz zeigen und sie in keine Werkshalle führen, die Macht und Ansehen des neuen Arbeitgebers vermitteln. Und wir können ihnen keinen geradlinigen Karriereweg bis oben zum Vorstandsvorsitzenden aufzeigen, mit allen zwölf Zwischenstufen, die es zu erklimmen gilt. Schon an ihrem ersten Tag machen die Neuen das, was sie in ihrer ganzen Ploenzke-Zeit tun werden: Menschen kennenlernen, Informationen austauschen und Stimmungen spüren. In der Unternehmenszentrale im Rheingau empfängt sie ein erfahrener Ploenzkianer. Er fördert den Prozeß des gegenseitigen Kennenlernens und führt sie durch alle Räume. Er läßt die zehn bis zwanzig Frauen und Männer das offene Unternehmensklima „schnuppern", indem er gemäß dem Prinzip der offenen Tür jeden „stört", der im Hause ist: die Schulungsteilnehmer in den Schulungsräumen, die Geschäftsleitung bei ihrer Strategiesitzung, Herrn Ploenzke (der sich dann gern eine Stunde Zeit für einen Plausch nimmt), die Mitarbeiterinnen der Buchhaltung und des Personalbereichs. Sie alle lassen sich gerne stören. An diesem Begrüßungstag und auch vorher in den Bewerbungsgesprächen nimmt das Thema „Karriere by Ploenzke" einen breiten Raum ein, weil wir Karriere anders sehen als viele traditionsreiche Unternehmen. Die Kernaussagen hören sich dann etwa so an:

„Bei Ploenzke haben Sie Karriere gemacht,

wenn man Sie fragt,

wenn man Ihren Rat holt,

wenn man Ihnen Informationen gibt,

wenn man Ihnen viel zutraut,

wenn man Ihnen viel Spielraum (Raum zum Spielen) läßt,

wenn man Ihnen viel Verantwortung überträgt!

Kurz, wenn Sie gefragt sind – bei Ihren Kunden und Kollegen."

Diese Aussagen gelten sowohl für Fach- als auch für Führungskräfte, denn die Fachkräfte erbringen die Dienstleistungen für Kunden; Führungskräfte für ihre Mitarbeiter. Karriere heißt nicht, viel Macht zu haben. Karriere bei Ploenzke bedeutet, viel Einfluß zu haben durch Können und persönliche Kompetenz, durch Know-how und menschliche Netze.

2. Information ist unser Metier, Innovation ist unsere Aufgabe, Individualität ist unsere Stärke

Die Ploenzke Gruppe ist auf dem dynamischen Gebiet der Information und Kommunikation tätig. Die Informatik ist der Innovationsmotor der neunziger Jahre. Sie verändert das Kommunikationsverhalten der Menschen und die Organisationsstrukturen unserer Kunden grundlegend und nachhaltig. Diesen Veränderungsprozeß wollen wir durch Beratung und die Entwicklung kundenspezifischer Organisations- und Softwarelösungen aktiv mitgestalten. Unser Unternehmensleitbild spiegelt dieses Ziel mit zwei Aussagen wider:

(1) Die Ploenzke Gruppe ist eine Heimat für kreative Menschen.
(2) Die Ploenzke Gruppe macht ihre Kunden erfolgreicher bei deren Kunden.

Innovative Informatiklösungen unterstützen unternehmensweite und unternehmensübergreifende Kommunikation. Ganzheitliche Vorgangsbearbeitung, komplette Logistik- oder Warenwirtschaftssysteme, umfassende Materialwirtschafts- oder Finanzplanungssysteme, kundengruppenspezifische Vertriebsinformationssysteme und abteilungsübergreifende Unternehmenskommunikation sind nur einige Aufgabenstellungen, die zeigen sollen, daß von unseren Mitarbeitern neben Spezialwissen auch Überblick und die Fähigkeit zu ganzheitlichen Lösungskonzepten verlangt werden. Unsere Kunden brauchen den „Generalisten mit fundiertem und tiefem Spezialwissen" bzw. den „Spezialisten mit großem Überblick und viel Weitblick". Als solche Menschen kommen die Hochschulabsolventen natürlich nicht zu uns. Sie müssen erst dahin kommen. Deshalb fordern und fördern wir die Karriere zu Querdenkern, nicht zu Aufsteigern.

Als Grundlage dient ein Traineeprogramm von etwa zwei Jahren. Die eigentliche Entwicklung geschieht danach durch eine zielgerichtete Folge von Projekteinsätzen, Training on the Job, allerdings mit Perspektive und begleitenden Weiterbildungsmaßnahmen. Unser „Wunsch-Mitarbeiter" und unsere „Wunsch-Mitarbeiterin" entstehen bildlich gesprochen natürlich nicht, wenn sie auf eine Position, auf eine „Stelle" eingestellt oder auf einen festgelegten Arbeitsplatz gesetzt werden und dann ihr Wissen verwalten. Man muß sich schon bewegen, wenn man etwas erfahren und seinen persönlichen Horizont erweitern will. Denn der Gesichtskreis eines Menschen ist naturgemäß durch seine Augenhöhe nicht sehr groß. Nur durch Bewegung bekommt man Überblick. Reisen bildet! – auch im eigenen Unternehmen. Aber dafür muß man Neuland betreten und betreten wollen. Bei uns muß man neu-gierig sein, ein wenig von der Unruhe der Entdecker und viel Spaß an lebenslangen „Lern- und Wandeljahren" haben. Wer bei uns glaubt, etwas zu sein, hat aufgehört, etwas zu werden!

In unserem Metier genügt es nicht – wie in vielen Großunternehmen – dadurch „Überblick" zu gewinnen, daß man auf der Karriereleiter aufsteigt und alles „von oben" betrachtet. Man verliert zu leicht „den Boden unter den Füßen" und man ist in seiner „Beweglichkeit" stark behindert. Denn wer „oben auf der Leiter sitzt", muß erst „absteigen", wenn er Neuland betreten will oder wenn er sich in seiner Position nicht wohl fühlt. Vor diesem „Abstieg" haben alle Angst und verteidigen ihre „Stellung", ihre „Position" mit allen Mitteln. Zur Gesichtsfelderweiterung (Er-Fahrung) führt das allerdings nicht. Sie haben Angst, etwas zu unternehmen, zu experimentieren, etwas zu riskieren. Sie sind stark lernbehindert. Deshalb fallen viele dieser Menschen „von der Leiter" oder werden bis zur Inkompetenz weiterbefördert.

3. Die menschlichen Netzwerke

Wir wollen, daß das bei Ploenzke anders ist. Denn uns allen ist bewußt, daß die Kompetenz des Hauses Ploenzke die Summe der menschlichen und fachlichen Kompetenzen aller seiner Mitarbeiter ist – heute und in Zukunft. Deshalb fördern und fordern wir Mehrfachqualifikation und kommunikative Kompetenz, lebenslanges Lernen, Offenheit und Experimentierfreudigkeit, kontinuierliche Verbreiterung der Wissensbasis, Aufbau eines umfangreichen Erfahrungsschatzes und das Knüpfen zahlreicher Kommunikationsbeziehungen. Gemeinsames Erleben verbindet: in der Ausbildung, im Projekt, beim Sport, in der Kaffeeküche, in der Freizeit, in der Diskussion mit Menschen unterschiedlicher Studiengänge, im Streitgespräch über eine Problemlösung, bei unterschiedlichen Kunden und Branchen und bei jeder Veränderung.

Diese Netzwerke zwischen den Menschen erleichtern den Informationsaustausch und das gegenseitige Helfen. Sie stärken die Lern- und Handlungsfähigkeiten, weil sie wie ein Sicherheitsnetz wirken. Sie halten das ganze Unternehmen zusammen. Bei Ploenzke ist Jobrotation nicht die Ausnahme, sondern die Regel. Wechselnde Projekte, Kunden, Aufgaben und Themen geben unseren Mitarbeitern eine breite, aber auch fundierte Erfahrungsbasis.

Sie erlauben uns, Überblick zu bekommen, komplexe Zusammenhänge zu verstehen und unser dynamisches Umfeld mitzugestalten.

4. Der Mensch im Mittelpunkt

Bei Ploenzke als Dienstleistungs- und Know-how-Unternehmen steht nicht ein Produkt im Mittelpunkt, sondern der Mensch – als Kunde und als Mitarbeiter[1]. Dienstleisten heißt: mit Rat und Tat zur Seite stehen, Beratung und Unterstützung geben, Informationen austauschen und Verantwortung übernehmen – für Projekte, Kunden, Kollegen und für sich selbst. Die einzige Quelle der Wertschöpfung bei Ploenzke sind also unsere Mitarbeiter, die Dienst am Kunden leisten, mit ihren fachlichen und persönlichen Qualifikationen, mit ihrer Kreativität, Initiative, Umsicht, Kooperationsfähigkeit, mit ihrem Verantwortungsbewußtsein und ihrer ganzen Persönlichkeit.

Zukunftssicherung bei Ploenzke heißt demnach nicht, neue Produkte zu entwickeln oder neue Technologien zu erforschen. Sie bedeutet nicht technische Innovation, sondern soziale Innovation, d. h. Schaffen eines Umfeldes, in dem jeder Mitarbeiter sich und seine Fähigkeiten entwickeln, in dem jeder auf die technische Innovation der Informatik-Hersteller und auf die Anforderungen der Kunden schnell reagieren kann. Die wesentlichen Rahmenbedingungen für ein solches innovationsförderndes Klima bei uns sind:

(1) Das neue Führen: Dienstleisten

Die Führungskräfte haben die Aufgabe „als Dienstleister für Dienstleister" ein Umfeld zu schaffen, in dem sich die Mitarbeiter entfalten und entwickeln können. Üblicherweise gilt: Führen ist mehr wert als Ausführen. Manager müssen mehr verdienen als ihre Mitarbeiter. Wir aber wollen den Gleichrang und Gleichklang von Fach- und Führungsaufgaben.

(2) Die neue Organisation: Netzwerke

Ein offenes Kommunikationsklima mit Regelkreisen, mit flexibler Projektorganisation und Netzstrukturen soll unser Unternehmen und unsere Mitarbeiter lebendig halten. Das Unternehmensvermögen sind nur die

---

[1] Wenn wir im folgenden von Mitarbeitern „sprechen", wollen wir nicht die Mitarbeiterinnen ausgrenzen, sondern wir benutzen das Wort stellvertretend für die Gesamtheit, für Kolleginnen und Kollegen bei Ploenzke.

Mitarbeiter und ihr Know-how. In starren Hierarchien und engen Regeln könnte sich dieses „Vermögen" aber nicht entfalten, nicht zur Wirkung kommen.

(3) Die neue Karriere: Kompetenzentwicklung

Karriere bedeutet bei uns weder Beförderung noch Regel-Beförderung. Wir befördern keinen, aber wir fördern alle. Entwickeln muß sich schon jeder selbst! Karriere heißt auch nicht „Aufstieg" auf einer fiktiven Leiter, sondern Kompetenzentwicklung, d. h. Erweiterung der fachlichen, methodischen, sozialen und Persönlichkeitskompetenz jedes einzelnen. Karriere bei Ploenzke heißt, Ansehen und Kompetenz erlangen. Die Kompetenzen ergeben sich dann von selbst!

Abb. 1: „Karriere-Leiter" – nicht bei Ploenzke!

5. Personalentwicklung in der Praxis eines Know-how-Unternehmens

5.1 Zielsetzung der Betriebsvereinbarung

Die geschilderten Vorstellungen klingen möglicherweise sehr attraktiv und vielleicht ein bißchen visionär. Sie sind es auch! Aber trotzdem haben der Betriebsrat und die Geschäftsleitung nach ca. fünfjähriger Erprobungsphase eine Betriebsvereinbarung geschlossen, um Gestaltungsrahmen zu schaffen, in denen Mitarbeiter und Führungskräfte ihre persönlichen Ziele mit den Unternehmenszielen in Einklang bringen können. Wörtlich heißt es in der Betriebsvereinbarung vom 20.12.1990:

„Übergeordnete Ziele der Personalentwicklung im Hause Ploenzke sind vor allem die folgenden Grundsätze:

(1) Als Dienstleistungsunternehmen auf dem Gebiet der Beratung hat sich Ploenzke an den speziellen Anforderungen des Marktes und seiner Kunden zu orientieren.

(2) Das Bild vom Mitarbeiter als qualifizierten Know-how-Träger verlangt nach weitgehendem „Self-Management". Daraus folgt: *Jeder* hat Personalverantwortung – für sich selbst!

(3) Den sich wandelnden und steigenden Anforderungen des Marktes müssen die Bereitschaft und die Perspektiven der Mitarbeiter zur Höherqualifizierung und Weiterentwicklung entsprechen. Dabei steht die individuelle Entwicklungsplanung im Vordergrund."

In dieser Betriebsvereinbarung wird bewußt auf „Schubladenbegriffe" wie Stellenbeschreibungen, Stellenbewertungen, Laufbahndefinitionen, Gehaltsrahmen und auf starre Regeln verzichtet, die einen „Standard"-Mitarbeiter im Auge oder zum Ziel haben.

5.2 Karriere heißt Kompetenzentwicklung

Die Karrierevorstellungen, die bei Ploenzke realisiert werden, unterscheiden sich grundlegend von dem traditionellen Aufstieg auf einer Hierarchieleiter.

Wir glauben, daß durch die heute üblichen militärisch-hierarchisch gegliederten Unternehmensstrukturen und das Vorurteil, Führen sei mehr wert als

Ausführen, menschliche Fehlsteuerungen in gigantischem Ausmaße entstanden sind. Die Pyramidenstruktur, die zur Abwicklung der arbeitsteiligen, tayloristischen Arbeitsprozesse notwendig war, ist leider zur Darstellung von Lebenskarrieren mißbraucht worden. Das Erlangen von Personalverantwortung im Sinne von (formaler) Macht ist oder war für viele das Lebensziel. Man setzte sich ein, um „Vor-Gesetzter" zu werden. Man wurde anderen vorgesetzt. Dann endlich konnte man lenken, leiten, zähmen, meistern, diktieren, anweisen, kontrollieren und über den anderen stehen. Man wollte die Abteilung und die Untergebenen (sie sind „unten" und „geben") steuern wie eine Maschine, der man ein bestimmtes Verhalten befehlen, der man seinen Willen aufzwingen konnte. Dazu mußte man über mehr Informationen verfügen als die Mitarbeiter. Dazu mußte man höher sein, damit man alles „überblickt".

In dieser begrifflichen Übertreibung wird klar, daß ein so geführtes Unternehmen nicht eine Heimat für kreative Menschen sein kann, für die jungen, aktiven, neugierigen und unbequemen Mitarbeiter. Sie lassen sich nicht als persönlicher Besitz ihrer Führungskräfte behandeln. Sie wollen einen Sinn in ihrer Arbeit sehen und Spaß dabei haben. Sie wollen nicht ihre Persön-

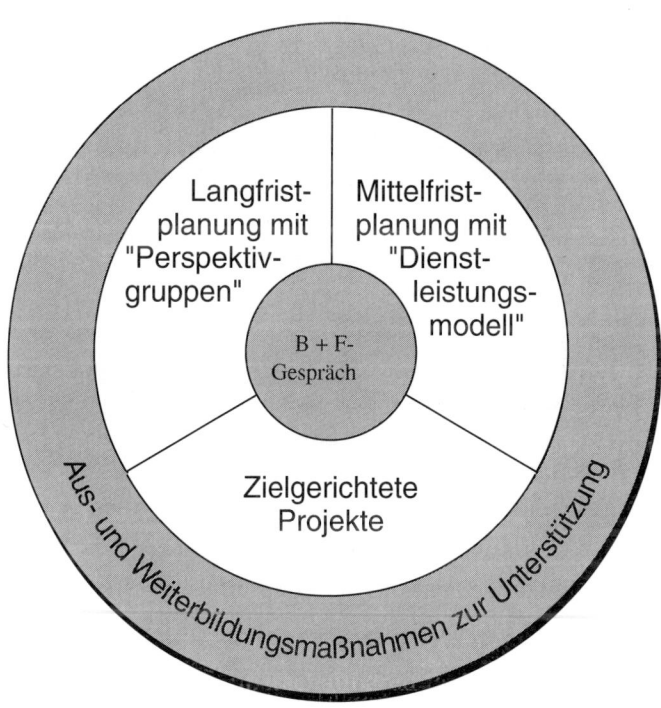

Abb. 2: Personalentwicklung bei Ploenzke

lichkeit morgens „beim Pförtner abgeben", sondern sich gemeinsam mit ihren Kolleginnen und Kollegen entwickeln. Sie lassen sich nicht mehr ihre Meinungsfreiheit und ihre persönlichen Interessen mit Geld abkaufen. Sie lassen sich auch nicht mit ein paar hundert Mark mehr auf ein kurzfristiges Ziel hin motivieren oder besser gesagt manipulieren. Sie wollen gestalten und Einfluß nehmen. Sie wollen etwas zu sagen haben. Dazu müssen sie aber erst etwas zu sagen haben, das anderen von Wert ist, anderen nützt. Dann haben sie auch etwas zu sagen.

Deshalb bedeutet Karriere bei Ploenzke bildlich gesprochen nicht „Höhe", sondern „Fläche" gewinnen, d. h. sich vom Spezialisten zum professionellen Generalisten entwickeln. Dies wollen wir mit unserem neuen Personalentwicklungskonzept erreichen oder zumindest unterstützen, das nicht aus starren Regeln besteht. Wir wollen Regelkreise aktivieren und lebendig halten, die eine individuelle Lebenskarriere ermöglichen durch

- eine zielgerichtete Folge von Projekten als kontinuierliches „Training on the Job",
- eine mittelfristige fachliche Karriereplanung für jeden Mitarbeiter und
- eine langfristige Planung der „Lebenskarriere" innerhalb der Perspektivgruppen bei Ploenzke.

5.3 Das Beratungs- und Förderungsgespräch

Damit diese Planungen nicht nur auf dem Papier stehen, sondern zu Regelkreisen werden, findet mindestens einmal jährlich ein Beratungs- und Förderungsgespräch (B+F-Gespräch) zwischen dem Mitarbeiter und seiner Führungskraft statt, die die Personal*entwicklungs*verantwortung hat. Dazu ein Zitat aus der Betriebsvereinbarung: „Zweck des B+F-Gespräches ist die Beratung des Mitarbeiters im Sinne einer Standortbestimmung und einer Zukunftsplanung, d. h. im einzelnen vor allem:

(1) Reflexion der bisherigen Arbeit, der Arbeitsergebnisse und der Einschätzung des Mitarbeiters durch die Führungskraft.

(2) Synchronisation der gegenseitigen Erwartungen:
- Was erwartet die Führungskraft von dem Mitarbeiter?
- Was erwartet der Mitarbeiter von der Führungskraft und dem Unternehmen?

(3) Die Vereinbarung und Fortschreibung des mittel- und langfristigen Entwicklungsplanes für den Mitarbeiter.

(4) Festlegungen der dafür angestrebten, zielgerichteten Projekteinsätze bzw. Aus- und Weiterbildungsschritte und

(5) die Verständigung über die Eingruppierung des Mitarbeiters in die Perspektivgruppen.

Vorschläge des Mitarbeiters werden dabei im Rahmen der betrieblichen Möglichkeiten berück-sichtigt. Über die Ergebnisse soll ein Konsens erzielt werden, erst dann werden die darin festgehaltenen Schritte für Führungskraft und Mitarbeiter verbindlich. Im anderen Falle wird die nächste Führungskraft eingeschaltet. Ergänzend hat der Mitarbeiter das Recht, den Betriebsrat einzubeziehen. Die Gehaltsfindung ist nicht Gegenstand des B+F-Gespräches."

Das B+F-Gespräch ist also keine Gehaltsverhandlung, sondern dient der zukunftsorientierten Kommunikation zwischen Führungskraft und Mitarbeiter und fördert den Abstimmungsprozeß zwischen den Vorstellungen des Mitarbeiters und den kurz- und mittelfristigen Planungen der Geschäftstelle.

5.4 Die neue Karriere

Bei Ploenzke gibt es keine formalen Laufbahnen, sondern *Perspektivgruppen*, die einerseits die Gleichrangigkeit von Fach- und Führungsaufgaben ermöglichen und andererseits eine langfristige berufliche Perspektive und den individuellen Entwicklungsweg aufzeigen sollen. Dabei wollen wir zwei Phänomene vermeiden, die in hierarchischen Organisationen üblich sind:

(1) Die Übernahme von Personalverantwortung wird dort als vermeintlich lebensentscheidender Karriereschritt gesehen. (Bei Ploenzke dagegen hat *jeder* Personalverantwortung für sich selbst. Führungsaufgaben im Sinne von Personal*entwicklungs*verantwortung werden nur auf Zeit übertragen.)

(2) Starke Arbeitsteilung und enges Spezialistentum führen in den Konzernen leicht zu Starrheit, zu Verengung des Gesichtskreises und zu mangelnder fachlicher und persönlicher Flexibilität. Die Folgen sind als Karriereknick, Beförderung zur Inkompetenz und Midlife-crisis bekannt. (Bei Ploenzke wollen wir lebenslange Job-Rotation.)

Zur Konkretisierung der Ploenzke-Karriere und als Kommunikationsmedium zwischen Mitarbeiter und Führungskraft dient das sogenannte *Dienstleistungsmodell* einer Geschäftsstelle.

Es enthält als Kreissegmente das für die jeweilige Geschäftsstelle relevante Dienstleistungsspektrum mit den Branchen- bzw. Technologie-Schwerpunkten. Damit sind die Grundzüge der Tätigkeitsfelder dokumentiert, die von den Mitarbeitern wahrgenommen werden können. Gleichzeitig wird gezeigt, welche Themen durch die Mitarbeiter der Geschäftsstelle abgedeckt werden sollen. Ein solches Blatt ist Bestandteil aller B+F-Unterlagen und wird benutzt, um die mittelfristige Karriereplanung zu besprechen. Dazu wird dokumentiert, in welchen Segmenten der Mitarbeiter sich zur Zeit befindet und in welcher Folge welche Segmente in den nächsten drei bis zehn Jahren durchlaufen werden sollen.

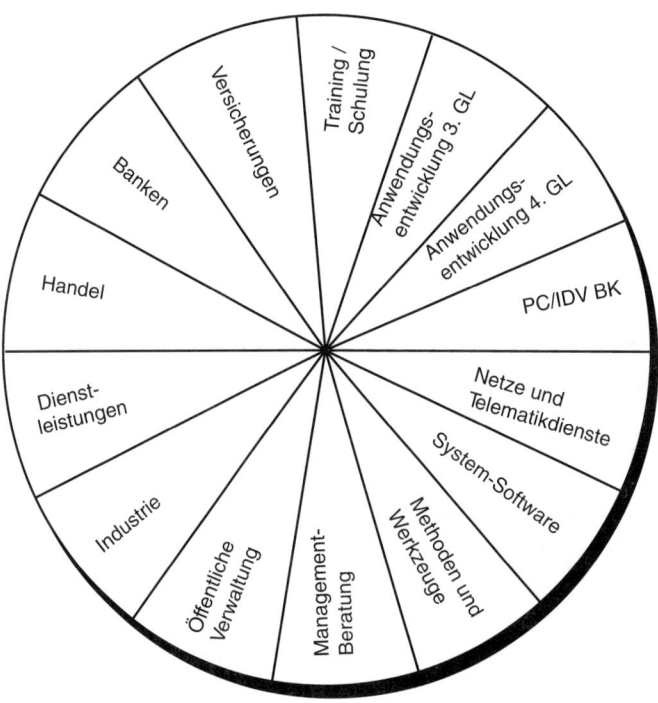

Abb. 3: Beispiel für das Dienstleistungsmodell einer Geschäftsstelle

Mit diesem Personalentwicklungskonzept wollen wir bei unseren Mitarbeitern nicht nur die Mehrfachqualifikation, sondern auch Kreativität, Initiative, Lernfähigkeit und den Mut zu Neuem fördern. Durch lebenslanges Lernen und ständigen Wandel von Aufgaben, Tätigkeiten und Teams wächst die Kompetenz ohne den „Karriere-Knick". Gerade wenn der Mitarbeiter Spezialist in einem bestimmten Thema geworden ist, unterstützen wir ihn dabei, sich einem neuen Themensegment zuzuwenden.

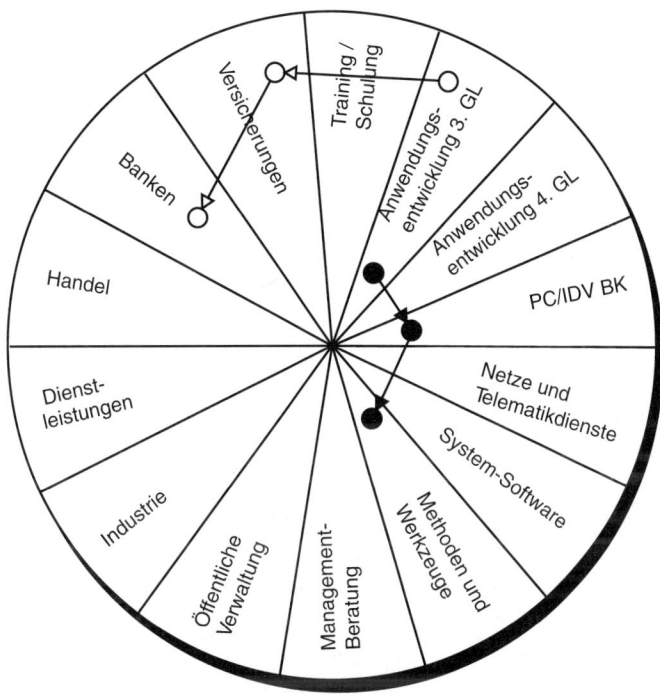

○ Entwicklung
  mit Schwerpunkt
  "Finanz-Dienstleister"

● Entwicklung
  mit Schwerpunkt
  "Informationstechnologie"

Abb. 4: Vom Spezialisten zum professionellen Generalisten

Dabei muß das Unternehmen und der Mitarbeiter eine Investition tätigen: Das Unternehmen trägt die Kosten für die Ausbildungsphase. Der Mitarbeiter fühlt sich wieder als „Anfänger", er ist auf dem neuen Gebiet unsicher und muß lernen, mit dieser Unsicherheit umzugehen. Hier ist die Führungskraft als Dienstleister gefragt, die dem Mitarbeiter Mut macht, dessen Fehler toleriert und ihm hilft, auch auf dem neuen Gebiet wieder Spezialist zu werden.

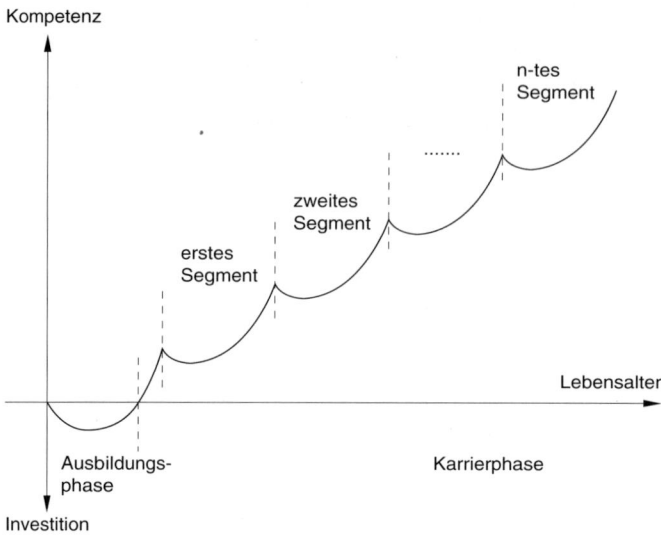

Abb. 5: Neuer Karrierebegriff: Lern- und Wandeljahre

Das Durchlaufen dieser „Angelhakenkurve", wie sie bei uns scherzhaft genannt wird, verbreitert nicht nur die fachliche Basis, sondern fördert auch die Entwicklung der für das Leben so wichtigen Sozial- und Persönlichkeitskompetenz.

Fachliche und menschliche Fähigkeiten zusammen machen die ganze Persönlichkeit aus, das, was man spürt, wenn man einem Menschen begegnet – seine Bildung.

Ein Kernstück unseres Karrierekonzepts ist die Erkenntnis, daß der Mensch nur durch dauernde Änderung und stetigen Wandel lernbereit und lernfähig bleibt. Dazu muß er aber immer wieder sein Spezialistentum aufgeben und auf neuen Gebieten zunächst „Anfänger" werden. Er muß vergessen können, um Neues zu lernen. Er muß sich von liebgewordenen Umgebungen und Kollegen trennen, um wieder neue menschliche Netze zu knüpfen. Aber er bekommt auch etwas dafür: Er wird auf mehreren Gebieten und zu mehreren Themen Spezialist. Er wird zum Generalisten mit viel Spezialwissen und mit fundierten Erfahrungen. Er kann plötzlich Zusammenhänge sehen, die ein Spezialist nie erkennen würde. Er bekommt im wahrsten Sinne des Wortes Überblick und dadurch die Chance zu Kreativität und Innovation, zu Ideen und assoziativem Verständnis. Weil er über ein weitgefächertes Netz von Eindrücken, Erlebnissen, Wissen und Erfahrung verfügt. Weil er Teil eines menschlichen Netzes geworden ist, das ihn anregt und in das er sich „fallen lassen kann". Er verliert die Angst vor der Veränderung und bekommt den Mut zu lebenslangem Lernen.

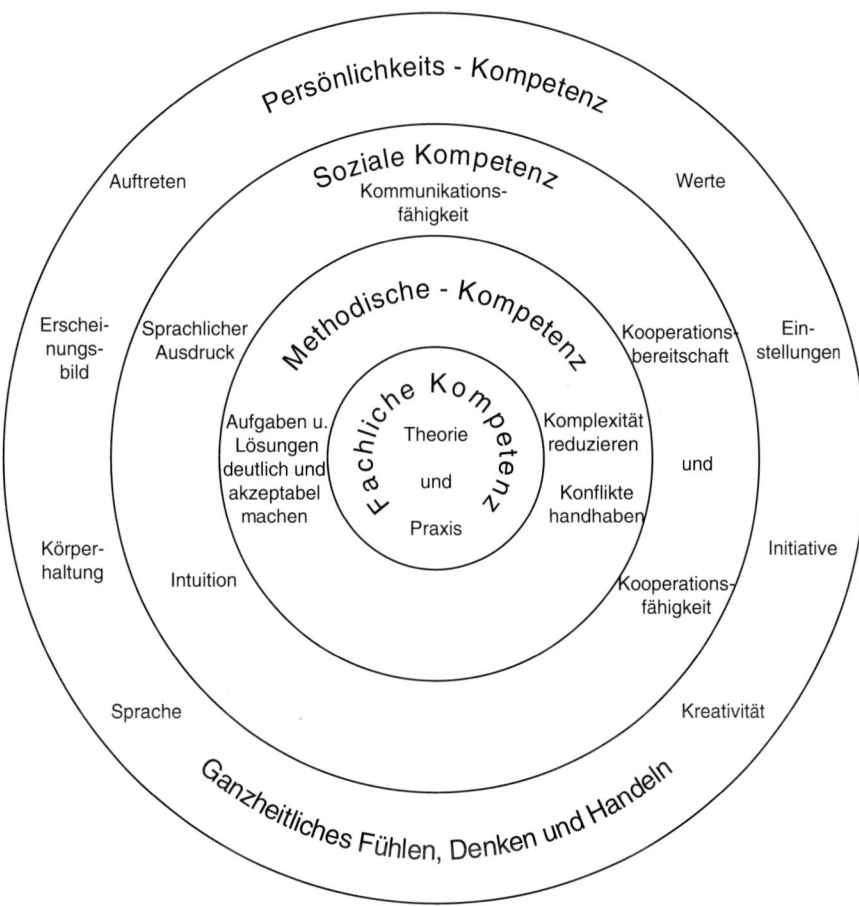

Abb. 6: Bildung als Summe aller Kompetenzen

5.5 Kein Lernen ohne Vergessen

„Ausgebildet wird man in der Schule. Gebildet wird man im Leben", sagte unser Bundesbildungsminister Prof. Ortleb auf einer Hochschulveranstaltung. „Jeder Mensch wird in seinem Leben mehrere Berufe, möglicherweise 4 bis 6, ausüben. Darunter werden viele Berufe sein, deren Namen wir heute noch gar nicht kennen."

Ein Mensch, der bereit ist, zu verlernen und sein enges Spezialistentum aufzugeben, ist vergleichbar mit unserem Gehirn, das aus einem Netzwerk von Nervenzellen besteht. Diese sind so vielfältig miteinander verbunden, daß eine Zelle etwa von 10 000 anderen Neuronen Impulse empfängt und an ebensoviele Impulse abgibt. Durch das gleichzeitige Berücksichtigen vieler Informationen in dem neuronalen Netz ist das Gehirn in der Lage, nach Jahren ein Gesicht wiederzuerkennen, obwohl es sich verändert hat. Es kann Ähnlichkeiten wahrnehmen, d. h. das Gemeinsame, trotz vieler Unterschiede. Es kann aus wenigen Teilen das Ganze blitzartig rekonstruieren. Wir erkennen ein Gesicht, auch wenn wir nur wenige Teile davon wahrnehmen, oder eine Melodie, auch wenn wir nur wenige Fetzen davon hören.

Wiederholt sich der ehemalige Sinnesimpuls, wird nicht dasselbe neurale Netz aktiviert, sondern nur ein ähnliches. Das Gehirn arbeitet also nur „ungefähr richtig". Durch den ständigen Aufbau, Abbau und Umbau der neuronalen Netze entwickelt sich aber ein latentes Hintergrundwissen, das es uns erlaubt, verschiedenartige Situationen und Erfahrungen assoziativ miteinander zu verknüpfen, um daraus Erkenntnisse zu gewinnen und Entscheidungen zu treffen. Die Fähigkeit des Gehirns als neuronales Netz, sich immer wieder neu zu organisieren, neue Verbindungen zu schaffen, Verbindungen abzuschwächen und wieder zu reaktivieren, bildet die Basis für unsere Lern- und Erkenntnisfähigkeit. Dabei kommt dem *Ver*lernen, dem Chaos nach der Ordnung, eine lebensrettende Bedeutung zu und erlaubt das Aufnehmen von neuen Bildern. Anderenfalls würde der erste Eindruck am Morgen während des ganzen Tages bestehen bleiben. Wir wären nicht mehr aufnahmefähig. Ohne Vergessen und Verlernen wären wir schwer lernbehindert!

Beim Sehen bzw. Hören, beim Wahrnehmen und Erkennen werden eine Vielzahl von Nervenzellen durch gemeinsame Aktivitäten spontan stärker miteinander verbunden. Diese Verbindungen lassen in ihrer Intensität nach, wenn der Sinneseindruck verschwindet. Ein reinigendes „Rauschen", ein „gesundes Chaos" machen die Verbindung wieder aktivierungsfähig. So werden Erstarrungen und „Resonanz-Katastrophen" vermieden. Krankheitsbilder solcher Erstarrungen im Gehirn kennt man beispielsweise als Epilepsie, Starrkrampf oder (Alters-) Starrsinn. Der Arzt diagnostiziert in diesen Fällen „zuviel Ordnung" im Gehirn.

Menschen mit „zuviel Ordnung" im Denken und Handeln werden von ihren Mitmenschen als eng-stirnig, stumpf-sinnig, starr-köpfig, eigen-sinnig, halsstarrig oder starr-sinnig empfunden. Die Ursachen für solche Eigenschaften liegen fast immer in der Angst vor dem Neuen und Ungewissen, in der Furcht vor dem Loslassen, vor dem Verlust bestehender Bindungen und Verbindungen oder eines vermeintlichen Wissensvorsprungs. Auf der anderen Seite nennt man Menschen, die sich ihre jugendlichen Fähigkeiten wie neugierig, experimentierfreudig, mutig, lernwillig oder wißbegierig auch bei zunehmenden Alter erhalten haben, geistig beweglich, agil, weitsichtig, kreativ. Sie lassen sich nicht in engen Abteilungen zu Spezialisten machen. Sie wollen die Zusammenhänge ihrer Umwelt, ihres Unternehmens, ihrer Geschäftsprozesse als Ganzes er-fahren und be-greifen. Sie können aus-sich-herausgehen und bekommen einen großen Gesichtskreis. Sie werden umsichtig. Sie sind und werden gefragt. Sie können sich und ihr Umfeld aktiv mitgestalten. Sie sehen Chancen und nicht nur Probleme. Sie werden persönlich und fachlich kompetenter. Sie erlangen mehr Wissen, mehr Erfahrungen. Sie bleiben beweglich und machen eine Know-how-orientierte Karriere. – Und genau das wünschen wir allen unseren Mitarbeiterinnen und Mitarbeitern. Wir fördern und wir fordern es.

Warum haben aber die Menschen in vielen Unternehmen so viel Angst vor dem Neuen, dem Ungewohnten, vor der Trennung? Ich glaube, weil sie Angst davor haben, wieder fragen zu müssen, unwissend zu sein und wieder Fehler zu machen, man will ja schließlich Karriere machen. Weil sie Angst davor haben, etwas zu verlernen oder einen erarbeiteten Status aufzugeben. Weil sie in hierarchischen Strukturen kein Netz haben, das sie hält. In mechanistischen Organisationen mit linearen Strukturen haben sich starre Karrierebilder entwickelt. In organischen Strukturen mit lebendigen Netzwerken können neue Karrierebilder lebendig werden. Wir versuchen es jedenfalls.

(Der Zusammenhang zwischen Netzstruktur und Karriere ist in dem Beitrag von Herrn Plönzke in diesem Buch dargestellt.)

5.6 Perspektivgruppen

Das Berufsleben verstehen wir als einen evolutionären Prozeß der Selbstfindung und Selbstentwicklung. Deshalb betonen wir nicht Strukturen und Ziele, sondern den individuellen Entwicklungsprozeß jedes einzelnen. Zur Darstellung der langfristigen Berufs- und Lebensplanung dienen die „Perspektivgruppen". Sie sollen aufzeigen, in welchem Umfeld sich individuelle Karrieren bei Ploenzke gestalten können. Dabei steht die Verbreiterung der Wissens- und Erfahrungsbasis, die Kompetenzentwicklung in unterschiedlichen Themen im Vordergrund. Eine Perspektivgruppe ist die Gesamtheit aller Mitarbeiter, die auf einem Themengebiet tätig sind. Die unterschiedlichen Themen sind als Segment in dem Dienstleistungsmodell einer Geschäftsstelle dargestellt.

Pro Thema gibt es 3 Untergruppen, die im wesentlichen die Berufserfahrung der Mitarbeiter widerspiegeln: Berater, Senior-Berater und Leitender Berater. Darüber hinaus gibt es Mitarbeiterinnen und Mitarbeiter, die die Personal- und Kundenentwicklungsaufgaben als Führungskräfte und Managementberater wahrnehmen. Diese sind in den Gruppen Bereichsleiter (BL für

Kunden, Projekte oder Themen), Managementberater, Geschäftsstellenleiter oder Senior-Managementberater zusammengefaßt.

Für diejenigen Mitarbeiterinnen und Mitarbeiter, die eine Tätigkeit als Managementberater bzw. Führungskraft anstreben und denen das Ploenzke-Management eine solche Aufgabe auch zutraut, gibt es ein spezielles Förderprogramm. In einer ca. 2jährigen Lehr- und Lernzeit als sogenannte „Projektmanager" übernehmen sie in kurzer Folge viele unterschiedliche Aufgaben. Training on the Job und ein gezieltes Seminarprogramm helfen ihnen, viele menschliche Netzwerke zu knüpfen. Die Gruppe der Projektmanager wächst in dieser Zeit eng zusammen. Das erleichtert ihnen die spätere Übernahme von stark unternehmerischer Verantwortung in unserer Netzwerkorganisation. Das Unternehmen entwickelt auf diese Weise viele Managementberater und Führungskräfte aus eigenen Reihen als Multiplikatoren der Ploenzke-Kultur.

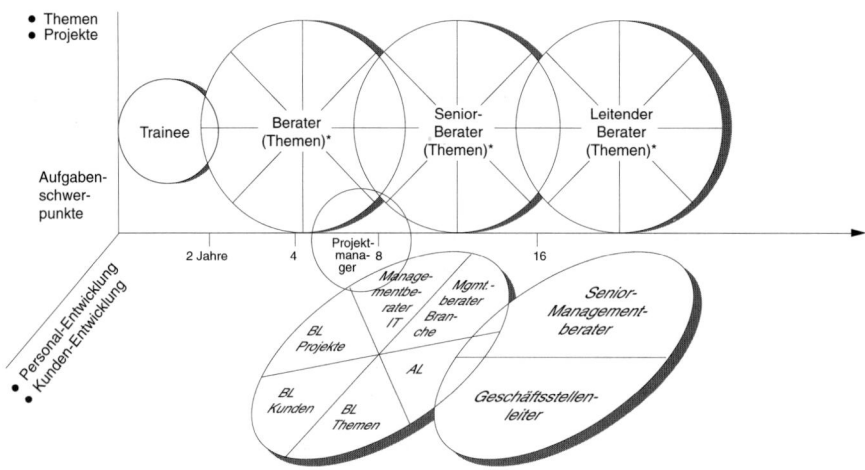

* Die Themen können dem Dienstleistungsmodell der Geschäftsstellen entnommen werden (z.B. Software-Engineering, Banken, SAP, Softwareentwicklung, dezentrale Systeme, Industrie usw.)

Abb. 7: Perspektivgruppen bei Ploenzke

Die Gleichrangigkeit von Fach- und Führungskräften bei Ploenzke wird auch formell dadurch abgesichert, daß Managementberater und Führungskräfte in allen finanziellen und sozialen Belangen gleichgestellt sind. Dazu gehört auch gegebenenfalls die Vergabe von Handlungsvollmacht an Managementberater und Prokura an Senior-Managementberater. Die Verzahnung der oberen mehr projektorientierten Perspektivgruppen mit den unteren mehr außenorientierten Gruppen geschieht dadurch, daß die Leitenden Berater im gleichen Gehaltsbereich wie Führungskräfte und Managementberater liegen. Sie erhalten ebenfalls einen Dienstwagen und eine erfolgsabhängige Tantieme. Gemäß unserer Netzwerkphilosophie orientieren sich solche variablen Gehaltsbestandteile nicht am Ergebnis eines einzelnen, sondern am Erfolg des Teams und des ganzen Unternehmens.

Substantiell wird diese Gleichrangigkeit bei uns dadurch erreicht, daß *Führen als Dienstleistung* an den Mitarbeiter verstanden und gelebt wird oder besser gesagt, gelebt werden soll. (Auch wir müssen noch das neue Denken und Handeln üben.) Denn schließlich erwirtschaften unsere Mitarbeiter durch ihre Dienstleistungen beim Kunden den gesamten Umsatz des Unternehmens. Sie bezahlen sozusagen ihre Führungskräfte für deren Dienstleistungen. Die Mitarbeiter sind die „Kunden" ihrer Führungskräfte. Außerdem werden bei uns Führungsaufgaben nicht auf „ewig" vergeben. Vielmehr erhalten unsere Führungskräfte die Chance, nach mehrjähriger Managementtätigkeit einerseits ihr Fachwissen wieder zu aktualisieren und andererseits ihre gesamte Erfahrung der Geschäftsleitung unserer Kunden als Managementberater weiterzugeben.

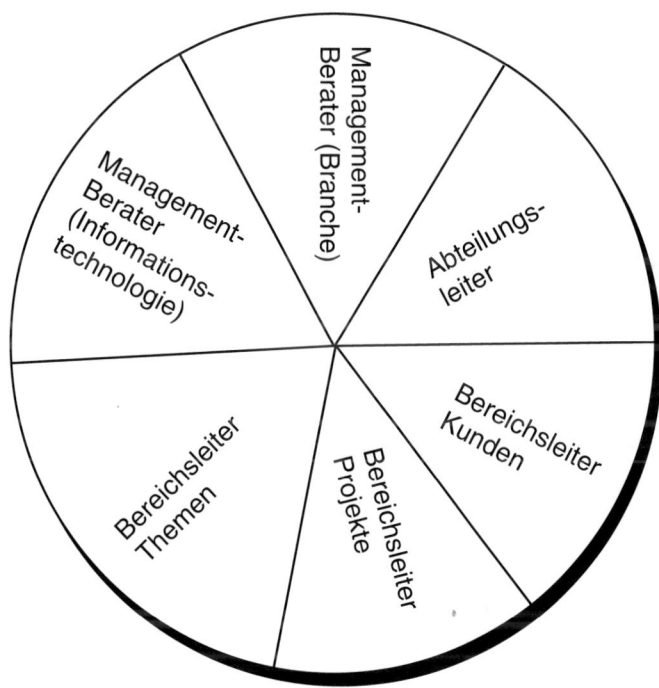

Abb. 8: Gleichrangigkeit von Fach- und Führungsaufgaben

Zwei Beispiele für individuelle Lebenskarrieren bei Ploenzke sollen das verdeutlichen:

Herr Müller wird nach seiner Traineezeit als Berater ca. 8 Jahre in den Themen (siehe auch Abb. 4) „Anwendungsentwicklung", „PC-Systeme", und dann auf dem Gebiet „Methoden und Werkzeuge" tätig. Als Senior-Berater bleibt er zunächst in diesem Fachgebiet, wechselt dann in die Mitarbeitergruppe, die sich mit der Branche „Dienstleistungen" beschäftigt und nach einigen Jahren in die „Handelsgruppe", zunächst mit den Themenschwerpunkten Warenwirtschaft, später Logistik, dann Controlling. Mit diesen Themen kann er dann beispielsweise in die „Versicherungsgruppe" wechseln, um dort beim Aufbau von Produkt- und Kundenkalkulation mitzuwirken. In ca. 20–25 Berufsjahren hat er viele Kunden, Kolleginnen und Kollegen und eine breite Themenvielfalt kennengelernt und erfahren. Er hat Karriere gemacht, denn er ist gefragt.

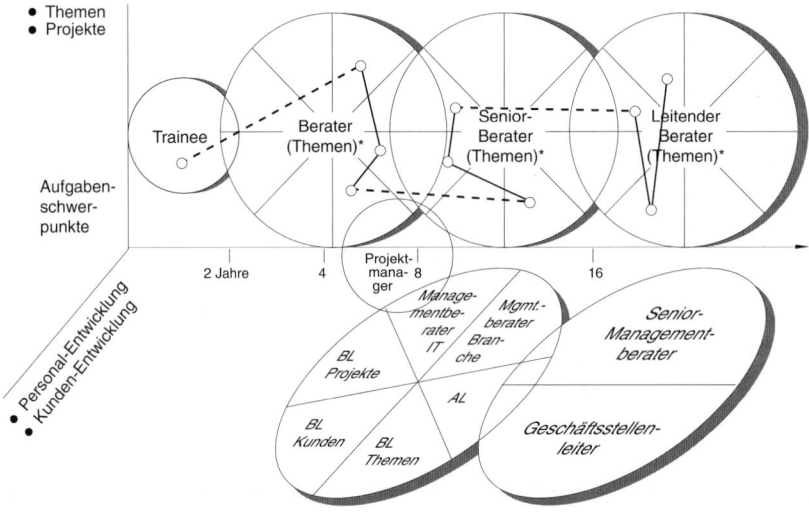

Abb. 9: Beispiel „Herr Müller"

Frau Schulz (Abb. 10), die vielleicht 8 oder 10 Jahre in der Versicherungs- oder Bankengruppe tätig war, durchläuft das 2jährige Ploenzke-Entwicklungsprogramm für Managementberater und Führungskräfte und entwickelt sich über die Gruppen der „Bereichsleiter für Projekte", „Managementberater Versicherungen" und „Bereichsleiter für eine Kundengruppe" zur „Geschäftsstellenleiterin".

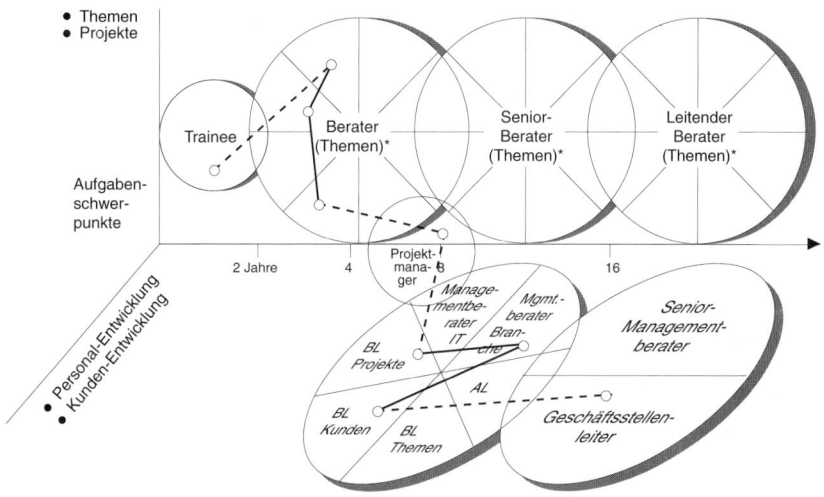

* Die Themen können dem Dienstleistungsmodell der Geschäftsstellen entnommen werden
(z.B. Software-Engineering, Banken, SAP, Softwareentwicklung, dezentrale Systeme, Industrie usw.)

Abb. 10: Beispiel „Frau Schulz"

5.7 Ernennungen als „Gruppenwechsel"

Die Wechsel von einer Perspektivgruppe in eine andere, z. B. die Ernennung vom Berater zum Senior-Berater, werden nach einem mehrstufigen Diskussionsprozeß vorgenommen, bei dem die Auswirkungen dieser Ernennungen auf die anderen Mitarbeiter in der lokalen Geschäftsstelle, aber auch – besonders bei den erfahrenen Mitarbeitern – im ganzen Unternehmen überlegt werden. Dabei versucht das Management abzuschätzen, ob der Mitarbeiter in die neue Gruppe „paßt". Zur subjektiven Absicherung, daß er von Mitgliedern der neuen Gruppe als gleichwertig eingeschätzt werden wird und sich dort auch wohl fühlt, versuchen wir die ganze Persönlichkeit, den Erfahrungsschatz und die Leistung des Mitarbeiters insgesamt abzuwägen, und zwar im Vergleich zu den anderen Mitgliedern der neuen Gruppe. Das ist ein sehr zeitraubender Prozeß. Er hat aber seit Einführung des Verfahrens vor ca. fünf Jahren zu einer hohen Akzeptanz bei den Mitarbeitern geführt, u. a. weil sie spüren, daß ihre Führungskräfte sie ernst nehmen und sich ernsthafte Gedanken über ihren Wert und ihre Entwicklung machen.

Damit Personalentscheidungen, die ja das einzige Kapital des Unternehmens betreffen, nicht in Willkür ausarten, aktivieren wir Regelkreise, die die Qualität der Entscheidung absichern sollen. Das Prinzip Verantwortung wird durch das der Transparenz ergänzt, d. h. alle Vorschläge zur Einstellung, Ernennung, Gehaltserhöhung und Übertragung von Aufgaben werden im gesamten Führungskreis der lokalen Geschäftsstelle besprochen und entschieden. Die Diskussion wird teilweise auch auf den unternehmensübergreifenden Kreis der Geschäftsleitung ausgeweitet, wenn es um Personen geht, die überregional bekannt sind. Denn zu Beginn eines Jahres werden alle Mitarbeiter über die Namen der Mitglieder der jeweiligen Perspektivgruppen und über die Wechsel von einer Gruppe in die andere informiert. So erkennen sie schwarz auf weiß, welche Kolleginnen und Kollegen von ihren Führungskräften mit ihnen als gleichrangig gesehen werden.

5.8 Gehaltsfindung

Dienstleistung ist das Grundprinzip der Ploenzke Gruppe. Bei uns leisten alle Dienste, die Mitarbeiter für die Kunden, die Führungskräfte für die Mitarbeiter und die Unternehmenszentrale für ihre Kunden, die lokalen Geschäftsstellen bzw. Geschäftsbereiche. Wer sich Verdienste erwirbt, um Kunden, Kollegen und das Unternehmen, wer viel und vielen dient, soll auch viel verdienen! Unsere Mitarbeiter schaffen bei den Kunden Unikate, gemäß unserem Grundsatz „Individualität ist unsere Stärke". Das Ploenzke-Personalkonzept mit der individuellen Karriere fördert ebenfalls die Entwicklung von Mitarbeitern als „Unikate". Vor diesem Hintergrund wird deutlich, daß jede normierte und standardisierte Gehaltsfestsetzung bei uns versagen würde. Jede Gleichmacherei wäre für uns sozusagen tödlich. Deswegen hat jeder Mitarbeiter eine individuelle Gehaltsentwicklung. Feste Gehaltsrahmen oder an Tätigkeiten gebundene Gehaltsbandbreiten gibt es nicht.

Die Entkopplung der Aufgaben von Entlohnung und Statuszuweisung bzw. Statussymbolen erhöht bei den Mitarbeitern die Bereitschaft zu lebenslangem Lernen und ermöglicht so die Kompetenzentwicklung bei jedem einzelnen und für das ganze Unternehmen. Die Zugehörigkeit zu einer *Perspektivgruppe*, das individuelle *Gehalt* und die gegenwärtige *Aufgabe* in einem Projekt sind bei uns ganz bewußt voneinander unabhängig. Tendenziell sind natürlich die erfahrenen Mitarbeiter in den Perspektivgruppen weiter rechts und haben auch ein höheres Gehalt als junge Mitarbeiter. Aber dabei gibt es keine festen Regeln und Bandbreiten. So ist es völlig natürlich, daß junge Führungskräfte weniger verdienen als erfahrene Berater, die an diese jungen Führungskräfte berichten.

Fachliche, soziale und persönliche Kompetenz spielen bei der Gehaltsfindung gleichermaßen eine wesentliche Rolle. Wir versuchen den ganzen Menschen, die ganze Persönlichkeit richtig und gerecht einzuschätzen.

Exakt oder objektiv messen läßt sich das nicht. Wir wollen zwar keine Gleichheit, aber Gleichbehandlung – zumindest streben wir dies an. Deswegen entscheiden die Führungskräfte ähnlich wie bei den Ernennungen bei der individuellen Gehaltsfindung in voller Verantwortung, aber nach subjektiven Einschätzungen. Als Qualitätssicherung gilt auch hier wieder das Prinzip der Transparenz. Bei unseren Mitarbeitern ist Gehalt kein Tabuthema und Gehaltsfragen werden in einem offenen Kommunikationsklima auch mit dem Betriebsrat diskutiert. Wir versuchen Fairness nach bestem Wissen und Gewissen, aber wir wollen keine Gleichmacherei oder starre Regeln. Die Prinzipien Verantwortung und Transparenz können die nötigen Regelkreise in einer lebendigen und lernenden Organisation verstärken.

Abb. 11: Erfolgsfaktoren der Ploenzke Gruppe

Die bisherigen Erfolge machen uns Mut. Trotz einer Größe von über 1 500 Mitarbeitern und einem Personalwachstum von jährlich 15–20 % konnte sich diese Unternehmenskultur, die auf lebendigen Netzen beruht, stetig entwickeln. Darauf sind wir ein wenig stolz. Die Erfolgsfaktoren der Ploenzke Gruppe sind natürlich nicht nur das Personalentwicklungskonzept, sondern das Zusammenwirken aller Menschen bei Ploenzke und das Zusammenpassen aller Komponenten, die Ploenzke zu einem lebendigen Organismus machen, mit den Zielen:

– unsere Kunden erfolgreicher zu machen – bei deren Kunden
– Lebensraum für kreative Menschen zu sein.

Uns ist bewußt, daß diese Darstellungen Visionen bzw. Leitsterne sind, die allerdings eine Orientierung geben können. Wir wissen, daß im Alltag Fehler passieren. Wir wollen aber kein perfektes System, das keine Fehler macht. Ein solches System wäre für uns der Fehler. Stattdessen versuchen wir, ein Unternehmensklima zu schaffen, in dem man Fehler machen darf – aber nicht immer dieselben. Und man sollte aus Fehlern lernen, den eigenen und auch aus denen der anderen. Durch diese Bereitschaft zur Fehlertoleranz glauben wir bei Mitarbeitern und Führungskräften Verantwortungsbewußtsein und ein hohes Maß an Freiheit, Selbstmanagement und Selbstorganisation zu fördern. Deshalb herrscht bei uns aber noch lange nicht Chaos oder Willkür, sondern eine Balance von Ordnung und Freiheit. Weil uns bewußt ist:

Freiheit ist ohne Ordnung nicht möglich und die Ordnung ohne Freiheit wertlos.

Mahatma Gandhi

10. Kapitel

Informatik als Motor für Organisationsinnovation

Bernhard Dorn

1. Die Symbiose von Informationstechnik und Organisation

Es ist heute weitgehend anerkanntes und betriebswirtschaftliches Allgemeingut, daß die Informations- und Kommunikationstechnik ein effektives Mittel ist, um Firmen produktiv, innovativ und wettbewerbsfähig zu machen. Weniger anerkannt ist dagegen, wie eng Informationstechnik, Unternehmensorganisation und Wettbewerbsfähigkeit zusammenhängen, wie stark gerade eine obsolete Organisationsstruktur verhindern kann, daß der Nutzen der Informationstechnik voll ausgeschöpft wird und wie sehr die Wettbewerbsfähigkeit darunter leiden kann.

Die Gründe für die häufig vorzufindenden veralteten Organisationsstrukturen liegen im Beharrungsvermögen, das wir von Bürokratien gewohnt sind. Im Laufe der Industrialisierung wurde die starke Expansion der Unternehmen nur steuerbar und planbar durch den Aufbau von differenzierten Organisationen mit einer dedizierten Aufgabenverteilung und einem Delegations- und Leitungssystem, das die Hierarchieebenen und die Kontrollspannen festlegte. Mit einer spezifischen Aufgabenbeschreibung der Abteilung griffen die Räder des Unternehmens ausreichend präzise ineinander, war die Berechenbarkeit gegeben. Für flexibles Handeln war allerdings weniger Raum.

Heute treffen diese hierarchischen Organisationen auf sich dauernd verändernde Wettbewerbs- und Kundenanforderungen, wie Geschwindigkeit, Individualität und Innovation. So entsteht ein Gegensatz zwischen den Anforderungen des Marktes und den sich verfestigten bürokratischen Strukturen, die vielfach auf Kosten der Kunden ausgebaut wurde. An diesem Abteilungsdenken hat auch die Informations- und Kommunikationstechnik oftmals wenig ändern können, weil ihre Einführung in der Regel in einzelnen Abteilungen begann, häufig nicht zentral koordiniert wurde – und vereinfacht gesagt – ohne ein durchdachtes neues Kommunikations- und Organisationskonzept eingeführt wurde. Die Informationssysteme wurden einfach an der obsoleten Organisationsstruktur ausgerichtet und haben diese oft sogar noch zementiert.

Der strategische Nutzen der Informationstechnik, der über das Rationalisierungspotential hinaus geht, wurde dabei von der Unternehmensleitung oft nicht oder zu spät erkannt. Umgekehrt waren die DV-Chefs primär mit der Lösung technischer Probleme beschäftigt und in die strategische Planung des Unternehmens auch wenig eingebunden. Wenn dann noch in den Anfängen der Datenverarbeitung eine ungenügende Anwendereinbindung und deshalb eine begrenzte Benutzerfreundlichkeit des Systems hinzukam, dann litten verständlicherweise die Akzeptanz und dementsprechend auch der Nutzen.

Zweck dieses Beitrages ist es, aufzuzeigen, wie sich mit Hilfe von Netzen diese hausgemachten Nachteile beheben lassen und wie Kommunikations- und Informationstechnik auch Katalysator für eine veränderte Organisationsstruktur und ein Schritt zur Wettbewerbsfähigkeit und Innovationsführerschaft sein kann.

2. Netze als „Nervensystem" einer Organisation

Erster Schritt auf dem Weg zu einem flexiblen kundenorientierten Organismus ist die Möglichkeit, über die Abteilungen hinweg schnell und einfach zu kommunizieren und zu arbeiten. Die Mitarbeiter müssen an alle wichtigen Informationen herankommen, um Zeit zu sparen und den Wettbewerbsvorsprung zu sichern. Diese Erkenntnisse sind nicht neu. Ihre Umsetzung war schon immer zwar kostspielig, aber auch sehr erfolgreich. Die Fugger gründeten ihren Erfolg schon auf Informationsnetze. Mit Hilfe von Signalspiegeln konnten sie innerhalb von 2,5 Stunden Informationen von Südspanien in die Konzernzentrale nach Augsburg schicken. Leider war bei schlechtem Wetter der Informationskanal durchbrochen. (Quelle: Günter Ogger: „Kauf Dir einen Kaiser").

Heute ist das probate Mittel dazu die elektronische Unternehmenskommunikation. Damit kann jeder im Unternehmen von seinem Endgerät aus mit jedem anderen kommunizieren, arbeiten und auf die für ihn notwendigen Daten zugreifen. Diese Form der elektronischen Post innerhalb einer Firma heißt INTRA-Unternehmenskommunikation. Die Verbindung und das Arbeiten zwischen selbständigen Firmen, Unternehmen und Behörden und der Zugriff auf externe Datenbanken heißt dementsprechend INTER-Unternehmenskommunikation.

Die wichtigsten Fundamente für diese Kommunikationswege sind Architekturen, die die Investitionen in die Informatik-Infrastruktur auch für die Zukunft absichern. Nur innerhalb stabiler Architekturen kann sich die Unternehmenskommunikation kontinuierlich weiterentwickeln. Rechner-, Netzwerk- und Datenstrukturen bilden die Brücken, über die die Geschäftsprozesse quer durch die Unternehmen ablaufen können und über die heterogene Rechnersysteme miteinander verbunden werden können. Denn sowohl für die Intra- als auch für die Inter-Unternehmenskommunikation werden immer mehr Systeme installiert sein, die von verschiedenen Herstellern kommen, aber zusammenwirken müssen.

Technisch sind wir zwar in den letzten Jahren weit fortgeschritten. Aber bis wirklich jeder mit jedem innerhalb und außerhalb des Unternehmens per System kommunizieren und arbeiten kann, wird sicherlich noch einige Zeit vergehen. Die Auswirkungen, die dieser „grenzüberschreitende Verbund" auf die Arbeitsformen, die Unternehmensstruktur und auf die Wirtschaft hat, werden so weitreichend sein, daß wir gut daran tun, uns heute schon mit den Folgen auseinanderzusetzen und die Entwicklung koordiniert zu steuern. Nur so können wir aus Informationstechnik und Organisationsänderungen Synergieeffekte erzielen und Unternehmen zu lebendigen und lernenden Organismen entwickeln.

3. Auswirkungen der technischen Kommunikation auf die Unternehmens- und Arbeitsorganisation

3.1 Unternehmenskommunikation als technisches Produktivitätsmittel

Arbeitsinhalte und Arbeitsformen ändern sich durch die Informationstechnik, und zwar sowohl für den einzelnen Arbeitnehmer als auch für das gesamte Unternehmen. Für den einzelnen Mitarbeiter sind die Auswirkungen selbstverständlich abhängig von seinem Aufgabenfeld. Bei den Sachbearbeitern können dank ganzheitlicher Datenmodelle und der Unternehmenskommunikation die Aufgaben wieder als sogenannte Vorgangsbearbeitung integriert zusammengebracht werden. Der einzelne Mitarbeiter erhält mehr Kompetenzen, mehr Verantwortung. Seine Arbeit wird facettenreicher und interessanter. Die Arbeitszufriedenheit wird steigen.

Das wird sie aber nur, wenn die Anwendungen im System komfortabel sind und die Mitarbeiter gut geschult werden. An beidem hat es lange gemangelt. Der Stand der Technik ist noch nicht so weit, daß sich der Computer dem Menschen anpaßt. Noch gilt das Umgekehrte. Deshalb ist es nicht mit einer schnellen Einführungsschulung getan.

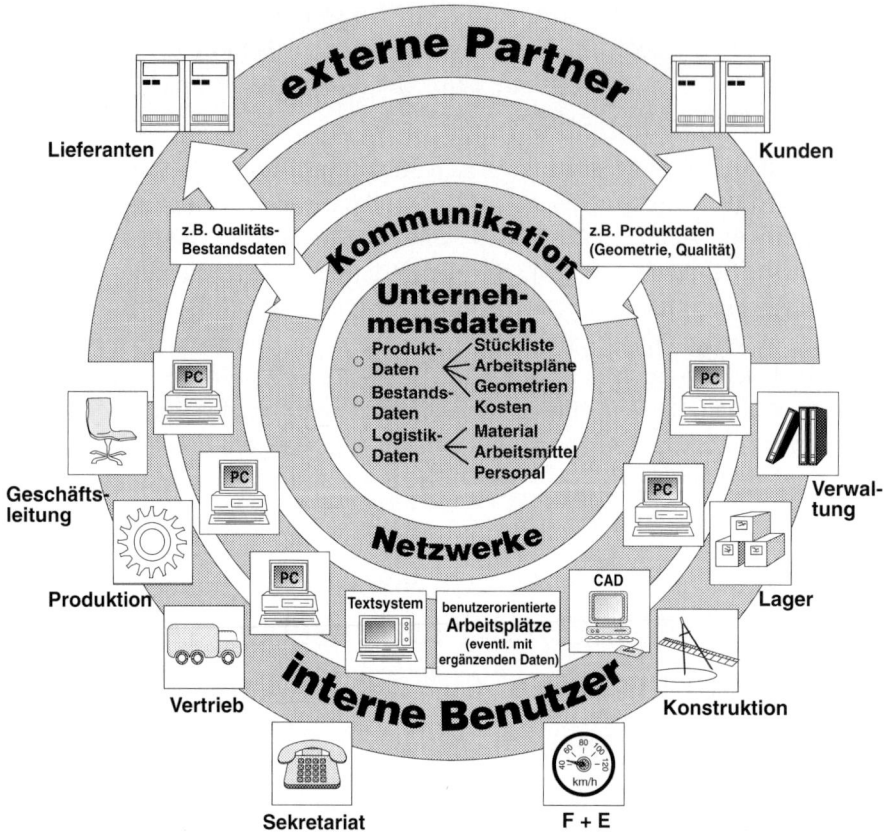

Abb. 1: „Alle singen vom selben Datenblatt"

Die Folge waren häufig Verunsicherung bei den Mitarbeitern über ihre eigenen Fähigkeiten, mit dem Instrument umzugehen. Der geringe Kenntnisstand führte im Endeffekt dazu, daß die Anwendungen weniger genutzt wurden als erwartet, und daß das Produktivitätspotential nicht ausgeschöpft wurde. Erschwerend kam noch hinzu, daß für den Mitarbeiter die Arbeiten am System eine weitere Abstraktionsebene bedeutete. Was seine Arbeit ausmachte, lief komplett als Programm im Rechner, sozusagen im Hintergrund ab und wurde vielfach nur durch Zahlen ausgedrückt. Der Mensch war und ist noch oft durch den Computer ferngesteuert.

Auch bei den Managern hat sich die Erkenntnis, daß Informationssysteme für sie Produktivitätspotentiale sein können, die sie selbst nutzen sollten, zumindest in Deutschland nur sehr zögernd durchgesetzt. Dabei verbringen gerade auch Manager einen nicht unerheblichen Teil ihrer Arbeit mit Schreibtischarbeit, wie das Schaubild zeigt.

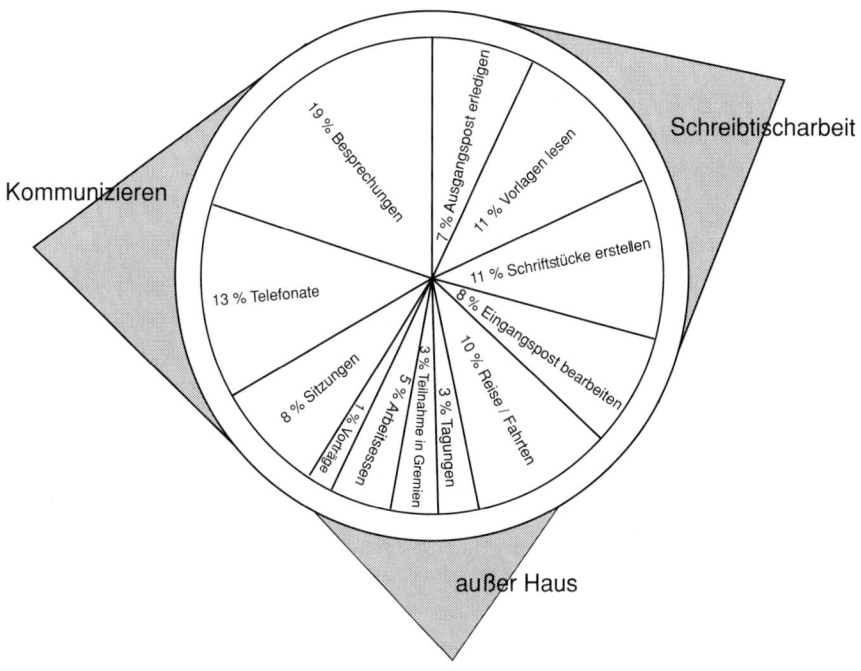

Quelle: D. Müller-Boling/C.Klautke/I. Ramme: „Manager-Alltag", Im Bild der Wissenschaft, 1989, S. 103

Abb. 2: Die Managertätigkeiten

Die Produktivitätsreserven von Managern mit Hilfe der Informationssysteme zu heben, sind ein wenig behandeltes Praxisfeld. Das lag auch an dem Widerwillen vieler Führungsebenen, sich ein System auf den Schreibtisch zu stellen und es zu benutzen. Neben dem Privileg, denken zu lassen, waren sicherlich die komplizierte Handhabung und der begrenzte Nutzen alter Managemententscheidungssysteme wesentliche Hemmnisse. (Siehe: Streicher, Heinz: „EDV am Arbeitsplatz des Managers", Office Management 4/89, S. 38 ff.)

3.2 Emanzipation der Menschen gegenüber dem Computer

Der potentielle Nutzen der Computertechnik erschließt sich erst durch deren Benutzung. Nutzen durch Benutzen.

Deshalb sind Hersteller wie Anwender mittlerweile überzeugt, daß die Systeme im Unternehmen von allen Mitarbeitern, gleich ob Sachbearbeiter oder Geschäftsführer, nur dann voll akzeptiert werden, wenn nicht der Mensch der Maschine angepaßt wird, sondern die Maschine dem Menschen. Technisch ist das jetzt viel eher möglich. Fehlt heute noch die Sprachein- und -ausgabe, so sind doch Expertensysteme schon eine vielversprechende Möglichkeit, menschliches Wissen zu speichern, aufzubereiten und als Entscheidungshilfe verfügbar zu machen.

Multimedia ist ein weiterer Schritt auf diesem Weg. Heute gibt es bereits diverse Anwendungsmöglichkeiten, bei denen man Hilfestellungen für Anwender in Wort, Grafik, Bild und Video kombinieren kann, die das Arbeiten, Lernen und Weiterkommen in einer konkreten Problemsituation wesentlich erleichtern. Diese Unterstützungsprogramme können je nach Kenntnisstand des Anwenders differenziert werden.

Mit Hilfe von Computernetzen, Videokonferenzen und Multimedia lassen sich auch dezentral arbeitende Funktionen schnell, umfassend und anschaulich informieren, z.B. die KFZ-Mechaniker über einen neuen Wagen und dessen Spezifikationen. Ein Kunde kann sich auch an einem Informationssystem bei seinem Autohändler interaktiv seinen Traumwagen aus den Zusatzbauteilen wie Spoiler etc., zusammenbauen und mit diesen Spezifikationen auch gleich am Bildschirm ansehen und bestellen. In den USA benutzen heute schon über 60 % der Unternehmen regelmäßig Videokonferenzen, um beispielsweise Budgetdiskussionen oder Produktankündigungen effektiv zu gestalten.

3.3 Abteilungsübergreifende, wechselnde Teams als Arbeitsform der Zukunft

Um flexibel auf Wettbewerbsforderungen und Kundenwünsche reagieren zu können, wird die Arbeit in wechselnden Projektgruppen sicherlich die Form der 90er Jahre. Nicht nur die positiven Erfahrungen bei Entwicklungsteams, sondern auch die Verhaltensforschung geben uns dafür interessante Hinweise. Während Unternehmen auf die Jagd nach Kunden und Gewinnen gehen, jagen Löwen Antilopen und Zebras. Sie sind dabei hervorragende Teamworker. Der Südafrikaner Ian Thomas hat aus seinen langjährigen Beobachtungen mit Löwen die interessante Erkenntnis gewonnen, daß sich dort die Jagdteams nach der spezifischen Situation zusammensetzen. Es gibt zwar einen Rudelführer für die gesamte Löwengruppe, aber bei der wichtigsten Funktion für das Überleben, dem Beutemachen, übernimmt je nach der spezifischen Situation das am besten dafür geeignete Tier wie selbstverständlich die Führung, mal der Schnellste, mal der Stärkste.

Die Besten in ein Team zu holen, ist auch in größeren Unternehmen dank der Kommunikationsnetze leichter. Denn zusätzlich zu dem persönlichen Gespräch, der Diskussion kann man Teamarbeit und die Meinungsbildung unter Spezialisten durch die schnelle Kommunikation über Computernetze, Satelliten oder per Telekonferenzen fördern. So kann die Idee Wirklichkeit werden, die Arbeit zum Menschen zu bringen und nicht mehr den Menschen zur Arbeit. Gerade bei internationalen Projekten ist dies von großer Bedeutung, weil sonst die Mitarbeiter lange aus ihrer gewohnten privaten und beruflichen Umgebung gerissen würden.

Bei IBM werden Mammutprojekte, wie der Bau eines Großsystems, an dem inklusive der Prototypenbauer bis zu 10 000 Mitarbeiter in sechs Labors tätig sind, erst dadurch möglich, daß die Abstimmung schnell über Netze erfolgen kann.

3.4 Abteilungsübergreifende Organisation der Geschäftsprozesse

Dank der Unternehmenskommunikation kann man nicht nur die Kommunikationswege, sondern auch die Geschäftsprozesse generell vereinfachen und neu strukturieren. Das Instrument dazu ist das sogenannte Business Process Management (BPM). Dabei werden die in der Fertigungsplanung, -steuerung und -kontrolle entwickelten Methoden auf das Verwaltungshandeln angewandt, um so Produktivitäts- und Rationalisierungspotentiale aufzuspüren und zu nutzen. Wie die Prinzipskizze veranschaulicht, können dabei die Verwaltungsabläufe als Prozeß verstanden werden, den es mit Hilfe der Informationsverarbeitung zu optimieren gilt.

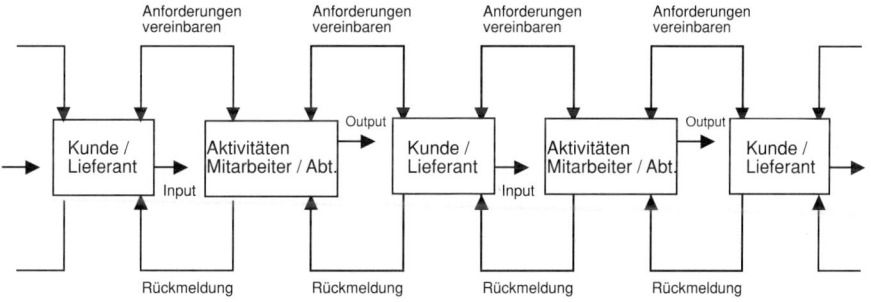

Abb. 3: Business Process Management

Das Prozeßmanangement beruht auf drei Grundprinzipien:

Erstens ist es bereichs- und funktionsübergreifend. Der Prozeß „Erfüllung eines Kundenauftrages" umfaßt z. B. die Bereiche Vertrieb, Verwaltung, Logistik, Technischer Außendienst und Finanz. Zweitens beruht es auf Kooperation und Partizipation, weil es die Abteilungsgrenzen sprengt und die aktive Teilnahme der im Prozeß betroffenen Mitarbeiter erfordert. Die fachliche Kompetenz des Mitarbeiters hat dabei besonderes Gewicht. Von ihm müssen Überlegungen und Neustrukturierungen mit Hilfe der Informationssysteme kommen. Der dritte Grundsatz ist die gesteigerte Eigenverantwortung der Mitarbeiter. Wenn nicht ein Abteilungsvorgang, sondern ein ganzer Prozeß betrachtet wird, dann führt das zu einer größeren Übersicht. Der Mitarbeiter sollte in der Lage sein, die interdependenten Auswirkungen seiner Arbeit einzuschätzen, so daß auch ein höheres Maß an Eigenverantwortung übernommen und erwartet werden kann.

Beim BPM werden die Prozesse zunächst in ihrem Ist- Zustand analysiert. Vor positiven Überraschungen ist bei dieser Untersuchung wohl kein Unternehmen gefeit. Fragen wie: „Warum braucht man eigentlich unter diesem Formular sieben Unterschriften?" tauchen häufig auf und lassen sich schnell mit Blick auf den Kundennutzen beantworten.

Bei der IBM Deutschland warf eine solche Untersuchung die Frage auf, wer eigentlich die Auslieferung eines Computers zu einem Kunden freigibt, der Vertrieb oder der Finanzbereich. Der Finanzverantwortliche kann die Lieferung nur dann zulassen, wenn die Bonität des Kunden gesichert ist. Den Vertrieb interessierte dies nur nachrangig. Er wird ja daran gemessen, daß der Rechner termingerecht installiert ist. Diese Konfliktsituation hatte dazu geführt, daß sich Lieferungen bis zur Freigabe durch den Finanzbereich um mehrere Tage verzögerten. Die Lösung dieses Problems wurde dadurch erreicht, daß die Disposition einen Direktanschluß an die SCHUFA bekam und selbständig über die Lieferung entscheiden konnte. Außerdem bekam der Vertrieb statt einer imaginären Punktequote eine Umsatzvorgabe, die das unternehmerische Denken und Handeln förderte.

Nach einer solchen Analyse werden die Prozesse neu definiert und über die Abteilungsgrenzen hin strukturiert. Verantwortlich für die Durchführung der Analyse, Neustrukturierung, Festlegung der Ziele für die gesamte Durchführung ist ein Prozeßverantwortlicher. Bei der IBM war es jeweils ein Geschäftsführer, der in dieser Rolle auch Vorschläge für die Organisation und Abläufe in „fremden" Ressorts machen mußte – eine heilsame Erfahrung.

Entscheidend für ein erfolgreiches Gelingen des Business Process Management ist also die Bereitschaft zur Kooperation zwischen den etablierten Hierarchien von den Vorstandsressorts bis hin zu den betroffenen Abteilungen. Wenn hier mit Hilfe der Informationstechnik die Prozesse neu unterstützt werden, dann gibt es allerdings keinen Grund mehr, an den alten Abteilungsstrukturen haften zu bleiben.

Dank der Unternehmenskommunikation können dann ganze Abläufe an einem Platz zusammengeführt werden, die früher in verschiedenen Abteilungen von verschiedenen Menschen bearbeitet wurden. Das gilt z. B. für den Vertrieb, in dem für Kundengruppen oder Key-Accounts integrierte Vertriebsarbeitsplätze geschaffen werden können, über den ein Mitarbeiter den ganzen Verkaufsprozeß zu definierten Kunden- und Geschäftspartnerkategorien betreut. Dies gilt auch für den Entwicklungs- und Fertigungsprozeß. Ziel ist die Erhöhung der Innovationsgeschwindigkeit, der Flexibilität und der Produktivität eines Unternehmens.

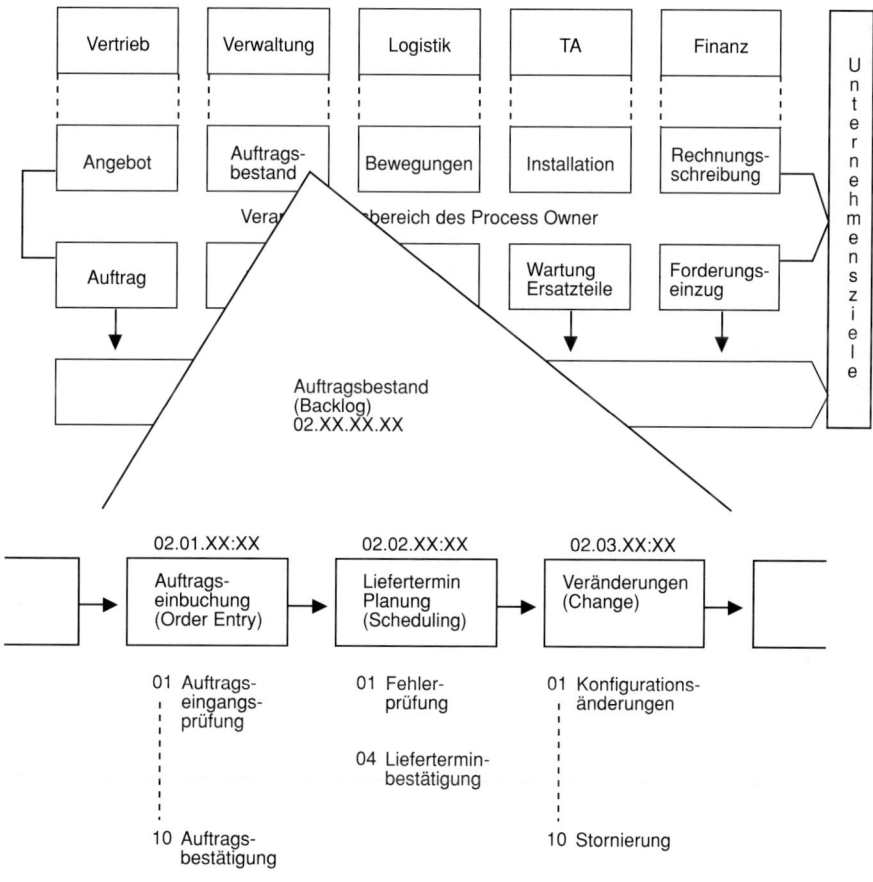

Abb. 4: Verantwortung für Geschäftsprozesse

Gerade zur schnelleren Innovation in der Entwicklung hat ein japanischer Automobilhersteller noch einen neuen effektiven Nutzen der Unternehmenskommunikation entwickelt. Normalerweise dauert es sieben Jahre und mehr, ein neues Auto zu entwickeln. Dieser Hersteller will es in weniger als der Hälfte der Zeit schaffen. Dazu schickt der Entwickler in Tokio am Abend seine Arbeit über das Netz an seinen Kollegen in der Nähe von Frankfurt. Dieser leitet sein Ergebnis an die Ostküste der USA und von dort an die Westküste. Nach 24 Stunden arbeitet der Entwickler in Tokio weiter. Das ist produktive Schichtarbeit ohne Nachtarbeit unter voller Auslastung der Kapazitäten.

3.5 Zentral koordinierte Dezentralisierung

Die Informations- und Kommunikationstechnik ist heute der entscheidende Motor, Innovationen schneller marktreif zu machen, besonders in größeren Unternehmen, die multinational oder global arbeiten. Im sogenannten Opportunity Management können Ressourcen weltweit gebündelt werden. Attraktive neue Märkte werden identifiziert und die Produkte sowie die Marketingstrategie dafür unter der Führung einer Tochtergesellschaft entwickelt. Die einzelnen Landesgesellschaften stehen im engen Kontakt mit den Kollegen der federführenden Gesellschaft. Multinationale Teams sind dann für die Einführung und Vermarktung dieser Produkte verantwortlich. Der Vorteil einer solchen dezentralen, aber zentral koordinierten Vorgehensweise liegt in der Einsparung von Forschungs-, Fertigungs-, Marketing- und Vertriebsressourcen. Plakativ formuliert muß nicht jede Tochterfirma das Rad neu erfinden. Wie an diesen Entwicklungen deutlich wird, gehen Veränderungen in der Arbeitsform und in der Organisationsform als Konsequenz der technischen Netzwerke Hand in Hand.

Bei der IBM hat sich z. B. in den letzten Jahren ein gravierender Umbruch mit einer starken Dezentralisierung von Kompetenzen in die Landesgesellschaften vollzogen. So hat die IBM Deutschland die weltweite Geschäftsverantwortung für Großsysteme übernommen. Die Pariser Europazentrale wurde dabei stark verkleinert. Auch die Hauptverwaltungsfunktionen in Deutschland wurden vor Ort in die Regionen und Geschäftsstellen verlagert. Kundennähe und Kundenfreundlichkeit sollen dadurch gefördert werden. Der Informationsverbund innerhalb des Konzerns und auch zu den Kunden, die sog. Intra- und Inter-Unternehmenskommunikation, ist der entscheidende Faktor, um die schnelle und richtige Abwicklung der Geschäftsprozesse sicherzustellen. „Just-in-time" ist nicht nur das Erfolgsrezept für den

Produktionsverbund, sondern besonders bei der Kommunikation zum Kunden. Deshalb sind bei der IBM weltweit alle 300 000 Mitarbeiter durch ein Netzwerk direkt miteinander verbunden. Zusätzlich steigt die Anzahl der Kunden, die sich in dieses Netz einklinken. Sowohl zum Austausch von Nachrichten, als auch zur Wartung bzw. Fehlerbeobachtung und -behebung bei den Computern. So kann ein globaler Kundenservice und eine schnelle Reaktion auf Kundenwünsche sichergestellt werden.

Uns ist bewußt, daß technische Netzwerke nur eine Voraussetzung für Innovation und Kunden-Service sind. Der entscheidende Faktor ist die Kommunikation zwischen den Menschen, dem Kunden und dem IBM-Mitarbeiter, damit er die Probleme des Kunden im wahrsten Sinne des Wortes begreift, aber auch zwischen den Mitarbeitern der IBM, damit sie das Unternehmen und die Geschäftsprozesse als Ganzes verstehen. Job-Rotation und Flexibilität in der Organisationstruktur sind wichtige Voraussetzungen für dieses Verständnis. Ich möchte hier John Akers, Chef der IBM Corporate, zitieren, der sich über die Neigung zur Reorganisation geäußert hat: „Wir organisieren nur aus guten geschäftlichen Gründen um. Ein guter geschäftlicher Grund liegt vor, wenn wir eine Weile nicht reorganisiert haben."

3.6 Führung und Hierarchie

Gelegentlich wurde auch schon argumentiert, daß beschleunigt durch die Informations- und Kommunikationstechnik hierarchische Strukturen ganz abgeschafft würden. Kleine Teams von Spezialisten, die aus Gleichberechtigten bestünden, würden dann zusammen die Geschäftsaufgaben wahrnehmen. Im Ergebnis führe das eigentlich zu einer „Unorganisation". Noch ist aber die menschliche Psyche nicht so weit, auf Führung völlig verzichten zu können. Erfahrungen mit Forschern im Hause IBM in den achtziger Jahren haben gezeigt, daß dort, wo die Hierarchie komplett aufgehoben wurde, die Forscher sich in Koalitionen, Cliquen und Machtbasen organisierten. Mit anderen Worten, wenn die Hierarchie aufgehoben wird, haben Mitarbeiter doch das Bedürfnis, sie wieder zu etablieren.

Führung – und damit auch eine gewisse Hierarchie – ist also notwendig, um die Teams der Spezialisten zu koordinieren, um ihre Rechte und Aufgaben zu definieren und abzusichern. Was sich allerdings ändern wird, ist der Stil der Führung. In der Phase nach dem zweiten Weltkrieg war der Führungstil noch eher vom Prinzip des Gehorchens und Durchführens geprägt. Um erfolgreich zu sein, wird der Führungsstil der Zukunft weit mehr auf Kooperation, Motivation und auf Trainingsmethoden beruhen.

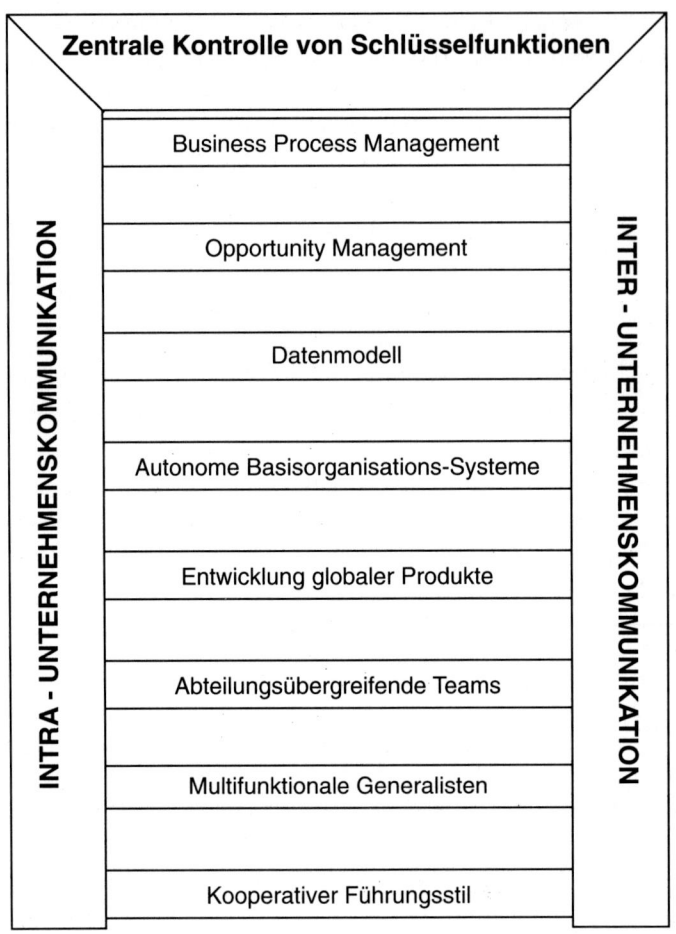

Abb. 5: Kriterien für eine erfolgreiche Organisation der neunziger Jahre

Führung ist aber auch nötig, weil viele erkannt haben, daß die bedingungslose Dezentralisationswelle der achtziger Jahre manche Unternehmen auf ein Abstellgleis geführt hat. Die Verselbständigung war nur so lange sinnvoll, wie die Wirtschaft boomte. Unter den verschärften Wettbewerbsbedingungen wollen Konzernleitungen schnell über die Erfolge ihrer Unternehmensbereiche informiert werden. Das ist aber ein Problem, wenn die Informatik-Infrastruktur nicht auf einer stabilen Datenbasis und einer klaren Architektur beruht. Informationen und Geschäftsprozesse können dann nicht ungehindert fließen. Sie stoßen an technische und organisatorische Barrieren.

Die Flexiblität an der Basis und der verschärfte Wettbewerb führen in den Unternehmen zu einem Paradoxon. Unternehmen zentralisieren und dezentralisieren gleichzeitig, und zwar sowohl die Organisation als auch die Kompetenzen. Hinsichtlich der Kompetenzen haben früher weisungsunabhängige Konzerngesellschaften nun eine gemeinsame zentralgesteuerte Informatik-Strategie, um die problemlose Kommunikation über das ganze Unternehmen hinweg sicherzustellen und um die Unternehmensleitung in die Lage zu versetzen, schnell den notwendigen Überblick ihrer an der Basis autonom agierenden Subsysteme zu haben. Kompetenzen werden also an die Basis – z. B. in die örtlichen Niederlassungen – verlegt, aber kontrolliert werden diese Basisorganisationen von einer zentralen Unternehmenseinheit.

Um dieses Paradoxon von gleichzeitiger Dezentralisation und Zentralisation zu beherrschen, ändert sich dementsprechend auch die strategische Rolle der Informationsverarbeitung. Heute erhalten die Sachbearbeiter und Spezialisten möglichst viel Verarbeitungskapazität. Sie brauchen aber aus den oben genannten Gründen eine feste Anbindung an eine zentral gesteuerte Informationsverarbeitung.

Diese gesamten Veränderungen innerhalb eines Unternehmens stehen im engen Zusammenhang mit der Unternehmenskultur. Die Informatik-Infrastruktur und die Unternehmenskommunikation sind dabei ein Katalysator, nicht ein allein verantwortliches Element. Denn Teamarbeit gab es auch schon ohne technische Netzwerke. Aber die Unternehmenskommunikation hebt diese Gruppenarbeit, diese menschlichen Netzwerke, auf eine andere, eine umfassende, eine globale Ebene. Unternehmen werden nicht mehr durch die Technik behindert sein, sondern sie eröffnet ihnen in ihrer Arbeit völlig neue Möglichkeiten. Und sie bieten ihnen die Chance, eine Organisationsstruktur aufzubauen, die ihren Aufgaben und ihrer Unternehmenskultur angemessen ist.

4. Auswirkungen der Informatik auf die Organisation der Wirtschaft

4.1 Netzwerke schaffen Unternehmensverbindungen

So wie die Intra-Unternehmenskommunikation sich auf die Produktiviät und Organisationsstruktur einer einzelnen Firma auswirkt, so ist die Inter- Unternehmenskommunikation ein Motor für die gesamte Volkswirtschaft.

Innovative Unternehmen nutzen dank der Informationstechnik erfolgreiche Methoden wie Business Process Management, Opportunity Management und Kommunikationssysteme, um flexibel auf die Marktanforderungen reagieren zu können. Der Markt ist zu groß und vielfach zu komplex, um ihn allein termingerecht und in allen seinen Ansprüchen bedienen zu können. Es kommen auch immer mehr Konkurrenten hinzu, weil Unternehmen dazu übergehen, Bereiche auszugliedern. Durch Aufkäufe konzentrieren sich zusätzlich noch die Marktkräfte. Diese stärkere Konkurrenz bewirkt einen massiven Druck auf Vertrieb und auf Forschung und Entwicklung. Die informationsverabeitende Branche ist ein hervorragendes Beispiel dafür: das Wissen, das heute State-of-the-Art ist, reicht in fünf Jahren gerade noch dazu, einen Vortrag über die Geschichte der Informationsverarbeitung zu halten. Das Rationalisierungspotential von Forschungs- und Entwicklungsabteilungen ist aber noch lange nicht ausgeschöpft bzw. systematisch in Angriff genommen worden. Erst langsam halten Zugriff auf externe Datenbanken und wissensbasierte Informationssysteme Einzug in die Labors und wissenschaftlichen Zentren. Dennoch reichen aber auch unter effektiveren Forschungsbedingungen die Ressourcen einzelner Unternehmen kaum noch aus, um mit der Marktdynamik Schritt zu halten.

Deshalb müssen Unternehmen unabhängig von ihrer Größe offen sein für Kooperationen, für Joint Ventures, und zwar in der Forschung, in der Entwicklung und im Vertrieb, wenn sie auf Dauer mit der Marktdynamik Schritt halten wollen. Derartige Joint Ventures werden aber erst wirkliche Synergieeffekte und Vorteile erzielen, wenn mit Hilfe der Inter-Unternehmenskommunikation es für die beteiligten Firmen so einfach ist zusammenzuarbeiten, als ob es sich um ein und nicht um mehrere Unternehmen handelt. Dazu müssen sich z. B. Forscher über das Netz austauschen können. Gemeinsamer Logistik-, Produktions- und Absatzverbund können und müssen kostengünstige und optimale Belieferung der Kunden über Unternehmensgrenzen hinweg erlauben.

4.2 Produktivitätsinstrument Electronic Data Interchange

Die direkte Kommunikation ist aber nur ein Kanal, der die Zusammenarbeit zweier Partner erleichtert. Die Zielrichtung der Zusammenarbeit geht dahin, daß im Endeffekt die gesamten Geschäftsabläufe zwischen einem Lieferanten und seinem Kunden oder einem Hersteller und seinem Geschäftspartner im Vertrieb online ablaufen. Heute werden z. B. in dem Prozeß von der Bestellung bis zur Zahlung in vielen Fällen immer noch rund 10 Briefe hin und her geschickt. Diese Kosten und diese Zeit können durch das Electronic Data Interchange (EDI) eingespart werden. EDI ist die standardisierte, schnelle und fehlerfreie Kommunikation zwischen DV-Systemen ohne manuellen Eingriff. Mit diesem Bestandteil der Inter-Unternehmenskommunikation können dann Bestellungen, Bestätigungen, Zahlungen über das System abgewickelt werden. Die 10 Briefe entfallen. EDI beschränkt sich aber nicht nur auf diesen Einsatz. In vielen Bereichen der Wirtschaft wird es zum neuen Produktivitätsinstrument. So können z. B. Einzelhändler dank EDI die Hersteller-Artikeldaten von einer externen Datenbank abrufen und in ihre elektronischen Kassen übernehmen. Das lange Eintippen von Listen entfällt. Ein großer deutscher Hersteller hat 300 seiner über 1 000 Lieferanten über EDI angeschlossen und wickelt so seine Geschäftsprozesse ab. Dadurch läßt sich heute schon die Lagerzeit von 16,5 auf 12,5 Tage reduzieren. Ziel ist es, von 12,5 auf 2,5 Tage Lagerzeit zu kommen. Nach neuen Schätzungen werden bis 1995 ein Drittel aller Geschäftsbeziehungen über EDI ablaufen.

4.3 Virtuelle Unternehmen als neue Organisationsform

Wenn aber der gesamte Geschäftsverkehr online abgewickelt werden soll, dann stellt sich das Problem, daß Unternehmen viele Zulieferer mit unterschiedlichen Hardware- und Softwaresystemen haben, aber bei sich nicht die Vielfalt der Systeme und Terminals installieren wollen. Dies gilt natürlich auch umgekehrt für die Zulieferer, die entweder gezwungen sind, sich den

Kundensystemen anzuschließen oder sich unter der Leitung eines Vollsortimenters zusammenzuschließen. Die American Hospital Supply hat das in den USA vorgemacht, als sie den von ihr belieferten Krankenhäusern Systeme installierte, so daß das Krankenhauspersonal online bestellen konnte. Andere schlossen sich dann der American Hospital Supply an, wenn sie Lieferanten für diese Firmen werden bzw. bleiben wollten.

In der Konsequenz entstehen sogenannte virtuelle Unternehmen, die vor allem aus einem komplexen Informationssystem und aus Subunternehmern bestehen. Die Logistikdienstleister gehen in diese Richtung. Einige Speditionen haben kaum noch eigene Wagen und Fahrer, sondern ein komplexes elektronisches Logistiksystem und Subunternehmer, die mit ihnen zunehmend per System verbunden sind. Auch in anderen Bereichen entstehen derartige virtuelle Unternehmen. So z. B. im Finanzdienstleisstungssektor die Telecash Kommunikationsservice GmbH, eine je 50%ige Tochter der DBP TELEKOM und der IBM Deutschland GmbH. Sie vermarktet und wartet Einrichtungen für Electronic Cash. Sie bedient sich dabei der eigenen Mütter aber auch anderer Partner als Subunternehmer.

5. Auswirkungen der Inter-Unternehmenskommunikation auf die öffentliche Verwaltung

Kunden werden aber nicht nur gegenüber Wirtschaftsunternehmen anspruchsvoller. Auch die Bürger verlangen von der öffentlichen Verwaltung Service und zwar „Just-in-Time". Hinzukommt, daß Gemeinden, Regionen und Länder sich in den letzten Jahren auch untereinander im Wettbewerb befinden. Sie konkurrieren um die Ansiedlung und um den Verbleib von Industrieunternehmen. Mit der Inter- Unternehmenskommunikation könnte in den Gemeinden eine sowohl bürger- als auch unternehmensfreundlichere Verwaltung geschaffen werden. Bürger müssen heute vielfach lange Wege und Wartezeiten in Kauf nehmen, wenn sie bestimmte Dienstleistungen der Verwaltung wahrnehmen müssen. KFZ-Zulassungen gibt es z. B. in den Kreisen nur auf dem Landratsamt, ein verlorener Führerschein wird auch nur dort ausgestellt. Mit Informatik-Netzen könnten die Verwaltungen von Ländern, Kreisen und Gemeinden so verbunden werden, daß ein Bürger in seiner eigenen Gemeindeverwaltung alle Formalitäten ohne viele Behördengänge erledigen kann. Auch die Wirtschaft würde von einer derartigen vernetzten öffentlichen Verwaltung profitieren, wobei auch eine Online-Verbindung zwischen den Firmen und Behörden denkbar wäre.

Unternehmen sind nicht nur Lieferanten für die öffentliche Verwaltung, sie sind auch zunehmend Subunternehmer. So ist die Müllabfuhr in einigen Gemeinden privatisiert worden, und in den USA hat man beispielsweise auch gute Erfahrungen mit der Privatisierung von Gefängnissen gemacht. Warum sollten nicht die Geschäftsprozesse zwischen öffentlichen Verwaltungen und ihren Subunternehmern oder Lieferanten auch über EDI ablaufen? Warum sollten nicht auch Genehmigungsverfahren, Steuererklärungen über das System abgewickelt werden können? Von einer funktionsfähigen, flexiblen und reaktionsschnellen öffentlichen Verwaltung profitieren Unternehmen und Bürger als Dienstleistungsnehmer und als Steuerzahler. Davon kann aber auch unsere Volkswirtschaft insgesamt profitieren, denn neben der Höhe der Steuern und der Verfügbarkeit von Fachkräften ist die Einfachheit des Verwaltungshandeln ein nicht unwesentliches Kriterium, wenn Investoren überlegen, in welchem Land sie investieren und produzieren wollen.

In einem vereinten Europa kommt auf Deutschland hier noch eine weitere Herausforderung hinzu. Nach Schätzungen von Unternehmensberatern für Logistik bringt der Wegfall der Grenzen maßgebliche Einsparungen. Allein heute noch kostet der Aufenthalt für Fahrer und Fahrzeug die Wirtschaft rund 20 Mrd. DM pro Jahr. Nach diesen Berechnungen könnten die Transportkosten um rund 40 % zurückgehen. Das heißt, es kann sich durchaus rentieren, den Material- und Warenfluß neu zu strukturieren und in anderen Ländern zu produzieren. Um so wichtiger, daß wir neben der Steuerreform eine Infra- und Verwaltungsstruktur schaffen, die Deutschland als Produktionsstandort attraktiv machen. Computernetze können dabei helfen.

6. Schlußbetrachtungen

Globalisierung der Märkte und Individualisierung der Produkte, dies ist ein Spannungsfeld, in dem nur noch flexible Unternehmen mit exakten Informationen und schnellen Netzen überleben können. Dies geht nur mit straffem Management der Informationen und lockerer Führung der Menschen. Voraussetzung dafür sind aber einheitliche Geschäftsprozesse, wie z. B. einen europa- oder weltweiten Zentraleinkauf und vereinheitlichende Standards.

Ein global agierender Konzern wird zwangsläufig auch seine gesamte Informatikstrategie global ausrichten. Dies betrifft sowohl unabhängige Töchterunternehmen als auch Partnerfirmen, sei es als Lieferanten oder als Vertriebspartner, die ihre Informatik-Architekturen aufeinander abstimmen müssen. Über die Netze integrieren sich dann auch unterschiedlichste Branchen und verändern durch Informationstechnologien ihr Gesicht. Der Finanzdienstleistungssektor mit dem Zusammenwachsen von Bank- Makler-, und Versicherungswirtschaft ist ebenso ein Beispiel wie die Tourismusbranche, mit der Integration von Fluglinien, Hotelketten und Mietwagenunternehmen, die alle über ein Computer-System gebucht werden können.

In letzter Konsequenz führt dann eine solche globale Integration gegebenenfalls auch zu globalen Eignern. Für den Betrachter und den Kunden verwischen sich die Grenzen zwischen den Unternehmen. Die Komplexität der Wirtschaftsbeziehung ist für Außenstehende kaum noch nachvollziehbar. So hat die IBM Deutschland z. B. einen Geschäftspartner, mit dem wir gleichzeitig eine Kooperation in der Forschung haben. Wir sind ferner sein Lieferant und sein Kunde auf einem anderen Gebiet. Gleichzeitig ist er unser Marketingpartner, indem wir eines seiner Produkte vermarkten, und schließlich sind wir auch noch Konkurrenten.

Diese Entwicklung der Wirtschaftskomplexität läßt sich bildhaft mit der Entwicklung des Mikrochips vergleichen. Ein Speicherchip war vor Jahren postkartengroß, wurde mit der Hand verlötet und war dementsprechend übersichtlich. Ähnlich bestand die damalige Wirtschaft primär aus Herstellern, Lieferanten und Kunden im klar definierten Rollenverständnis.

Ein heutiger 4-Megabitchip wird erst in einem langen Rechenprozeß am Computer designed, dann in einem hochkomplizierten Prozeß hergestellt und ist so dicht gepackt, daß man mit bloßem Auge die einzelnen Schichten nicht erkennen kann. Komplex, verwirrend, und er funktioniert doch. Genauso wie die heutige Wirtschaft mit ihren Ausgliederungen, Joint Ventures, Beteiligungen, Subunternehmen und sogar Sub-Subunternehmen, internationalen und globalen Verflechtungen, gleichzeitigen Zentralisierungen und Dezentralisierungen.

Dabei steuert die Wirtschaft noch auf ein weiteres interessantes Paradoxon zu: Innerhalb des Unternehmens überwinden wir mit Hilfe der Unternehmenskommunikation den Taylorismus und gleichzeitig ermöglichen uns die Netze einen gesamtwirtschaftlichen Taylorismus. Für den Kunden wird dann in der Endstufe dieser gesamtwirtschaftliche Taylorismus über das Netz wieder integriert, so wie es heute schon bei Finanz- und Reisedienstleistern geschieht. Die Komplexität der Wirtschaftsbeziehungen wird also durch die Netze und die Unternehmenskommunikation beschleunigt.

Sie sind Auslöser und Lösung zugleich. Denn nur mit Informations- und Kommunikationssystemen kann man bei dieser Komplexität und Dynamik noch Überblick und Durchblick behalten. Nur mit diesen Mitteln sind Geschäftsprozesse noch beherrschbar und läßt sich das gewollte und notwendige organisatorische „Chaos" noch steuern.

Epilog: Das Unternehmen – Uhrwerk oder Organismus

In den BWL-Grundvorlesungen werden heute noch Unternehmensbilder vermittelt, die stark von der Descartesschen Idee des Uhrwerks abgeleitet sind. Das Unternehmen wird als exakt planbares, geplantes und festgefügtes Uhrwerk gesehen, das man in den Griff bekommen, handhaben und managen kann. Wenn man nur seinen Zustand, die inneren Gesetze und die Struktur genau beherrscht. Auf die Spitze treibt Harold S. Geneen, früherer ITT-Chef, diese Vorstellung mit den Worten: „I want this Company to be organised that even Mickey Mouse could run it!" Dieses Konstruktionsprinzip eines Uhrwerks mit dem Ineinandergreifen von kleinen Rädchen basiert auf der Komplexitätsreduzierung durch tayloristische Zerlegung der Arbeitsprozesse mit einer straffen Steuerung über Management-Hierarchien.

Die wirtschaftliche Rechtfertigung solcher Strukturen ergab sich aus der Kostenreduktion durch hohe Produktionsziffern standardisierter Produkte. Heute zeigt sich, daß die Leistungsfähigkeit solcher starrer Großorganisationen sinkt, weil sie sich oft nach den aufwandsmaximierenden Erfolgsregeln der Bürokratie verhalten, anstatt auf die innovationsfördernden Zwänge des Marktes zu reagieren. Die wirtschaftliche, technologische, soziologische und politische Umwelt für die Unternehmen hat innerhalb der letzten 10–15 Jahre eine solche Komplexität und Dynamik erreicht, daß Betriebe als Uhrwerke und technokratisch gesteuerte Maschinen nicht mehr überleben können.

Ich hoffe, daß es in diesem Buch gelungen ist, gemeinsam mit Autoren aus Wirtschaft und Wissenschaft Alternativen zu den mechanistischen Leitbildern zu entwerfen und Verständnis dafür zu wecken, daß unsere Unternehmen als soziale Organisationen eigentlich lebendige und lebende Systeme sind. Die modernen Naturwissenschaften haben gezeigt, daß lebende Organismen grundsätzlich anders agieren und nach anderen Prinzipien „funktionieren" als Maschinen. Lebendige Systeme sind nicht kompliziert wie manche Maschinen, sondern sie sind komplex. Sie sind nicht exakt determinierbar, undurchschaubar, chaotisch und doch stabil. Für sie gilt nicht das einfache Ursache-Wirkung-Prinzip, weil sie sich in ständiger Veränderung befinden. Sie sind kreativ und kommen aus sich heraus zu spontanen Lösungen, die aus Vergangenheitswerten nicht abgeleitet werden können.

Praktisch werden alle „Management-by"-Theorien versagen in lebendigen Sozialsystemen, in Organisationen als Organismen, weil die üblichen „Motivationsschrauben" keinen festen Punkt finden. Als Führungskraft kann man nicht mehr „von oben" befehlen, anordnen oder „manipulieren" (handhaben), sondern man muß „mittendrin" sein, sich „einschwingen" auf die Stimmungen und Strömungen und dann intuitiv und situativ wirken, um dem „kreativen Chaos" Orientierung zu geben.

Die Idee, Organisationen als Organismen zu sehen, ist nicht neu. Sie gewinnt aber heute zunehmend an Bedeutung angesichts der wachsenden Deindustrialisierung unserer Gesellschaft und des Versagens von klassischem Strukturdenken. Einer der Mitbegründer der deutschen Betriebswirtschaftslehre, Prof. Dr. Konrad Mellerowicz, schrieb schon 1952 in seinem Aufsatz „Der Betrieb als Organismus und als Organ" (veröffentlicht in der Betriebswirtschaftlichen Forschung und Praxis, S. 141–153), daß es „zweckmäßig ist, die Begriffe Organismus und Organ in der Betriebswirtschaftslehre anzuwenden. Mit ihnen verbinden sich bestimmte Vorstellungen, die geeignet sind, ein zutreffendes Bild der betrieblichen Wirklichkeit zu geben. Außerdem kann die betriebswirtschaftliche Theorie durch die Anwendung dieser Begriffe einen neuen und wichtigen, weil systembildenden Ausgangspunkt gewinnen."

Als wesentliche Merkmale beschreibt er:

„(1) Das, was den Betrieb zunächst als Organismus kennzeichnet, ist das eigenständige, lebende Ganze, das immanent eigenen Gesetzen folgt.

(2) Als Organismus hat der Betrieb selbst Organe, deren Aufgabenerfüllung in bezug auf den betrieblichen Organismus wir Funktionen nennen. Diese Funktionen des Betriebes können in vertikaler und horizontaler Hinsicht untersucht werden.

(3) Erst durch eine Dezentralisierung des betrieblichen Instanzenbaues kann eine große Betriebselastizität erreicht und damit die Wirtschaftlichkeit äußerst günstig beeinflußt werden. Auch selbst wenn die Betriebsleitung alle Einzelheiten des Betriebs regeln wollte, würde sie an den damit verbundenen organisatorischen Schwierigkeiten scheitern.

(4) War das Kennzeichen des Betriebes als Organismus seine Selbständigkeit und Geschlossenheit, so ist der Betrieb als Organ der Gesamtwirtschaft durch eine Abhängigkeit und Verbundenheit mit den Zielsetzungen der Gesamtwirtschaft charakterisiert. Die Funktionen, die der Betrieb als Organ lösen muß, sind wirtschaftlicher und sozialer Art. Beide Aufgaben können letzten Endes nur zusammen gelöst werden. Denn ein sozialer Betrieb muß wirtschaftlich sein."

Er schließt mit dem Satz: „Das bedeutet von der Gesamtwirtschaft aus, daß sie den Betrieb in ihrer Selbständigkeit als Organismus läßt, von den Betrieben aus, daß sie sich bewußt in den Rahmen der Gesamtwirtschaft als deren Organe einfügen."

Mellerowicz macht in diesem Beitrag sehr griffig den Grundgedanken der *echten* Arbeitsteilung klar, wie er auch von Adam Smith (1723–1790) in seinem bekannten Werk „Der Wohlstand der Nationen" („An inquiry into the Nature and Causes of the Wealth of Nations", erschienen 1776 in London) beschrieben ist, das er mit den Worten einleitet: „Die Arbeitsteilung dürfte die produktiven Kräfte der Arbeit mehr als alles andere fördern und verbessern". Diese Aussage gilt allerdings nicht für die Arbeits*zerlegung*, auf deren dequalifizierende Gefahren für die Menschen er ausdrücklich hinweist.

Arbeitsteilung, und dies ist der entscheidende Gedanke, spielt sich nicht nur innerhalb, sondern auch zwischen Produktionsstätten ab. Sie wird dadurch zur *gesellschaftlichen* Arbeitsteilung, bei der wir das von anderen kaufen, was wir selbst nur mit höheren Kosten herstellen könnten, und das im Tausch hingeben, bei dem wir selbst Spezialisierungsvorteile haben.

Diese marktwirtschaftlichen Grundgesetze, die auch den Unternehmensorganismus am Leben erhalten, wurden allerdings bei vielen Großkonzernen durch übertriebene tayloristische Arbeitszerlegung und perfekte Bürokratisierung außer Kraft gesetzt. Ähnlich wie in der östlichen Planwirtschaft beschäftigen sich heute die Menschen in den Firmen mehr mit ihrer eigenen Karriere und ihrer Stellung in der Organisation als mit den Kunden. Eine Ursache dafür liegt in der Doppelrolle der Hierarchieleiter. Zum einen wird sie zur Steuerung der Unternehmensabläufe benötigt, zum anderen als Darstellungsmittel von Karriere benutzt. Diese Doppelfunktion ist tödlich für die Unternehmen, weil sie zum Aufblähen der Hierarchien führt und eine Dezentralisierung sowie Flexibilisierung verhindert.

Und sie ist gefährlich für die Manager auf der Leiter, weil die heute schon stark zu beobachtende Zerschlagung von Großstrukturen in wettbewerbsorientierte und marktnahe Business Units zu drastischen Verkürzungen der „Leiter" und zum Verlust von Statussymbolen führt. Was in den heutigen Unternehmen noch helfen kann, ist die Abkehr vom Strukturdenken und die kompromißlose Hinwendung zum Projekt- und Prozeßdenken, bei dem nicht mehr das Planen, Steuern und Kontrollieren einzelner Aktivitäten, sondern das Aktivieren und Fördern von Unternehmensprozessen im Vordergrund steht, und zwar ungehindert durch Abteilungs-, Hierarchie- und Unternehmensgrenzen hindurch.

Die Ideen von Mellerowicz konnten allerdings bisher nicht Wirklichkeit werden. Unternehmen konnten noch keine Organismen werden, weil eine lebenswichtige Voraussetzung fehlte: ein *Nervensystem*, das die Organe miteinander vernetzt und zusammenwirken läßt. Die modernen Informations-

und Kommunikationsnetze sind die Nervensysteme in den heutigen Unternehmen. Sie schaffen die Voraussetzungen, daß Nachrichten schnell und unbürokratisch ausgetauscht werden können. Sie verhelfen der Idee von Unternehmen als Organismus zum Schritt in die Wirklichkeit. Die Zeit ist jetzt reif dafür. Mellerowicz war seiner Zeit voraus. Wie auch Leibniz, der seine Idee von einem Rechenautomaten damals nicht verwirklichen konnte, weil selbst die besten Uhrmacher an die Grenzen ihrer Zahnradtechnik kamen. Erst mit den Erfindungen der Elektronik standen die richtigen Hilfsmittel für die Erfüllung des Traumes zur Verfügung – Röhren, Transistoren und Chips.

Ähnlich ergeht es heute der Idee vom Unternehmen als Organismus, weil am Ende des 2. Jahrtausends die „Nervensysteme" verfügbar waren. Moderne Informations- und Kommunikationsnetzwerke schaffen Verbindungen. Sie fördern nicht nur den Prozeßgedanken, sie fordern ihn auch. Damit sie ihre volle Wirkung entfalten können, muß in den Unternehmen ein offenes Unternehmensklima mit menschlichen Netzen entstehen. Eine bewußte Entwicklung der Menschen und des ganzen Unternehmens als sozialer Organismus auf ein gemeinsames Ziel, eine Vision hin muß gewollt und ermöglicht werden. Dazu ist es notwendig, daß die Führungskräfte den Menschen den Sinn der Ziele vermitteln, Orientierung bei den Veränderungen geben und auch Mut machen zum ständigen und stetigen Wandel, zur bewußten Metamorphose des Unternehmens und jedes einzelnen. Denn ein Organismus ist nur so lern-, lebens- und entwicklungsfähig wie seine Zellen, sein einziges „Kapital". Die Zukunft unserer Organisationen als Organismen wird davon abhängen, wie wir bei den Menschen Verantwortungsfähigkeit und -bereitschaft fördern können, wie wir sie als unser Human-Kapital aktivieren können. Konsequenterweise dürfte dann auch das Personal nicht nur in der Gewinn- und Verlustrechnung als Kostenfaktor erscheinen, sondern als Vermögen in der Bilanz.

Ich hoffe, daß diese und andere Ideen Ihnen Anregungen und Impulse zum Umdenken geben und daß die Praxisbeispiele aus Firmen wie ABB, Hewlett-Packard, Endenburg oder Ploenzke Ihnen Mut machen, sich selbst – bildlich gesprochen – umzusetzen, damit Sie dann neue Gedanken und Konzepte in Ihrem Unternehmen umsetzen können.

JÜRGEN FUCHS

Die Autoren

KARL BESIER, 1947 in Wiesbaden geboren, erlernte den Beruf des Industriekaufmanns. Ende der sechziger Jahre entdeckte er seine Liebe zur EDV und studierte Betriebswirt EDV. Nach seinem Examen begann er 1972 im Hause Ploenzke als Junior-Programmierer. Er lebte die „Ploenzke-Karriere" im Sinne von fundierter Kompetenzentwicklung durch vielfältige Projekteinsätze in mehreren Branchen bei vielen Kunden und ist heute als Leitender Berater tätig. Von 1987 bis 1991 war er Vorsitzender des Gesamtbetriebsrats in der Ploenzke Informatik.

PROF. DR. KNUT BLEICHER, geboren 1929, studierte Betriebswirtschaftslehre an der Freien Universität Berlin und promovierte 1955 zum Dr. rer. pol. Er war 1956/57 als Faculty Associate an der Wharton School, University of Pennsylvania in Philadelphia, danach Tätigkeit in der Wirtschaftspraxis. 1964 Habilitation für Betriebswirtschaft an der Freien Universität Berlin. Privatdozent. 1966–1984 war er Professor für Betriebswirtschaft an der Justus-Liebig-Universität Gießen: Fachgebiet Unternehmensführung – Organisation – Personalwesen. 1970–1985 war er Hauptschriftleiter der zfo-Zeitschrift Führung + Organisation. Seit 1984 ist er Professor für Betriebswirtschaftslehre und Vorsitzender der Direktion des Instituts für Betriebswirtschaft (IfB) an der Hochschule St. Gallen. Er veröffentlichte mehrere Bücher, u. a. „Chancen für Europas Zukunft – Führung als internationaler Wettbewerbsfaktor" (1989); „Das Konzept Integriertes Management" (1991); „Organisation: Strategien – Strukturen – Kulturen" (1991).

BERNHARD DORN, 1940 in Nürnberg geboren, begann seine berufliche Tätigkeit bei der Bayrischen Hypotheken- und Wechselbank. Zum 1. April 1963 trat er in die IBM Deutschland GmbH ein. Nach mehreren Positionen wurde er Mitte 1981 zum Leiter des Direktionsbereiches Vertriebsunterstützung ernannt und am 1. Januar 1983 zum Leiter des Direktionsbereiches Informationsprodukte und Dienstleistungen. Zu den Verantwortlichkeiten dieses Bereiches gehörten unter anderem der Aufbau der IBM Produktvertrieb GmbH und das Btx-Projekt. Zum Generalbevollmächtigten der IBM Deutschland GmbH wurde Dorn im Januar 1983 ernannt. Seit April 1986 ist Bernhard Dorn Geschäftsführer der IBM Deutschland GmbH.

GERARD ENDENBURG, in Rotterdam geboren, studierte Elektrotechnik an der Akademie für Kunst und Technische Wissenschaften in Rotterdam. 1959 trat er in das Geschäft seiner Eltern ein und übernahm 1972 die gesamte Geschäftsführung. Seit 1970 arbeitet er an soziokratischen Modellen, die er in der Praxis seines Geschäftes anwendet. Er gründete 1978 das Soziokratische Zentrum mit den Zielsetzungen: Entwicklung, Schulung und Vermarktung des soziokratischen Ideengutes. Zwei seiner Bücher wurden bei Pressekonferenzen durch den Arbeitsminister 1981 und 1984 vorgestellt.

HEINZ FISCHER, geboren 1948 in Frankfurt/Main. Nach einer kaufmännischen Ausbildung Beginn bei Hewlett-Packard in der Debitorenbuchhaltung. Als Gruppen-, Abteilungs- und Hauptabteilungsleiter übernahm er verschiedene Managementaufgaben im Finanz-, Rechnungswesen- und Controllingbereich bis zur Leitung des Personalwesens. 1984 wurde er zum Arbeitsdirektor und Geschäftsführer Finanzen, Verwaltung, Personal bestellt. 1990 wechselte er in die europäische Zentrale nach Genf als europäischer Direktor für den kaufmännischen Bereich.

JÜRGEN FUCHS, 1941 in Düsseldorf geboren, studierte Mathematik, Physik und Philosophie an der Universität Münster. Nach seinem zweiten Staatsexamen war er zwei Jahre Studienrat in Düsseldorf. 1971 wechselte er zur IBM Deutschland und nahm dort verschiedene Linien- und Stabsaufgaben wahr, zuletzt als Manager im Vertrieb. Seit 1981 ist er in der Ploenzke AG tätig und leitet als Geschäftsführer die Ploenzke Consult GmbH. Gleichzeitig ist er innerhalb der Firmengruppe mit Ploenzke Informatik, Ploenzke Consult, Ploenzke System und Ploenzke International für die Personalentwicklung verantwortlich.

KLAUS CHRISTIAN PLÖNZKE, 1936 in Schwedt an der Oder geboren und in Schleswig-Holstein aufgewachsen, trat 1955 in die Dienste der IBM Deutschland ein, die er erst im Jahre 1969 wieder verließ, um sein eigenes Unternehmen – das EDV Studio Ploenzke – zu gründen. Daraus entwickelt hat sich heute die Ploenzke AG, die mit mehr als 1 500 Mitarbeitern zu den bedeutenden Management- und Informatik-Beratungsunternehmen in Europa zählt.

DR. HANSRUEDI SCHILTKNECHT, 1939 in Dübendorf (Schweiz) geboren, studierte Pädagogik, Philosophie und Sonderpädagogik und promovierte in Pädagogik. 1969 begann er bei F. Hoffmann–La Roche AG in Basel im Personalbereich seine berufliche Tätigkeit. 1985 übernahm er bei der damaligen BBC Brown Boveri & Co. in Basel die Personaldirektion. Seit 1988 ist er Mitglied der Geschäftsleitung der neu formierten Asea Brown Boveri Schweiz mit Schwerpunktgewicht Personal.

HARTMUT SCHOLZ, geboren 1941 in Lissa/Posen. Nach Realschulabschluß elektrotechnische Lehre bei der Hoesch Westfalenhütte AG in Dortmund, anschließend Abitur im Hessenkolleg Frankfurt. Danach Studium der Volkswirtschaft mit sozialwissenschaftlicher Richtung an der Universität Köln. Nach dem Examen 1970 startete er bei Hewlett-Packard als Personalreferent. Danach übernahm er verschiedene Management-Funktionen im Personalwesen, in der Verwaltung und im Vertrieb. Seit Herbst 1989 ist er Geschäftsführer und Arbeitsdirektor der Hewlett-Packard GmbH, Böblingen.

DR. GERHARD SCHWARZ, geb. 1937, studierte Naturwissenschaften, Sozialwissenschaften und Philosophie, Promotion 1961 mit einer Arbeit über „Humor und Liebe", Assistent am Philosophischen Institut bis 1970, 1969 Habilitation in Philosophie, 1980 Habilitation für das Fach „Gruppendynamik", seit 1971 freiberuflich tätig in Beratung und Forschung, entwickelte die Methode der mehrdimensionalen Ursachenforschung über Produktionswidersprüche und korrespondierende Konflikte in Organisationen, schrieb mehrere Bücher, u. a.: „Die heilige Ordnung der Männer", erschienen 1985 im Westdeutschen Verlag, „Konfliktmanagement", erschienen 1990 im Gabler Verlag.

DR.-ING. TOM SOMMERLATTE, 1938 in Dessau geboren, studierte Chemie an der Freien Universität Berlin, Physikalische Chemie an der University of Rochester, New York, und Strahlenchemie an der Université de Paris, wo er 1968 in Verfahrenstechnik promovierte. Nach einer Forschungstätigkeit bei der Studiengruppe für Systemforschung, Heidelberg, erwarb er den Grad eines Master of Business Administration am Europäischen Institut für Unternehmensführung (INSEAD) in Fontainebleau, Frankreich. Seit 1970 bei der internationalen Unternehmens- und Technologieberatung Arthur D. Little tätig, seit 1990 ist er Chairman des European Executive Board und damit verantwortlich für die Niederlassungen in Amsterdam, Berlin, Brüssel, Kopenhagen, London, Madrid, Mailand, München, Paris, Wien und Wiesbaden.

Gabler-Literatur zu Führung und Personalmanagement

Werner G. Faix / Christa Buchwald / Rainer Wetzler
Skill-Management
Qualifikationsplanung für Unternehmen und Mitarbeiter
144 Seiten, 58,– DM

Werner G. Faix / Angelika Laier
Soziale Kompetenz
Das Potential zum unternehmerischen und persönlichen Erfolg
156 Seiten, 58,– DM

Peter Heintel / Ewald E. Krainz
Projektmanagement
Eine Antwort auf die Hierarchiekrise?
X, 254 Seiten, 78,– DM

Manfred F. R. Kets de Vries
Chef-Typen
Zwischen Charisma und Chaos, Erfolg und Versagen
204 Seiten, 58,– DM

Dennis C. Kinlaw
Spitzenteams
Spitzenleistungen durch effizientes Teamwork
220 Seiten, 68,– DM

Baldur Kirchner
Dialektik und Ethik
Besser führen mit Fairneß und Vertrauen
232 Seiten, 58,– DM

Baldur Kirchner
Rhetorik für Führende
Rede als Ausdruck der Persönlichkeit
1993, 232 Seiten, 58,– DM

Hermann J. Liebel / Walter A. Oechsler
Personalbeurteilung
Neue Wege zur Bewertung von Leistung, Verhalten und Potential
208 Seiten, 58,– DM

Harald Meier
Personalentwicklung
Konzept, Leitfaden und Checklisten für Klein- und Mittelbetriebe
246 Seiten, 98,– DM

Adrian P. Menz
Menschen führen Menschen
Unterwegs zu einem humanen Management
232 Seiten, 68,– DM

Christof Obermann
Assessment Center
Entwicklung, Durchführung, Trends
356 Seiten, 118,– DM

Organisationsforum Wirtschaftskongreß (Hrsg.)
Die Ressource Mensch im Mittelpunkt innovativer Unternehmensführung
320 Seiten, 78,– DM

André Papmehl / Ian Walsh (Hrsg.)
Personalentwicklung im Wandel
314 Seiten, 84,– DM

GABLER

BETRIEBSWIRTSCHAFTLICHER VERLAG DR. TH. GABLER, TAUNUSSTRASSE 52-54, 65183 WIESBADEN

Gabler-Literatur zu Führung und Personalmanagement

Hans-Christian Riekhof (Hrsg.)
Strategien der Personalentwicklung
488 Seiten, 118,— DM

Manfred R. A. Rüdenauer
Ökologisch führen
Evolutionäres Wachstum durch ganzheitliche Führung
320 Seiten, 68,— DM

Balz Ryf
Die atomisierte Organisation
Ein Konzept zur Ausschöpfung von Humanpotential
268 Seiten, 78,— DM

Wolfgang Saaman
Effizient führen
Mitarbeiter erfolgreich machen
193 Seiten, 68,— DM

Thomas Sattelberger (Hrsg.)
Innovative Personalentwicklung
Grundlagen, Konzepte, Erfahrungen
344 Seiten, 89,— DM

Thomas Sattelberger (Hrsg.)
Die lernende Organisation
Konzepte für eine neue Qualität der Unternehmensentwicklung
274 Seiten, 84,— DM

Dieter Schulz / Wolfgang Fritz / Dana Schuppert / Lothar J. Seiwert
Outplacement
Personalfreisetzung und Karrierestrategie
180 Seiten, 64,— DM

Dana Schuppert (Hrsg.)
Kompetenz zur Führung
Was Führungspersönlichkeiten auszeichnet
248 Seiten, 68,— DM

Gerhard Schwarz
Konfliktmanagement
Sechs Grundmodelle der Konfliktlösung
191 Seiten, 68,— DM

Ralf Selbach / Karl-Klaus Pullig (Hrsg.)
Handbuch Mitarbeiterbeurteilung
604 Seiten, 268,— DM

Hans Strutz (Hrsg.)
Strategien des Personalmarketing
Konzepte, Erfahrungen, Perspektiven
308 Seiten, 118,— DM

Hans Strutz / Klaus Wiedemann (Hrsg.)
Internationales Personalmarketing
Was erfolgreiche Unternehmen besser machen
340 Seiten, 118,— DM

Hans Strutz (Hrsg.)
Handbuch Personalmarketing
2., erweiterte Auflage 1993
840 Seiten, 298,— DM

Zu beziehen über den Buchhandel oder den Verlag.

Stand der Angaben und Preise: 1.8.1993
Änderungen vorbehalten.

GABLER

BETRIEBSWIRTSCHAFTLICHER VERLAG DR. TH. GABLER, TAUNUSSTRASSE 52-54, 65183 WIESBADEN